역사는 언제나 다시 써야한다

-역사적 상대주의: 미국 신사학파를 중심으로-

이 도서의 국립중앙도서관 출판시도서목록(CIP)은 서지정보유통지원시스템 홈페이지
(http://seoji.nl.go.kr)와 국가자료공동목록시스템(http://www.nl.go.kr/kolisnet)
에서 이용하실 수 있습니다.(CIP제어번호: CIP2016022317)

역사는 언제나 다시 써야한다

역사적 상대주의: 미국 신사학파를 중심으로

2017년 1월 11일 개정판 1쇄 찍음
2017년 1월 18일 개정판 1쇄 펴냄

지은이   이상현
펴낸이   정철재
만든이   권희선 문미라
디자인   황지영

펴낸곳   도서출판 삼화
등 록   제320-2006-50호
주 소   서울 관악구 남현1길 10, 2층
전 화   02)874-8830
팩 스   02)888-8899
홈페이지 www.samhwabook.com

도서출판 삼화, 2017, Printed in Seoul Korea
ISBN 979-11-5826-059-0(03900)

역사는 언제나 다시 써야한다

-역사적 상대주의: 미국 신사학파를 중심으로-

이상현 지음

도서출판 삼화

로봇의 지배가 다가오는 시대에
왜 이 글을 쓰는가?

개정판을 내면서

얼마 전, 나는 친구가 심장박동기를 달았다는 말을 듣고 놀라워했다. 인간이 드디어 로봇이 되어가고 있는 것이 아닌가? 다리뼈가 부러져서 쇠붙이로 만든 인공관절을 만들어 끼웠다는 소릴 들었을 때만 하더라도, 그저 그렇게 하면 편리하겠구나 하는 정도로 생각했는데, 심장박동기를 달았다는 말에는 놀라지 않을 수가 없었다.

인간의 심장이란 것이 무엇인가? 인간 생명의 근본이 아닌가? 우리는 심장의 마음 심(心)자를 마음이나 정신의 근본으로 생각하고 희노애락의 사단칠정의 근원이 아니던가? 헌데 그것을 기계로 움직이게 한다니, 결국 인간 감성이나 이성까지도 기계로 좌우할 수 있는 시대가 되었다는 것이 아닌가? 그렇다면 인간은 기계인가? 인간인가?

그런데 며칠 전 알파고가 세계적 천재 바둑기사 이세돌 9단을 4대 1로 격파하였다는 소식을 들어야 했다. 이를 보고 매스컴은 컴퓨터가 인간의 지능을 능가하는 순간을 가리키는 사건이라고 호들갑을 떨고 있다. 이제 역사는 인간에 의해서가 아니라, 기계에 의해서 이끌어져가는 시대가 되었는지도 모른다.

앞으로 얼마 지나지 않아서 운전기사는 사라지고, 더 나아가서는 검사, 판사, 변호사 등 법률가들, 그리고 의사들과 같은 규정이나 통계와 같은 기존 정보지식을 근거로 하는 인간의 직업은 알파고에게 넘겨야 할 시대가 얼마 남지 않았다는 것이다. 이러다가는 결국 인간은 스스로 만들어놓은 인조인간의 지배를 받아야 되는 시대가 찾아올 것이라는 이야기가 단순한 기우만은 아니라는 것이다. 그렇다면 인간은 어디로 갈 것인가?

그러나 역사를 돌이켜 보면, 그렇게 우려할 일은 아닌 듯하다. 코페르니쿠스가 지동설을 밝혔을 때, 사람들은 모두가 지구 밖으로 떨어져 죽지 않을까 하여 두려워했다. 그리고 제임스 와트가 증기관을 만들고 방적기, 방직기가 돌아가면서 매뉴팩처 체제가 붕괴되는 산업혁명이 일어나 실업자가 거리로 몰려나올 때에는 모든 인간이 기계의 노예가 되어 죽어갈 것이 아닌가 하여 기계를 파괴해버리자는 러다이트 운동까지 펼쳐졌었다.

그리고 1930년대에 미국에서는 경제공항이 일어나 미국 실업자들이 거리를 메우게 되었을 때도 말세가 다가왔다고 생각하였다. 그러나 미국은 이를 극복하기 위하여 새로운 교육을 위한 신교육학, 새로운 역사인식을 위한 신사학, 새로운 과학을 통한 시대의 난관을 극복하기 위한 신과학을 부르짖으며, 팍스 아메리카나(Pax Americana)의 세계지배권을 확립하기에 이르렀다.

이것은 인간이 매시대마다 그들이 발견·발명한 지식과 과학이 절대적인 것이라고 믿었던 고정관념을 깨고, 새로운 지식과 새로운 지혜의 발전으로, 새로운 패러다임을 이루어 새로운 역사를 창조한 결과였다.

인간은 언제나 자기 앞에 주어진 문제를 해결하기 위하여 고뇌하고 연구하다 보면 현재의 문제를 극복하고 뛰어넘을 새로운 방안을 찾아내는 것이다. 이것이 인류의 역사를 지탱해오고 발전시켜온 원동력인 것이다. 나는 이러한 인간의 지적 변혁의 과정을 역사적 상대주의라는 이름으로 이해하고 있다.

상대주의란 자유주의다. 인간의 정신을 자유로 이해하는 생각이다. 이 생각에 따르면 인간은 언제나 자기 앞에 주어진 난관을 인지하고 그것을 극복하기 위해서, 그리고 보다 좋고 아름답고 높은 가치가 있는 것을 찾아서 행군해가는 정신의 추진력이다.

이 책은 1930년대 미국의 역사적 상대주의가 어떻게 미국 사상 최대의 위기였던 대(大)공황을 극복하고 세계 최강의 국가로 발전시킨 사상적 배경이 되었는가를 염두에 두고 쓴 것이다.

이 책의 초판은 대한민국 학술원의 추천도서가 되는 영광을 누린 책이다. 이 점에서 초판을 발간해 준 집문당의 임경환 사장에게 감사를 드리지 않을 수 없다.

그리고 초판이 나온지 15년이라는 세월이 지난 책을 다시 세상에 햇빛을 보게 해 준 도서출판 삼화의 사장님과 직원 여러분들께 감사의 마음을 전한다.

2017년 1월
북한산 밑 현곡재에서
저자 이상현 적음

　과학의 발달은 인류생활에 대변혁을 일구어 냈다. 세계를 하나의 지구촌으로 만들고, 낭비를 미덕으로 만들어 놓았다. 이것이 인간행복의 꿈의 완성인가? 인간정신의 황폐화로 인간은 없고 화려한 색깔의 로봇들만이 움직이고 있는 세계가 인류의 이상이었던가? 천문학적인 숫자의 부가 몰려다니는 길목에는 아사(餓死)의 위협에 떨고 있는 인간의 참혹한 모습 또한 이상사회의 모습인가?

　그런데 대학은 이것들을 이룩해 놓고 기고만장이다. 과학기술자, 향락산업 종사자 양성을 기치로 내걸고 신바람이 나 있다. 상아탑은 붕괴되고 황금탑만이 우뚝 서서, 사람이 사람을 만드는 교육을 짓누르고 있다. 이제 대학은 직업학관(學館)이다.

　조선조를 꽃피웠던 전통적인 선비교육을 망국의 원흉이라고 하고, 신지식을 가져야 새 시대를 살 수 있다며 한국말 대신 일본말을, 역사책 대신 기술의 숙달을 요구하던 일본인 노동 감독관의 외침이 주마등처럼 뇌리를 스치는 것은 어찌된 일인가.

　선진대열의 선도적 위치의 독립국에서 우리 손으로 뽑은 대통령과 국회의원님들이 이끄는 나라의 백성이니 일본인들이 한국을 통치하던 식민지시대와 비교한다는 것이 어불성설일 것이다.

허나 그때에 있었던 애국심과 독립의식이 지금은 '선진', '민주독립
국가'라는 말들이 주는 환상에 가려 그림자조차 안 보인다. 병들어 있
으면서 병들어 있다는 것 자체를 망각하고 있는 것이야말로 죽음에
이르는 병이라 하지 않았던가.

1929년 '마의 목요일', 월스트리트의 증권파동으로 경제공황을 당
한 미국은 혁신주의 운동을 일으켰다. 루스벨트 대통령의 뉴딜 정책
에 앞서 인간의 참된 교육이 무엇인가를 생각한 것이다. 여기서 프래
그머티즘이라는 철학사상이 잉태되었고, '신(新)물리학', '신(新)사학'
이 출현하였다. 이러한 정신운동은 미국이 유럽을 추월하여 철학, 역
사학, 문학, 자연과학의 여러 분야에서 세계를 선도하게 만들었다. 오
늘의 미국이 있음은 여기에서 비롯된다.

이 책은 그 시대의 미국 역사학, 신사학파에 관한 논문들을 묶은 것
이다. 이를 통해서 상대주의란 무엇인가를 밝히려 하였다. 역사적 상
대주의란 과거로부터 탈피, 현재를 알고 미래를 향해 가는 인간정신
을 연구하는 것을 기본으로 한다. 이것은 혁신, 진보의 전제이며, 자
유주의의 요체이고, 민주주의의 필수조건이다.

필자는 상대주의를 이해하여 절대주의에 근거한 권위주의를 청산
하고, 미래지향의 창조적 시민정신을 함양하였으면 하는 소망으로 이
책을 썼다. '민(民)'이 정치, 경제적 권력자들을 위한 로봇이 아니라,
나름대로의 생각과 소견을 피력하면서 긍지와 의의를 느끼며 사는,
인간적인 삶을 살 수 있는 사회가 되었으면 하는 작은 꿈을 가지고 이
글을 펴낸다.

이 글을 펴냄에 있어 친구 정우상 군의 우정과 경제적 도움이 컸음을 밝혀둔다. 아울러 이 책을 정성껏 만들어 대한민국 학술원 추천도서가 되게 해주신 집문당 임경환 사장님에게 감사를 드린다.

2001년 1월 1일
새절터에서 이상현

목차

제1장
역사적 상대주의의 뿌리와 그 발전과정

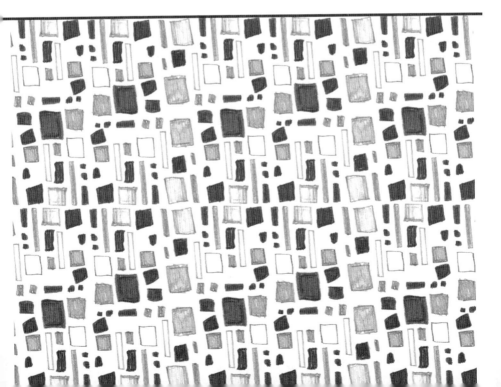

1
상대주의의 개념

서양 사상사에 있어서 상대주의가 처음으로 등장하게 된 것은 그리스 소피스트에 의해서다. 그런데 그들은 그 후 플라톤 철학의 지배하에서, 매도의 채찍에 의해 지속적으로 불명예를 안고 서양 사상사 속에서 음지의 길을 걸어야 했다. 그러나 상대주의는 결코 매도되거나 기피되어서는 아니 되는 하나의 엄연한 사고의 형태이며, 실제적으로 세계의 사상사를 주도해 온 하나의 사상체계인 것이다. 그러면 상대주의란 무엇인가?

1 상대주의란 절대주의, 또는 형이상학적 합리주의에 대칭되는 말이다

상대주의란 하나의 견해이다. 사물을 보는 데 있어서 실재(reality)와 현상(appearance) 중 어느 것을 사유의 대상으로 생각하는가 하는데 따라서 발생하는 하나의 견해다.

우리는 사물에 대하여 생각할 때, 다음과 같은 3가지 분야를 중심으로 하게 된다. 사물이 실제로 존재하고 있는가 아닌가 하는 것을 문제로 삼는 존재론(存在論)이 그 하나이고, 그 존재하는 사물을 우리가

어떻게 인식할 수 있는가 하는 것을 문제로 삼는 인식론(認識論)이 그 둘이고, 존재하고 있는 사물, 그것에 대한 인식이 어떠한 가치를 지니는가 하는 것을 문제로 삼는 가치론(價值論)이 그 셋이다.

존재론의 경우, 상대주의는 문제에서 일탈될 수도 있지 않을까 생각된다. 그것이 인간에 의하여 인식되든 아니 되든 '있는 것은 있는 것이고, 없는 것은 없는 것'이라는 논리적 규정에 따라 일단은 정리될 수 있기 때문이다. 그러나 그것을 인식함에 있어서는 다르다. 있는 것도 인식이 미치지 못하면, 존재하지 않는 것이 될 수 있고, 없는 것도 상상력에 의하여 인식의 테두리 안에 들게 되면, 있는 것으로 될 수도 있으니 말이다. 실재로서 존재하는 것과 그것에 대한 인간의 인식, 여기서 근본적으로 상대주의의 문제는 출발하게 된다.

성서에서 '하느님은 천지만물을 창조하시고 아담은 그것들의 이름을 붙였다' 했는데, 여기서 하느님에 의하여 창조된 대로의 천지만물은 실재이고, 그것에 대해서 아담이 붙인 이름은 그 실재에 의한 인간의 인식(認識)인 것이다. 절대주의와 상대주의의 문제는 이 실재와 인식이 일치되는 것이냐 아니냐 하는 데서 야기된다.

또 기원전 4~5세기 그리스 사상계에서 하나의 키워드가 되었던 말들 중에는 '피지스(physis)'라는 말과 '노모스(nomos)'라는 말이 있다. 전자는 '자연(nature)'이라는 말로 번역될 수 있는데, 이 말은 '실재(reality)'의 의미로 사용될 수도 있다. 노모스(nomos)라는 말은 그리스인들에게서 nomizetai, 즉 실현된 어떤 것을 의미하는 말로써, '옳다', '진리다'라는 믿음을 기초로 해서 이루어진 전통적이고 인습적인 습관, 관습 그리고 그 풍습이나 관습을 국가의 권력으로써 공식화시키

고 강제 규범화시킨 법을 의미하는 것이었다.[1]

피지스(physis)를 자연 그대로 존재하는 것이라고 한다면, 노모스(nomos)는 인간에 의해서 발견되고, 신앙되고, 생각되어진 어떤 것을 의미한다. 피지스는 비코가 말하는 바, 하느님이 창조하였기 때문에 그 비밀은 하느님만이 아는 자연 그 자체이고, 노모스는 인간에 의해서 만들어진 시민사회를 의미하는 것이다.

따라서 절대주의는 피지스와 노모스의 일치를 주장하는 데서 나오고, 상대주의는 그것들의 불일치, 즉 피지스와 노모스는 전적으로 일치할 수 없으며, 피지스는 일정불변한 것인데 비하여, 노모스는 시간 공간에 따라서, 즉 상황의 변화에 따라서 다르게 나타날 수밖에 없다는 주장에서 나오는 것이다. 절대주의는 실재의 영구불변성을 강조하고 상대주의는 현상의 변화성에 주안점을 두고 사물을 인식하게 마련이다.

그러므로 상대주의는 경험주의(empiricism), 실증주의(positivism), 현상주의(phenomenalism), 개인주의(individualism) 그리고 인문주의(humanism) 등과 대체적으로 궤를 같이하는 경향을 띄게 되고, 절대주의(absolutism), 관념주의(idealism), 선험주의(transcendentalism) 등과 대립적인 경향을 지니게 되는 것으로 이야기되고 있다.[2]

그러나 위의 구별은 극히 형식적인 면이 강하다. 경험주의라 하더라도 그것이 자연과학을 통해서 발견된 어떤 결과를 실재(reality)라 하여 그것을 절대적인 진리, 또는 영구불변의 진리로 고집할 때, 그것은 오히려 후자에 속하게 된다. 인문주의라 하는 것도 마찬가지다. 그것이 중요시하는 인간의 주체로서의 이성을 강조한 나머지, 그 이성을 신격화할 때 휴머니즘은 일종의 절대주의로 전환되게 마련이기 때문이다.

그리고 '나는 생각한다. 고로 존재한다.'라는 명제를 세워, 주관적 인식능력으로서의 이성(logos)과 객관적 질서의 근본원리로서의 이성을 동일한 것으로 보는 데카르트를 중심으로 하는 철학적 합리주의자들에 의하면, 인식과 실재, 실재와 인식이 동일시되고, 이에 따라 존재론과 인식론이 동일시된다는 것이다.[3] 이들의 주장을 따르면, 인식이란 우리의 정신작용을 통하여 우리 밖에 있는 존재와 우리 안의 존재를 일치시키는 것을 의미한다. 그러므로 인식이란, 있는 것을 있는 그대로 안다는 것이다. 여기서 인식된 것은 진리이다. 그러므로 일단 인식된 진리는 더 이상 다른 것으로 재인식되거나 첨삭되거나 변경될 수 없으며, 그것은 시간·공간적으로 일치된 형상과 본질, 일치된 질량을 지녀야 되는 것이다. 인간적 이성과 객관적 합리성과의 일치가 모든 인간적 사유와 행동의 근저에 놓여 있다는 것이다.[4]

이를 피지스(Physis)와 노모스(Nomos)의 관계로 환치시키면, 철학적 합리주의는 그 둘의 일치를 주장하는 것으로 노모스의 절대성을 주장하는 것이고, 상대주의는 그것들의 불일치, 즉 노모스는 피지스와 전적으로 일치할 수는 없으며, 피지스는 일정불변한 것인데 비하여, 노모스는 시간·공간, 즉 상황의 변화에 따라서 다르게 나타날 수밖에 없다는 주장에서 나오는 것이다.

상대주의적 인식론에 따르면, 각 개인이 지니고 있는 인식의 여러 조건들―인식능력의 한계, 인식에 첨가되는 개인적 사회적 욕구, 인식을 가로막고 있는 자연적 문화적 장벽들―에 따라 인식작용의 결과로서 나타난 노모스는 각양각색일 수밖에 없다는 것이다. 그리스의 자연철학자들이 다 같이 우주와 자연, 그리고 인간의 근원이 되는 유일자(Arche)를 구명한다고 나섰으나 각양각색의 결론을 얻어 각자의 주장 정도로 끝나고 말았다고 하는 것은 이를 말하는 것이다.

가치의 문제에 있어서는 이러한 상대성은 더욱 강하게 영향력을 갖는다. 그러므로 가치론은 상대주의를 전제로 하는 하나의 철학일 수도 있다. 무엇이 가치가 있는가? 이에 대한 답은 사람마다 개별적 입장에 따라서 다를 수밖에 없다. 그리고 같은 사람이라 하더라도 그 사람이 처하고 있는 시간·공간상의 상황에 따라 달리 나타날 수밖에 없는 것이다.

가치론에 있어서의 상대주의는 선악의 문제, 유용성의 문제 등에서 잘 나타나 있다. 첫째, 선과 악의 구별은 절대적, 또는 무제한적인 것일 수가 없다는 것이다. 왜냐하면 모든 사물들은 그 대상이 무엇이냐에 따라서 선악은 각각 달라진다는 것이다. A에게 선한 것이 B에게는 악한 것일 수도 있고, A상황하에서 선한 것이 B상황하에서는 악한 것으로 될 수도 있다는 것이다. 또 모든 사물은 그것을 필요로 하는 자에게만 유용한 것이고, 그것에 적합한 자에게만 효험이 있다는 것이다. 같은 음료, 같은 음식, 같은 약이라 할지라도 어떤 사람들에게는 매우 유익하지만, 반대로 다른 어떤 사람에게는 극히 해가 되기도 한다는 것이다.

2 상대주의는 자유주의의 다른 명칭일 수 있다

이상과 같이 실재의 영구불변성을 강조하고 그것에 대한 인식을 실재와 일치시키는 작업으로 생각하는 이들에 의해서 절대주의가 주장되는 반면, 현상의 변화에 주안점을 두고, 실재에 대한 인식을 인식자의 자기표현—자기 인식능력의 표현, 자기가 처한 시간·공간적 상황의 표현 등으로 이해하는 이들에 의해서는 상대주의가 주장되게 마련이다. 여기서 상대주의는 다음과 같은 몇 가지 특징을 갖게 된다.

첫째로 상대주의는 철저한 개인주의의 입장을 취한다. 상대주의자들은 철저하게 개인주의를 고수하고 있기 때문에 개인을 어떤 규격이나 어떤 전제에 입각해서 규제하는 것을 거부한다. 그것은 개인으로서의 자기이외의 절대적인 진리나 존재를 인정하지 않는다. 따라서 절대적인 진리를 앞세운 일체의 미신과 도그마로부터의 해방을 추구한다.

상대주의는 진리에 대한 인식에 있어서나 가치의 설정, 아름다움에 대한 느낌 등등에 있어서 개인의 자율성과 독자성을 강조하는 데서 비롯되는 것이기 때문이다. 그러므로 역사상에 나타나는 이른바 자유주의에 있어서도 어느 특정인이 나름대로의 자유의 개념을 설정해 놓고 그것을 타인에게 강요하는 경우, 그것은 엄격한 의미의 자유주의일 수 없다. 그러므로 상대주의적 사고는 이를 적(敵)으로 간주하지 않을 수 없는 것이다. 그러므로 역사상에 나타나는 개인주의, 그리고 그것의 정치적 표현이라 할 수 있는 민주주의나 무정부주의 등등은 상대주의를 그 본질로 하지 않으면 아니 되는 것이다.

이를 피지스와 노모스의 관계로 이해하면 정치, 경제, 사회, 문화,

종교 등 인간의 인습적인 제반사항들은 피지스가 아니고, 노모스다. 따라서 역사는 피지스로 구성되는 것이 아니고 노모스의 변천과정으로 이루어지는 것이다. 역사의 발전이라는 경과 속에서 현재의 틀에 맞지 않는 정치, 경제, 사회, 문화, 종교 등은 과감하게 개선, 개혁될 수 있는 것이다. 왜냐하면 노모스는 인위적인 것이다. 따라서 시간의 변천에 따라서 변경될 수 있는 가변적인 것들이기 때문이다. 그러므로 사물을 피지스가 아니라, 노모스로 보는 상대주의는 자유주의와 통하게 되고 개혁정신, 혁명정신과 통하게 되는 것이다. 종교도 시대에 따라 변해야 하고, 정치체제도 시대에 따라 변해야 하고, 계급도 시대에 따라 변해야 하고, 민족의 개념도 시대에 따라 변해야 하고, 국가의 개념도 시대에 따라 변해야 한다.

둘째로 상대주의는 경험주의를 취한다. 철저하게 개인주의적인 입장을 취하고 있는 상대주의의 입장에서는 어떤 권위자에 의해서 주창되는 진리라 하더라도 그들 각자가 스스로 직접 경험하고 느껴서 확인하지 않는 한 그것은 진리일 수가 없다.

셋째로 상대주의는 회의주의의 입장에 선다. 경험주의의 일반적 원리가 그렇듯이 상대주의는 선험적 진리를 인정하지 않기 때문에, 그들이 어떤 것을 인식한다는 것은 먼저 그 사실에 대한 의문과 회의에서 출발하지 않을 수 없기 때문이다. 콜링우드의 말처럼, 과학이라는 것이 스스로 회의하고, 그 회의된 것을 질문으로 제시하여, 그에 대한 답변을 구하는 것이라고 한다면, 상대주의는 철저하게 과학적인 것이다.

넷째로 상대주의는 자연과 인습의 대립의 입장에서 사물을 본다.

상대주의는 비코의 말, "자연은 하나님이 창조한 것이므로 하나님만이 완전히 인식할 수 있고, 인간은 인간이 창조한 것만을 인식할 수 있다."는 것을 전제로 한다. 따라서 인간이 자연을 안다는 것은 자연 속에서 인간이 인간에게 필요하고 유용한 것을 발견해내고, 발명해내는 것을 의미하는 것이지 자연자체를 그 자체대로 인식한다는 것은 아니다. 반대로 인습―인간의 생활습관, 풍속, 사고, 즉 비코의 말대로 "시민사회에 속한 사항들은 인간의 생활을 통하여 창조된 것이므로 인간에 의해서 인식될 수 있는 것"이라는 것이다.

한마디로 상대주의에서는 그것이 인간에 의해서 인식되고 주장되고 있는 것인 한, 일체의 영구불변의 절대적 진리는 존재하는 것이 아니다.

3 상대주의는 역사적으로 절대주의와 대립되어 쌍곡선을 이루어가며 흘러왔다

신이라든가 이에 준하는 절대적 기준과 영구적이고 불변하는 진리에 대한 신념을 앞세우고 그 앞에 인간의 복종을 강요하던 시대에는 주로 절대주의가 우세를 점하고 있었으며, 이에 반하여 인간개인의 존엄성을 강조하던 시기, 그리고 인간개인이 중심이 되어 사물들을 인식하고 거기서 사물들의 본질에 대한 시각이 영구적인 것이 아니라, 시간·공간 등 상황의 변천에 따라 변환되고 있는 것으로 인식되던 시기에는 상대주의가 우세를 점하여 왔다.

또 사회가 어떤 이념이나 신앙 등과 같은 것을 앞세운 체제에 의하여 폐쇄되었던 때에는 절대주의가 지배적이었고, 반대로 커다란 전쟁이나 그 밖의 다른 이유로 폐쇄사회가 개방화되고 사회의 단위와 성격이 다양화되는 때에는 상대주의가 지배적[5]인 것으로 되어왔다.

실례를 들면, 신권을 앞세운 절대왕권이 인간세계를 지배하던 고대 오리엔트 세계나 이의 영향하에서 도시국가의 작은 테두리 안에서 상호 배타적 사회체제를 이루고 생활하던 초기 그리스에서는 자연철학을 중심으로 절대적 진리를 추구하려는 분위기가 조성되어 있었다.

그러나 페르시아 전쟁이 일어나, 그리스 도시국가들이 자기공개(自己公開)를 하고 동시에 오리엔트 세계에 대한 관심이 높아지게 됨에 따라, 그와 같은 분위기는 점차 소멸되고 소피스트들에 의한 상대주의적 사고가 대두, 전개되기에 이르렀다.

이때의 상대주의는 '인간이 만물의 척도'이며 '신들의 존재는 입증할 수 없는 가정'이라고 하는 프로타고라스의 말에 의해서 정형화되었다. 그리고 이를 가능하게 하는데 결정적 역할을 한 것은 '역사'를 써서 다른 나라, 다른 세계의 사정을 알게 하는데 공헌을 한 헤로도토스와 투키디데스였다.

그러나 타락한 상대주의의 폐단으로 이른바 중우정치가 전개되고, 그로 말미암아 사회정의가 무너지고 무질서가 횡행하게 되면서 소크라테스-플라톤으로 연결되는 새로운 사상체계에 의하여 상대주의는 비판을 받게 된다. 그러나 그렇다고 해서 플라톤에 의하여 상대주의적 분위기가 소멸되고 절대주의가 정립된 것은 아니었다. 다만 상대주의에 대한 비판이 시작되었을 뿐이었다.

그리스세계에서 절대주의는 소크라테스의 가르침에 그 뿌리를 두고 있는 플라톤의 형이상학적 합리주의에서 그 이론자체는 절정에 이른다. 플라톤의 이론에 따라 정의, 미, 그 밖에 정체성(identity)과 평등성(equality) 등과 같은 개념들은 플라톤의 이데아라는 형이상학적 존재로 귀납되었고, 그것은 인간의 정신으로부터 소외되어 초월자로서 존재하게 되었다. 이것은 다시 로마시대에 발생된 기독교에 의해서 유일신(唯一神)이라는 이름으로 개명하여 모든 인간을 그 안에 귀속시키고자 하였다. 여기서 그리스적 상대주의는 종언을 고하게 되어, 긴 동면의 시기를 맞이하게 되었다.

그러나 십자군 전쟁으로 유럽의 폐쇄적인 질서가 동요되기 시작하면서 아울러 기독교라는 절대적 진리체계는 균열을 일으키기 시작하였다. 전쟁의 영향으로 몰려들기 시작한 비잔틴과 오리엔트 세계의 과학과 철학, 그리고 생소한 생활습관과 풍속 등은 유럽인들의 비판의식을 싹틔웠고, 이는 르네상스나 종교개혁, 지리상의 발견, 군주국가의 태동 등으로 대표되는 근대사회로 접어드는 다원적 질서의 시대를 열어나가는데 있어 필요한 효모의 역할을 하였다.

근대에 들어 중세적 기독교의 절대주의는 분쇄되어 다양성을 지닌 권력체제와 문화현상으로 분화되는 양상을 보였다. 그러나 그중 군주권은 나름대로 가톨릭의 신권을 이어받아 그것을 세속권으로 전환시킨 절대군주체제와 그 그늘 아래에 발전한 자연과학 만능주의를 기초로 한 데카르트의 형이상학적 합리주의가 각각 그들의 절대성을 강요하는 입장을 취하였고, 이들의 철학과 자연과학적 사고를 수용은 하였으나, 절대정치에 대하여 비판적인 입장을 취한 후기 계몽주의적 사회 사상가들은 나름대로의 상대주의적 사고를 표출하였다.

그러나 계몽주의자들의 상대주의에는 한계성이 있었다. 정치적 절대주의와 그것으로 조성된 사회적 분위기가 그들의 발목을 붙잡고 있었기 때문이다. 이러한 시대에 매우 과감하게 상대주의적 사고를 이론적으로 체계화시키는 일에 대성한 사람이 비코(G. Vico)였다. 그는 데카르트의 자연과학적 사고에 근거한 형이상학적 합리주의에 반대하여 역사적 사고를 개창함으로써 사물의 본질을 시간상에서 변천되어 가는 인간정신에 있는 것으로 이해하였다.

여기에서 서양의 사상사는 2개의 조류가 대립적으로 흐르게 되고, 이것은 드디어 계몽주의에 대한 낭만주의의 대립으로 표출되게 된다.

이 낭만주의적 분위기는 역사학의 중요성을 인지하게 하여 이른바 역사주의의 출생을 보게 되며, 여기서 현대의 역사적 상대주의의 발전의 길은 열리게 된다. 따라서 우리는 현대의 역사적 상대주의에 대한 올바른 이해의 전제로써 그리스 상대주의로부터의 그 발전과정의 개요를 살필 필요를 느낀다.

2
그리스의 상대주의

상대주의에 대한 논의가 역사상에 정식으로 등장하게 된 것은 고전 그리스시대 엘레아 학파에 의해서다. 앞에서 언급한 바 있는 피지스와 노모스의 문제와 '있음'과 '되어짐', 안정과 유전(流轉), 실재와 현상 간의 선택(a choice between being and becoming, stability and flux, reality and appearance)의 문제가 심각하게 생각되는 입장에 있었기 때문이다.⁶

여기서 '있음'과 '안정', '실재'를 추구하는 학문을 철학적 합리주의 또는 과학적 합리주의 등으로 부르는 절대주의적 사고의 유형이라 한다면, '되어짐', '유전', '현상'을 추구하는 학문은 역사학 또는 역사적 과학으로 구분되는 상대주의적 사고다.

이러한 엘레아 학파의 논의는 물론 그들이 전념한 자연철학의 범주 안에서 이루어진 것이다. 자연현상을 관찰함에 있어서 그것을 어떻게 인식하여야 할 것이며, 그 자연의 대상을 어떤 측면에서 이해하는 것이 옳은가에 대한 문제에서 발생한 사고다. 그러므로 문제의 초점은 관찰의 대상과 관찰의 방법에 있었지, 관찰자 자신에 대한 문제에 있지 않았다. 그러므로 그들은 상대주의적 사고의 단서를 제공한

것은 분명하나 소피스트라는 명예(?)는 얻지 못했다.[7]

이런 의미에서 첫 번째 소피스트로 지칭되며, 동시에 상대주의의 태두로 인정을 받는 사람은 '인간이 만물의 척도다.'라는 유명한 말을 남긴 프로타고라스(Protagoras)다. 이는 그가 자연철학을 비로소 인간 철학으로 전환시키는 계기를 만들어 주었다. 그는 객체, 즉 인식의 대상을 중심으로 하던 철학에서 주체, 즉 인식의 주체를 중심으로 하는 철학으로 전환시켰다.

프로타고라스가 상대주의의 대표적 인물이 될 수 있었던 또 한 가지 이유는 그가 상대주의를 인식론적, 가치론적인 입장에서, 보다 구체화시켰다는 것일 것이다.

프로타고라스의 가치론에 입각한 상대주의는 대체로 다음 두 가지의 의미를 지닌다.

첫째, 선과 악의 구별 또는 이와 유사한 사물의 구별이란 절대적, 또는 무제한적인 것일 수가 없다는 것이다. 왜냐하면 모든 사물들은 그것이 어떠한 대상을 상대로 하는가에 따라 각각 달리 효험을 나타냈다는 것이다.

예를 들면 A에게 선한 것이 B에게는 악한 것일 수도 있고, A상황하에서 선한 것이 바로 그와 동일한 것이라 할지라도, 다른 상황에 처했을 때에는 악한 것으로 될 수도 있다는 등등이 바로 그것이다.[8]

한마디로 모든 사물은 그것을 필요로 하는 자에게만 유용한 것이고, 그것에 적합한 자에게만 효험이 있다는 것이다. 마실 것, 먹을 것, 약과 같은 것들이 사람에게 유용한 것이지만, 모든 사람들에게 꼭 같이 유용한 것은 아니다. 같은 음료, 같은 음식, 같은 약이라 할지라도 어떤 사람들에게는 극히 해가 되기도 한다는 것이다.[9] 또 말에게는 이로우나 소나 개에게는 해로운 것이 있으며, 동물에게 이로운 것이 식물에게는 죽음을 부르는 독이 될 수도 있다는 것이다. 똑같은 식물일지라도 식물의 뿌리에 주면 영양분이 되는 두엄도 가지나 잎에는 치명적인 해를 끼친다는 것이다.

따라서 올바른 영양사라면 사람에 따라 그에게 맞는 식음료를 제공해야 할 것이고, 훌륭한 의사라면 환자에 따라 그에게 개별적으로 적합한 치료법을 사용해야 할 것이며, 유능한 농부라면 그가 재배하는 작물이 무엇인가? 그리고 농약이나 거름을 그 작물의 어느 부위에 필요한 것인가? 를 올바로 판단하고 올바르게 투여하여야 할 것이다.[10]

둘째, 어떤 사람이 선과 악은 상대적이라고 말할 때, 그가 뜻하는 것은 선한 것도 악한 것도 실재하는 것이 아니고, 다만 생각에 따라 나타나는 차이에 불과하다는 것이다. 간단히 말해서 선악이란 그것을 생각하는 사람에 따라 달라지는 것이며, 또 같은 사람이 생각한다 하더라도 그가 처한 입장에 따라서 동일한 사안일지라도 선일 수도, 악이 될 수도 있다는 것이다.

이러한 프로타고라스(Protagoras)의 말이 일반적으로 수용되고 있는 것은 각 개인에게 나타나고 있는 것이 유일한 실재(the only reality)이며, 그러므로 실재적 세계(the real world)는 각 개인에게 다를 수밖에 없다고 하는 것을 누구나 인정할 수 있기 때문이다.

이러한 상대주의에 입각해서 생각할 때, 소위 사회정의(Justice or Right)라고 하는 것도 한갓 그 사회의 지배권을 장악하고 있는 강자들의 자기세력 강화와 타인의 권리부정을 합리화시키기 위한 가상적 원리에 지나지 않는 것이다.[11] 그러므로 엄격한 의미에서 그것은 개인에게 보편적 진리를 강요하며 개인의 자유를 억압하는 일종의 족쇄이며 폭력이다.

아름답다고 하는 것도 마찬가지다. 절대적 의미의 아름다움이란 없다. 아름다움이란 '좋은 것'을 의미할 뿐이다. 좋은 것이란 값어치 있는 것, 즉 유용성 있는 것을 의미한다. 셀트먼(C. T. Selttman)은 이를 다음과 같이 설명한다.[12]

> 아름답다(Beautiful)는 것은 칼로스(Kalos)의 오역이다. 우리는 '좋다(Fine)', '좋음(Fineness)'이라는 말을 사용함으로써 그 말의 의미에 가장 가까이 접근할 수 있을지도 모른다. 왜냐하면 이들은 그리스어의 대부분 의미에 적용되는 말이기 때문이다. 그리스인들에게 있어서 아름다움과 선함이 하나이며 동일한 것이라고 말하는 것은 잘못이다. 그러나 그리스인들에게 있어서 '좋음'이라는 말은 자동적으로 '훌륭함(Excellence)'이라는 말을 포괄하고 있다. 왜냐하면 좋은 것은 그의 목적에 적합한 것임에 틀림이 없고 그 때문에 그것은 선한 것이기 때문이다. 좋음은 최고의 가치이고 그것에 의해서 다른 모든 가치는 측정될 수 있는 것이다.

이처럼 상대주의는 영구불변의 실체를 인정하지 않는 데서 그 출발점을 찾는다. 다만 각 개인이 일정한 상황에서 느끼는 가치만이 실재라면 실재이다. 그러므로 프로타고라스가 인간이 만물의 척도(Man is the measure of all things)라고 말할 때, 그것은 각자에게 나타나 있는 것은 또한 바로 그런 것이다(What appears to each man assuredly also is) 라는 것을 의미한다. 이것은 동일한 사물은 어떠어떠할 수도 있고, 그 반대일 수도 있다. 그것은 선한 것일 수도 있고 악한 것일 수도 있다. 어떤 사람에게 선하고 아름다운 것이 다른 사람에게는 그게 반대일 수도 있기 때문이다. 한마디로 모든 사물의 가치기준은 개인 각자에게 있다는 것이다.[13]

다시 말하면, 실재의 한계와 본질을 측정하거나 규정하는 것은 우리 자신의 느낌들과 확신이며, 그것은 오로지 우리들 각자에게 상대적으로 존재하는 것이므로 각자에게 상이하다는 것이다.[14]

3
계몽주의와 상대주의
: 자유라는 이름의 독재, 이를 넘어서서

그리스 소피스트들의 상대주의는 플라톤의 이데아론에 의하여 압살 당하였다. 그리고 그 이데아의 대역인 신(God)을 앞세운 기독교의 절대주의적 교권체제는 상대주의적 사고의 숨통을 죄는 그런 것이었다. 그 기간이 무려 천여 년.

그러나 폐쇄적이던 유럽세계는 십자군 전쟁을 계기로 동방으로의 문을 열어야 했고, 그 문을 통하여 밀려들어오는 다양한 철학과 종교, 문화와 풍습, 특히 과학지식은 하나, 즉 유일신, 유일진리, 유일체제에 맹목적으로 예속되어 있던 유럽인들의 정신을 헷갈리게 만들고 만 것이다.

여기에서 다시 강력한 힘을 가지고 인류의 머릿속을 지배하게된 것이 데카르트의 자연과학적 방법론이요, 그로 해서 성립된 이른바 계몽주의적 사고의 형태, 보다 구체적으로 말하면 자연법사상이 그것이다. 이러한 사상적 경향은 대륙의 데카르트와 영국의 프란시스 베이컨에 의해서 그 가닥을 잡아 나가기 시작하였다. 특히 당시 데카르트의 영향력은 대단한 것이었다. 현대세계의 자연과학적 문명의 뿌리는 바로 이 데카르트에게 있다고 해도 과언은 아니기 때문이다. 그러기에 로마법의 대가이며 비코의 《De nostri temporis studiorum ratione》의 번역자인 엘리오 지안투르코(Elio Gianturco)는 현대사회에 있어서 데카르트의 영향력을 다음과 같이 말하고 있다.[15]

> 우리는 데카르트주의의 세계, 과학적 탐구의 세계, 기술의 세계, 기계의 세계에 살고 있다. 그것들은 우리의 삶을 침범하고 조건 지우고 있다.

이 말은 현대문명에 있어서의 데카르트의 긍정적인 영향력을 의미하는 외에, 그로 말미암은 물질, 기계문명에 의한 인간의 노예화에 대한 비탄의 소리이기도 하다.

사상사에서 볼 때, 데카르트는 기독교의 교권주의로부터의 인간의 해방을 주창한 장본인임이 분명하다.[16] 그러나 그것은 형이상학적 신권으로부터 인간을 구제한 것은 사실일지 모르나, 원리적인 면에서는 신권을 세속권으로 대치시켰을 뿐, 인간의 자유를 구속하기는 마찬가지였다. '이성적-합리적'이라는 새로운 의미의 신을 등장시켜 모든 인간으로 하여금 그의 명령에 따르도록 강요하였다. 또 그것으로 해서 발달한 자연과학 그리고 그 부산물로 쏟아져 나온 기술과 기계문명이라는 족쇄는 인간을 다시 옭아매고 있는 것이다.

여기서 산출된 절대군주체제는 혁명이라는 비참한 혼란을 일으키지 않으면 아니 될 만큼 인간의 자유를 억압하였다. 또 혁명의 결과로 태어난 민족주의, 국가주의, 그리고 나아가서 제국주의라는 것들은 오히려 한술 더 떠서 인간의 자유를 억압하는 그런 것이었다.

때문에 이러한 계몽주의 사상은 그것이 프랑스 혁명을 주도한 긍정적인 면을 지니고 있는 것임에도 불구하고, 그 반대운동에 당면하지 않을 수 없는 것이었다.

계몽주의 사상에 대한 반대운동은 그 계몽주의 운동자체만큼이나 오래된 것이다. 이성의 자주선언, 관찰과 실험이 아니면 아무것도 믿지 못하겠다고 나선 자연과학들(the natural sciences)의 새로운 인식방법론 선언, 이런 것들은 그 자체가 종래의 기득권을 행사하고 있던 기독교의 정통주의자들, 많은 교회와 많은 종파의 종교사상가들의 반감을 살 수밖에 없는 것들이었다.[17]

그러나 이러한 교회세력과 계몽주의자들의 갈등은 단지 신권을 인정하느냐, 신 대신에 내세운 세속적 권력—그것이 군주권이 되었든 시민주권이 되었든—을 인정하느냐 하는 문제를 둘러싼 것일 뿐이지, 인간을 완전히 자유롭게 하는가? 아닌가? 하는 것은 아니었다. 이들 양자는 공히 유일절대의 진리를 신봉하고 있었기 때문이다.

이들 양자 모두에게 공포의 대상으로 나타난 것은 오히려 고대 그리스 세계에 뿌리를 두고 있는 상대주의적이고, 회의주의적인 전통의 재생이다.[18] 계몽주의자들은 기독교도들이 내세운 유일신 못지않게 절대불변의 진리로서의 이성과 자연법을 전제하였기 때문에, 이러한 유일의 진리나 절대적 진리에 대하여 회의적이고, 진리의 상대성을 주장하는 경향은 그들 공동의 적일 수밖에 없는 것이다.

이미 우리가 앞에서 언급한 바 있는 그리스 소피스트에게까지 소급되는 상대주의 원리에 따르면, ① 신앙은 가치판단을 포함하는 것이고, 여기에 기초를 둔 ② 제도들은 객관적이고 영구불변의 자연적 사실들 위에 있는 것이 아니라, 인간의 의견(Opinion) 위에 있는 것이다. 때문에 ③ 그것은 상이한 사회와 상이한 시간에서는 다양하고 상이하다고 하는 것이다. 이에 따르면 도덕적이고 정치적인 가치, 그리고 특히 정의와 사회적 합의일반(合意一般)은 유동적인 인간의 약정이나 습속(Convention)에 의한다는 것이다.

이것은 '불은 유럽과 페르시아에서 같이 타더라도, 인간의 제도들은 우리 모두의 눈 아래서 변화하고 있다'고 선언한 아리스토텔레스의 말로써 요약되었다. 이에 따르면, 다음과 같은 주장이 가능해진다. 과학적 방법에 의해서 확립된 보편적 진리, 즉 어느 누구도 어떠한 장소에서 어떠한 시기에, 고유한 방법을 사용해서 입증할 수 있는 진리란 원칙적으로 인간사에 있어서는 학립될 수 없다는 것이다.[19]

데카르트의 사상과 계몽사상이 코페르니쿠스-갈릴레이 등에 의한 우주에 대한 새로운 인식의 영향을 받아 그들의 진리가 기독교의 맹목적인 신앙에 의하여 호도되었다는 것을 깨닫는 순간에 갖게 되는 자연과학에 대한 맹신에서 온 것이라고 한다면, 이러한 회의주의와 상대주의는 역사에 대한 인식과 지리상의 발견으로 새로이 발견된 나라들, 그리고 아시아, 아메리카 등에 대한 여행과 탐험에 관한 문헌들을 통해서 알게 된 다양한 인간의 습속들, 그리고 상이한 자연적 제요소, 특히 지리적 제요소가 인간사회에 다양한 영향을 끼친다는 것을 깨닫게 되면서 나타난 사상의 형태다. 이를테면 상이한 지리적 환경은 제도와 인간의 상이성을 가져오고 그것은 다시 신앙과 행동의 상이성을 발생시킨다는 것이다.[20]

때문에 계몽주의자로 대표되는 사람 중에서도 이미 상대주의의 단서를 보이고 있는 사람은 있다. 몽테스키외가 그 사람이다. 로빈슨에

따르면, 근대사상사에서 상대주의는 몽테스키외에서 시작되었다. 다음은 이에 대한 로빈슨의 말이다.[21]

> 단순한 예를 취하면, 1748년에 첫 출간된 몽테스키외의 《법의 정신》은 순수하게 과학적인 전제, 즉 모든 인간의 제도, 이를테면 사회, 정치, 교육, 경제, 법률, 그리고 군사제도들의 상대성을 확립하고자 하는 목적을 가지고 과거를 관망하였다.

물론 몽테스키외는 대표적인 데카르트주의자의 한 사람이다. 그러므로 그는 제반 사물들을 인식함에 있어서 데카르트적 방법을 철저히 따랐다. 몽테스키외는 토마스 홉스가 그랬던 것과 마찬가지로 자연과학과 같은 과학성을 구비한 사회과학과 역사과학을 확립하고자 하였다. 몽테스키외는 사회적 현상과 역사적 현상은 물리적 현상처럼 일반적 자연법칙에 속해 있다고 보았다.

그러나 그는 동시대의 다른 계몽주의자들과는 달리 역사적 개별성과 다양성에 대한 관심도 갖고 있었다. 몽테스키외는 역사적 이념형의 개념적 기초를 정립하였다. 그는 역사적 현상의 다양성에 대한 진정한 애착도 갖고 있었다. 그는 제 민족과 문화의 이질성을 인식하였다.[22] 그는 각 민족문화가 갖는 이질성의 원인을 기후와 지리에서 찾았다.

그러나 이것만 가지고 몽테스키외를 상대주의라 하기에는 너무 이르다. 계몽주의자들 가운데 그가 그래도 상대주의적 사고에 근접한 생각을 가지고 있었던 것은 그가 다른 계몽주의자들에 비하여 역사에 대해서 보다 큰 관심을 가지고 있었기 때문이다.

그럼에도 불구하고 그는 어디까지나 데카르트주의자요 계몽주의자다. 그러므로 그는 인간을 자연의 일부로서 인식하였다. '그는 역사인식의 기준을 자연적 원리에서 찾았다. 그에 의해 정립된 역사는 일종의 인간에 관한 자연사이다. 그에 의하면, 역사 속의 여러 제도들은 인간이성이 역사전개과정에서 자유롭게 발명한 것이 아니다. 그것은 자연적 원인의 필연적 결과이다.

몽테스키외는 사회적, 역사적 인간생활은 지리적, 풍토적 여러 조건들의 반영, 즉 식물의 생활과 다를 바가 없는 것으로 생각하였다. 역사적 변화는 단일 불변하는 인간성이 여러 상이한 자극에 대해서 반작용하는 다양한 방도의 표현에 불과하다.

몽테스키외에 의하면, 역사는 인간지혜의 표출이 아니다. 몽테스키외는 자연법칙이 인간지혜를 대신하여 여러 가지 사회제도를 만들어주었다고 본다. 그에 의하면 그것은 인간 자신의 힘으로는 만들 수 없었다. 다음은 이 점에 대한 콜링우드의 지적이다.[23]

> 몽테스키외는 상이한 국가와 상이한 문화 사이의 차이를 파악했다는 공로를 세웠다. 그러나 그는 이러한 차이의 본질적 성격에 대해서는 오해하고 있었다. 그는 인간의 이성을 가지고 인간의 역사를 설명하지 아니하고, 풍토와 지리의 차이를 통해서 역사를 생각하였다. 다시 말하자면, 그에 의하면, 인간은 자연의 일부이며, 역사적 사건에 대한 설명은 자연계의 사실 속에서 탐구되게 되는 것이다. 이렇게 생각되는 역사라면, 그것은 인간에 관한 자연사 또는 인류학으로 될 것이다. 여기서 제도는 그 자체의 발전과정에서 나타나는 인

간성의 자유로운 창안이 아니라, 자연적인 인과법칙의 필연적인 결과인 것이다.

이런 점들을 생각할 때, 근대 휴머니스트요, 자유주의의 선구자의 한 사람으로 생각되어지던 몽테스키외는 오히려 인간을 자연의 인과법칙에 구속시킨 사람이다. 자연의 인과법칙을 절대적 진리로 인정한 가운데 인간과 인간에 의한 역사적 사실을 자연세계의 관점에서 인식하려고 한 것이다.

이상과 같은 점들을 염두에 둘 때, 몽테스키외는 근대사상사에서 상대주의의 단서를 보인 사람일 수는 있어도 상대주의자는 아니다.

몽테스키외에 의해서 시작된 계몽주의 내에서의 상대주의는 데이비드 흄(David Hume)에 의해서 보강된다. 흄은 인성론을 썼다. 이를 통해서 그는 르네상스 이래에 발달한 자연과학 및 자연과학적 학문들을 지양하고 정신에 관한 학문을 개창하였다. 이는 밀레토스 학파의 자연철학에 대항하여 인간철학을 세움으로써 상대주의를 확고히 한 그리스의 프로타고라스의 역할을 근대에 재연한 것이다.

그는 모든 학문, 특히 자연을 대상으로 하는 자연과학이라 할지라도, 그것을 연구하는 주체로서의 인간의 본성에 대한 이해가 선행되지 않으면 아니 된다고 주장한다. 이 점을 그는 인성론의 서론에서 다음과 같이 말하고 있다.[24]

모든 학문은 많든 적든 간에 인간성과의 관계를 가지고 있으며, 그 학자들이 아무리 인간본성과 무관계한 것처럼 보일지라도 어떠한 과정을 통해서라도 그 인간본성의 문제로 돌아오게 된다.

그에 따르면, 우리가 자연신교(自然神敎)를 연구하더라도 그것은 신 자체에 대한 연구에 앞서서 그것을 연구하는 인간자신에 대한 연구를 해야 된다는 것이다. 왜냐하면 자연종교는 신들의 본성을 가르치는데 그치지 않고, 시야를 더욱 넓혀서 신들이 우리에게 베푸는 배려, 우리가 갖는 신들에 대한 의무까지도 고찰하여야 하는 것이며, 따라서 우리는 신을 연구하기에 앞서서, 인간을 연구해야 된다. 결국 우리는 연구하는 사람인 동시에 연구되는 대상의 하나이기도 하기 때문이다.[25]

따라서 인간의 본성을 연구하는 일이야말로 모든 학문의 중추이며, 또 모든 학문으로 가는 첩경이다. 그는 이 점을 이렇게 비유적으로 말하고 있다.[26]

여기에 우리의 철학적 탐구에 있어서 성공할 수 있을 것이라 기대되는 유일한 방법이 있다. 그것은 지금까지 우리가 사용하여 온 너무 지루하고 비능률적인 방법을 버리고 인간성 자체에 직접적으로 다가가는 방법을 취한다는 것이다. 예를 들어 말하자면, 지금까지 변경의 작은 성이나 촌락을 이것저것 탈취하던 방법을 버리고 곧바로 진군해서 이들의 중심인 수도, 즉 모든 학문의 중추에 직접적으로 접근해 가는 것이다. 일단 이 인간성이라는 수도를 수중에 넣으면 나머지는 어디서나 간단히 승리를 거둘 수 있을 것이다.

불가에서 말하듯, 만법(萬法)이 귀일(歸一)하는 것이라고 할 때, 우리는 그 일자(一者)를 앎으로써 만 가지 법을 알아야 한다. 이때 흄에게 그 일자가 무엇이냐고 묻는다면, 그는 인간의 본성이라 대답할 것이다.

그러면 흄이 포착한 그 인간의 본성은 무엇인가? 흄의 인성론은 데카르트와 데카르트주의의 '합리적 절대주의'에 대한 반대를 통해서 성립된다. 데카르트와 그의 추종자들은 인식의 단일체계에 대한 확신을 가지고 있었다. 다시 말하면, 모든 분야에 대한 인식은 보편적인 원리(axiom), 우주적 이성(로고스)으로부터 논리적으로 끊어지지 않는 연결고리로 이어져 있다고 믿고 있었다.

흄은 이에 대해서 반대하였다. 흄은 인간의 이성이 인간으로 하여금 우주의 합리적인 질서에 대한 직관을 갖게 한다는 것을 부정하였기 때문이다. 흄에게서는 인간의 이성이 우주의 이성(로고스)과 연결되어 있는 절대적 또는 형이상학적인 실체가 아니다. 그는 인간의 본성을 인간을, 신과 연결시키는 이성과, 인간의 동물들과 함께 지니고 있는 감성으로 구별하는 데카르트파의 입장을 거부하고, 대신에 인간은 단순한 감지(感知)의 꾸러미(Bundles of perceptions)라는 주장을 제시하였다. 즉 이 주장에 따르면, 인간의 모든 아이디어들은 단순히 감각 인상(sense impressions)들의 모사들일 뿐이다.[27]

때문에 흄은 데카르트 학파가 주장하는 바, 도덕적 완성은 감성에 대한 이성의 승리를 통해서 이루어진다고 하는 원리를 부정하였다.[28]

흄의 이와 같은 데카르트파의 정신의 실체로서의 이성에 공격은 상대주의를 향한 일보 접근이었다.[29] 흄은 그의 저서《대화, 도덕의 제 원리에 관한 연구에 붙여서(Dialogue, appended to Enquiry concerning the

Principles of Morals, 1751)》에서 도덕적 상대주의를 다음과 같이 재미있는 이야기를 사례로 들어 설명하고 있다.[30]

> 사회적으로 존경받는 명사가 자기 자신의 두 어린 아이들과 가장 가까운 친구(Best friend)를 죽이고, 자신의 누이와 결혼하고, 또 동성연애에 빠져들고, 최종적으로는 목을 매어 죽은 어느 나라의 이야기가 있다. 그 나라 사람들은 이 이야기에 대하여 말한다. "그처럼 도덕적이고 고상한 삶은 그와 같이 고상한 종말을 가져오는 것 이외에 더 이상의 좋은 결과는 있을 수 없다."고.
>
> 혹자는 이 이야기를 듣고, 그러한 나라가 어디에 있을 수 있겠느냐고 분개해서 말할 것이다. 이때 그는 이것은 가장 찬양 받고 있는 아테네인들이 만들어 놓은 기록들에 근거한 사건들의 이야기라고 지적하였다. … 흄은 말한다. "아테네의 부모들에게 왜 당신이 그렇게 늦은 나이에 갖게 된 아이들을 죽여야 했는가? 하고 묻는다면, 그는 대답할 것이다. 자기는 그 아이들을 너무나 사랑하기 때문이었다고. 그리고 그는 요구할 것이다. 그 아이가 나로부터 물려받은 가난, 그 죽음보다 더 한 가난을 생각해보라."고.

오늘날의 도덕적 원리에 따르면, 자기 자식을 죽이고, 자기의 친한 친구를 죽이고, 동성애를 하고, 하는 일들은 인간으로써 할 수도 없는, 그리고 이 세상에 있을 수도 없는 일들이겠으나, 오늘날과 상황이 달랐던 그리스 아테네에서는 오히려 '훌륭한 삶의 고상한 종말'이었다는 것이다.

이처럼 흄의 따르면, 도덕적 가치관은 시대에 따라 차이가 있게 마련이다. 그리고 필연성에 대한 신앙은 두 개의 관념들의 연결이 반복되는 경험들을 통해서 생산되는 것이다. 다른 말로 해서, 신앙은 습관에서 나오는 것이다.[31] 때문에 윤리도덕 규범이나 종교 신앙에 의하여 규정되는 생활양식과 풍속 등은 매시대마다 다를 수밖에 없다.

이처럼 흄은 그의 윤리도덕론에서 상대주의적 입장을 명백히 하고 있다. 그럼에도 불구하고, 콜링우드에 따르면, 흄의 상대주의에는 한계성이 있는 것이다. 그는 역사학에 있어서는 아직도 계몽주의자의 부류에 속하는 사람이다. 그에 따르면, 인간의 인식이 이성에 뿌리를 두고 있는 것이 아니라 감성에 뿌리를 두고 있는 것이다. 그러므로 감성에 영향을 주는 외적인 대상, 외적인 상황의 변화에 따라 그 인식은 달라질 수밖에 없다. 여기서 흄의 주장은 이성을 실체로 생각하는 데카르트주의와 차별성을 지니게 되고, 그의 상대주의적 입장을 명백히 하는 것이 된다.

그럼에도 불구하고 콜링우드가 이를 계몽주의자로 구별해야 했던 것은 그는 아직도 다른 계몽주의자들과 마찬가지로 영구불변의 실체(substatum)를 인정하고 있다는 점 때문이다. 다음은 콜링우드가 흄의 실체에 대한 생각을 피력하는 글이다.[32]

> 그는 우리의 추리능력, 우리의 취미와 감정 등은 전혀 획일 불변의 것으로 모든 역사적 변화의 기초가 되며 조건이 된다고 가정하였다. 이미 시사(示唆)한 바와 마찬가지로, 만약 그가 정신적 실체라고 하는 관념에 대해서 공격을 가하고, 그것이 성공을 했다면, 그는 인간의 본성을 견고불변의 통일적인 어떤 것으로 보는 이와 같은 생각을

깨뜨려 버렸을 것이다. 그러나 그가 어느 것도 하지 못했다는 이유는 흄이 정신적 실체라는 관념에 대신해서 제 관념을 특수한 방법으로 연결시키려는 불변적인 경향이라는 관념을 가지고 있었는데, 이러한 연결법칙은 다른 실체와 마찬가지로 통일 불변의 것이기 때문이다.

흄이 정신적 실체를 부정한 것은 다음과 같은 원리를 설정할 것을 생각했기 때문이다. 그 원리란 정신의 본질과 정신의 작용은 결코 분리되어서는 아니 되며, 따라서 정신의 본성이란 정신이 생각하고 행동하는 방법 이외에 아무 것도 아니라는 것이다. 지적 실체의 개념은 이와 같이 지적 과정의 개념과 일치하게 된다. 그러나 모든 과정이 역사적 과정은 아니기 때문에 지적 과정은 그 개념 자체에 있어서 정신을 역사적인 것으로 보고자 하는 생각이 필연적인 것으로 되는 것이다. 하나의 과정이 역사적인 과정으로 될 수 있는 것은 그 과정이 그 자체의 법칙을 창조해낼 때뿐인 것이다. 흄의 정신론에 의하면, 지적 과정의 법칙은 최초로부터 이미 만들어져 있는 것이며, 불변하는 것이다.

콜링우드에 따르면, 인간의 역사에서는 어떠한 영원불변의 실체도 인정할 수 없다. 역사상에서는 모든 것이 변화하는 것이다. 모든 사물이 시간의 경과에 따라 변화하고 그 변화를 추적하여 연구하는 연구자 자신의 정신까지도 역사적 변화과정에 따라 변화하고 있는 것이다. 그런데 흄은 전자의 변화는 인정하면서도 후자, 즉 변화를 인식하고 있는 인식의 주체자의 변화는 아직 깨닫지 못했다는 것이다.

인식대상의 변화를 인식하고자 하는 것이 역사학이라 한다면, 여기서 인식주체의 변화를 인정하는 자세야말로 역사적 상대주의의 요체가 된다. 그리고 이러한 상대주의가 전제될 때에만 비로소 그것은 역사적일 수가 있는 것이다. 역사자체도 비로소 역사적일 수 있고, 역사학의 역사도 역사적인 것이 된다. 때문에 콜링우드는 영구불변의 실체를 가정한 모든 지식을 역사학의 적으로 간주하였다. 그는 역사학이 얼마만큼 그 실체의 굴레에서 벗어났는가를 기준으로 그것이 과학적인가 아닌가를 판별하고 있는 것이다.[33] 이를 다른 말로 하면 상대주의는 진정한 역사학의 전제다.

콜링우드가 역사학의 입장에서 흄의 생각이 완전한 상대주의에 이르지 못한 점을 논증한 한편, 이사야 벌린(Isaiah Berlin)은 윤리 도덕적 측면에서도 그가 완전한 상대주의자가 되지 못하였음을 지적하고 있다. 그에 따르면,[34] 흄이 그와 같이 데카르트파와 상반되는 이론을 주장하고 있는 것도 근본적으로는 모든 인간들은 동일한 도덕적 태도를 지니고 있다고 하는 테제를 변호하기 위한 것이었다는 것이다. 그 형태나 풍속을 달라도, 실제 행동양식에 있어서는 극단적인 차이가 있다 하더라도, 그 최종의 도덕적 신앙은 다른 것이 아니라는 것을 주장하고 있다는 것이다. 즉 흄은 일반 원리를 거부하지 않았다는 것이다.

4
비코에 의한 역사적 상대주의 확립

볼테르, 달랑베르(D'Alembert), 콩도르세와 같은 계몽주의자들은 과학의 발전, 절대 진리에 대한 추구, 그리고 이를 기초로 한 합리적 자기방향설정(self-direction)이야말로 과거의 무지, 미신, 광신, 압박, 그리고 야만성으로부터 해방하는 길이라고 믿었다.[35] 그리고 이들의 이러한 확신은 낡은 과거시대를 청산하고 새로운 시대를 열어 가는데 있어서 필요한 제도를 만드는데 있어 커다란 공헌을 하였다.

그러나 이와는 반대로 루소와 마블리(Mably)와 같은 자연법 신봉자들은 제도들이란 그 자체가 인간을 부패시키고, 인간의 자연성, 단순성, 정신적 순수성, 자연적 정의감에 입각한 삶, 사회적 평등성, 그리고 자발적인 인간감정 등으로부터 인간을 소외시키는 주요 요소라고 믿었다. 즉 인위적인 인간은 자연적인 인간을 구속하였고, 노예화시켰고 파괴하였다는 것이다.[36]

이들에 따르면, 인간이 확신을 가지고 이룩한 제도들은 그 자체가 절대주의적 아집에 따른 것인 만큼, 그것들이 오히려 인간이 현명해지고, 행복해지고, 덕성스러워지고, 자유스러워지는 것을 방해하는 굴레가 된다는 것이다.

이처럼 외관으로는 볼테르, 달랑베르, 콩도르세 등과 루소 등에게는 심각한 차별성이 있음에도 불구하고 양자는 기본적인 점들, 즉 영구적인 원리로서의 자연법이 실재한다고 하는 점에 대해서는 일치하는 생각을 가지고 있었다.[37]

한마디로 계몽주의자들은 인간의 완전자유의 실현을 그들의 목적으로 삼고 있었음에도 불구하고, 스스로 자연법과 수학적 구조를 하나의 절대적 진리로, 객관적 진리로 간주하는 오류를 범함으로써 오히려 인간의 자유로운 행보에 족쇄를 거는 절대주의자로 전락하게 된 것이다.

이러한 계몽주의자들의 절대주의적 요소에 대항하는 반동운동에서 결정적인 역할을 한 사상가는 나폴리의 철학자 기암바티스타 비코(Giambattista Vico, 1668~1744)였다. 비코는 그의 저서 《신과학(Scienza Nuova)》에서 데카르트 학파에 대한 전면적인 반격을 가하였다.[38]

그는 '생각한다. 고로 존재한다.(Cogito ergo sum)'라는 명제를 앞세운 데카르트의 영구불변의 절대적 진리에 대한 확신을 거부하고, '진리는 창조된 것과 동일하다(Verum ipsum factum)'라는 명제를 앞세워 진리의 가변성(Convertibility of the true)을 주장하였다.[39]

비코는 "인간은 스스로 창조한 것만 인식할 수 있고, 자연은 신이 만들었기 때문에 그 비밀은 신만이 알고, 인간은 인간이 스스로 창조한 것만을 알 수 있다."고 하였다.

이에 따르면, 아우구스티누스가 신의 섭리에 의해서, 신의 의도와 목적을 실현해 가고 있는 과정으로서의 역사를 설명하고 있는 것은 그야말로 웃기는 일이다. 신이 아닌 아우구스티누스가 신의 의도 목적을 어떻게 알고, 그것을 설명하고 있는 것이란 말인가? 그는 결국 신의 이름을 빌어서 자기 자신의 생각을 피력한 것에 불과했던 것이다.[40]

이러한 이론을 근거로 신의 이름을 사칭한 한 인간의 생각은 가톨릭이라는 체제를 만들고, 그 안에 신을 대신한다는 교황을 세워 인간들을 구속하여 그들 중 순응자는 맹신의 늪에서 헤매게 하거나, 그들 중 자유를 지향하는 이들은 질곡에서 신음하게 하는 압박의 굴레로 활용하였다.

데카르트도 마찬가지다. 수학의 제반 공리나 원리는 인간 스스로 만든 것이기에 인간이 알 수 있다고 하겠다. 그러나 그것을 통해서 신이나 만들었음직한 우주의 원리, 즉 로고스를 알 수 있다고 한 것은 자기 과신에 사로잡힌 자의 몽상이 아닐 수 없다.

왜냐하면 수학에 있어서 답이 명석 판명한 것은 오로지 그것이 인간의 고안품이기 때문이라는 것이다. 이처럼 인간의 고안품인 수학으로써 하느님의 고안품인 우주나 자연을 완전히 안다는 것은 불가능한 것이기 때문이다. 그리고 인간의 이성을 연장시켜서 우주의 이성을 생각한다는 것은 자기 자신을 우주로 착각하고, 자기의 이성을 우주의 이성으로 생각하는 오만이며, 또 그 자체가 하나의 신앙일 뿐이지, 과학일 수는 없는 것이다.

그러기에 그 결과는 자연의 질서를 유지해야 된다는 명분하에 절대왕권을 세우고, 개인들을 그것에 굴복시켰으며, 기껏 혁명을 통하여 자유민주주의라는 것을 확보하였다 하더라도 여론(Public Opinion)이라는 미명하에 개인의 의사를 무시하였고, 또는 국가와 민족이라는 굴레 속에 개인들을 옭아매어 자유를 구속하며 희생을 강요하였던 것이다.

이러한 모든 역사상의 인간에 대한 압제는 진리의 절대성을 내세운 관념적 절대주의가 자행한 인간 개인에 대한 횡포였다. 이러한 횡포에 대항할 수 있는 것은 오로지 어느 개인이나 집단이 지니고 있는 환상, 즉 그들이 인식하고 있는, 아니 차라리 신앙하고 있는 바가 절대적인 것이 아니라, 그나 그들만의 생각이요 믿음이라는 것을 온 세상에 공표하는 일이다. 이것을 행한 사람이 비코다.

비코에 따르면, 진리란 그것을 인식하는 자에 의하여 자신을 나타나는 것이며, 따라서 그것의 표현은 그것을 인식하는 자의 인식능력의 한계 및 특성, 그리고 인식자의 시간 공간적인 위치 및 상황에 따라 규정되는 것이다. 여기서 우리가 그리스 상대주의 부분에서 언급한 바 있는 피지스(Physis)와 노모스(Nomos)의 관계는 다시 나타난다. 진리는 그 자체대로 존재하는 인식이전의 것과 인간에 의해 인식된 진리로 구별될 수 있다는 것이다. 그중 인간에 의하여 인식된 진리란 인간에 의해 창조(발견·발명)된 것이다.[41]

그런데 비코에 따르면, 그 창조의 주체인 인간의 정신자체도 일정불변하는 실체가 아니다. 인간의 정신은 본래 아무렇게도 규정되어 있지 않은, 즉 불확실한 본성을 지니고 있는 것이다. 다시 말해서 인간정신의 본질은 무한정적인 것이다. '무한정적(indefinite)'이라는 말은 그것의 형태나 성격이 일정규격이나 특징적 색채를 가지고 있지 않다는 뜻이다.

이처럼 무한정적이고 무규격, 무색의 인간정신은 그것이 당면하게 되는 '제 사물의 질서'에 의해서, 즉 제 사물의 질서를 반영하여 규정되며 규격화되고 특징적인 색채를 지니게 된다. 보다 구체적으로 말하면, 인간정신은 제 사물의 질서를 당면하는 순간 '필요성(Need)', '유용성(Utilities)'을 느끼게 되고, 그것에 맞추어 그것은 스스로를 규정하고 규격화시키며 색채를 갖게 된다.

이처럼 인간정신은 그것이 처한 상황에 따라 그 본질이 달라지기 때문에 매시대마다 상황을 달리할 수밖에 없는 역사의 진행과정에서 그것은 달리 표현되는 것이다. 역사의 초창기 단계인 야만시대에는 신화나 시의 형식으로 표현되고, 거기서 좀 더 발달한 시대인 영웅의 시대에는 형이상학으로 표현되고, 거기서 더 발전된 단계인 인간의 시대에는 경험과학으로 표현된다.

신화나 시는 계몽주의자들에게 있어서 진리가 아니라 황당무계한 상상에 불과했다. 합리주의라는 그들의 절대적인 자[尺]로 재었을 때, 그럴 수밖에 없기 때문이다. 그러나 비코에게서는 신화도 진리이다. 당시의 정신력을 동원해서 터득할 수 있고, 표현할 수 있는 최상의 방법이 그것이었기 때문이다. 다시 말해서 계몽주의시대를 살고 있는 사람들에게는 진리가 아닌 것이 원시 고대사회에 살고 있었던 사람들에게는 진리인 것이다. 그것은 계몽주의시대의 진리이었던 것이 오늘에 이르러서는 진리가 아닌 것으로 되어 버린 것과 같다.

이를 원용하면, 어린이에게 필요한 진리는 동화나 만화 속에 담겨져 있다. 어린이에게는 동화적인 언어, 만화적인 언어가 훨씬 잘 통하는 것이다. 그런데 나이 먹은 어른이 동화나 만화의 언어세계에 빠져 있는 어린이를 간섭한다거나 나무라는 일은 그의 자[尺], 그의 언어로써 남을 재고 자기의 언어세계에 타인을 집어넣기 위하여 강요하는 절대주의자, 폭군의 행위가 되는 것이다. 이미자와 패티 김이 서태지의 노래를 음악이 아니라고 비난하는 것은 그들이 다른 언어를 가지고 있기 때문이다. 락 카페에서 벌거벗다시피한 몸을 꼬면서 춤추는 신세대를 매도하는 어른들의 언어도 마찬가지다. 늙은이에게는 늙은이 나름대로, 젊은이들에게는 젊은이 나름대로, 신세대는 신세대 나름대로, 어린이는 어린이 나름대로, 그들만이 통하는 언어의 세계가 각각 있는 것이다. 이 세계는 누구의 간섭이나 강요도 용납하지 않는 나름대로의 세계이다.

그것은 어린이의 인간정신과 신세대의 인간정신, 그리고 젊은이, 늙은이의 인간정신이 각각 다르며, 인간정신은 연륜이 지나감에 따라 매번 달라지는 것이기 때문이다. 이것은 사회들이나 인민들의 역사적 삶에 있어서도 마찬가지로 적용된다. 다음은 이에 대한 이사야 벌린의 문장이다.[42]

> 언어는 제 사회와 제 인민의 역사적 삶은 직접적인 표현이이다. 즉 모든 재판정, 모든 학교, 모든 전문직업, 모든 회사, 모든 당파는 나름대로 자신들만의 언어를 가지고 있다. 우리는 애인의 감정, 친구의 감정, 친척의 감정을 가지고 이러한 언어세계로 스며들어가 그 의미를 깨달아야 한다. 지배 권력이나 상상적인 일반원리(universal key)를 내세운 설득을 통해서는 결코 그 세계에 들어 갈 수가 없는 것이다. 이런 것들로는 결코 그 세계의 문이 열리지 않기 때문이다.

이것은 콜링우드가 흄에게서 불만족스럽게 생각한 바 있는 '영구불변의 실체에 대한 완전 부정'과 인간정신자체의 변화에 대한 인식이 비코에게서 비로소 이루어진 것을 보여주는 일이다. 이 점에서 비코는 근대 상대주의의 완성자가 된 것이다.

5
하만과 헤르더의 상대주의 발전

그러나 이사야 벌린에 따르면, 비코는 그의 시대의 계몽주의사상이 베고 있던 베개를 흔들어 빼어 버리려 한 사람에 불과하다. 왜냐하면 이 방면에서 비코보다 한술 더 떠, 아예 그것을 깨부수어 버린 사람이 있기 때문이다. 쾨닉스베르그(Koenigsberg)의 신학자이며 철학자인 하만(Hamman, Johan Georg, 1730~1788)이 바로 그 사람이다.

비코가 데카르트에 반대해서 그의 상대주의 이론을 전개시켜간 사람이라고 한다면, 하만은 칸트를 그의 대상으로 삼은 사람이다. 하만이 칸트를 대적하여 비판을 하게 된 것은 칸트가 인식능력을 이성과 감성이라는 두 갈래로 분리해 놓았다는 점에서다. 그에게서 이성이란 '새가 날아가고 있다는 사실을' 실제로 보지 못하고 '딸로부터 전해들은 눈먼 테베의 점술가와 비슷한 존재'이다. 그 점술가는 '딸의 얘기를 듣고 예언을 했던 것이다.'라는 것이다.[43]

하만에게서는 이성보다 감성이 중요하다. 직관과 일치하는 감성이야말로 실존적인 것이며, 그것을 통해서 창조는 이루어진다. 따라서 이 두 가지의 대립은 있을 수 없다.[44] '생각한다. 고로 존재한다.(Cogito ergo sum)'라는 데카르트의 말은 틀린 말이다. '나'가 먼저 존재하지 않고 어떻게 생각한다는 것인가? 비코의 말대로 이 말은 '나는 생각한다. 고로 나는 내가 존재하고 있음을 비로소 발견하다.'가 맞는 말이다.

그런데 여기서 한 걸음 더 나아가서 생각해 보자. '발견'이란 무엇인가? 그것은 이성의 작용에 의해서 이루어지는 것인가? 감성의 작용을 통해서 이루어지는 것인가? 발견이란 감각의 작용이요, 또 감성에 뿌리를 둔 직관을 통해서 이루어지는 것이다. 따라서 감성이야말로 실존적인 것이다.

그에 따르면 이성은 어떤 사물의 존재를 입증하는데 있어 무력하다. 이성이란 감성을 통하여 얻어진 어떤 자료들을 어떤 패턴—실제적으로 어느 것도 이 패턴에 맞아 떨어지는 것은 없는데—으로 등급화 시키고 배열하는 인습적인 일을 위한 도구에 불과한 것이다.[45]

이성은 인식의 주체일 수 없다. 그것은 간지(奸智)일 뿐이다. 우리가 어떤 사물을 인식한다는 것은 일차적으로 감성을 통하여 행한다. 이성은 감성이 얻어 놓은 지식을 도둑질하여 자기의 것으로 만들 뿐이다. 즉 이미 얻어진 지식을 가지고 논리적으로 재정리하여 합리적인 것처럼 보이게 만드는 일을 할 뿐이다. 이를 하만은 이렇게 말한다.

"신은 시인지 수학자가 아니다."
과학자들은 체계들을 고안해낸다. 철학자들은 실재를 인위적인 패턴에 맞추어서 재배열한다. 그들은 실재에 대해서 그들은 시선을 차단하여 닫아버리고 공중에 누각을 세운다. 자료들이 당신에게 주어졌을 때 당신은 무엇 때문에 허구(ficta)를 찾는가? 체계는 영혼의 감옥일 뿐이다. 그리고 그들은 인식의 영역에서 왜곡으로 유도할 뿐만 아니라, 괴물 같은 관료적 기구를 세우는 데로 유도한다. 그것들은 살아있는 세계의 무지무지하게 복잡한 다양성, 너저분하고 균형 잡히지 않은 인간의 내면적인 삶을 무시한 법칙에 따라서 건조된다. 그리고 그들은 실제 세계를 구성하고 있는 영육(靈肉)의 통일과는 하등의 관계가 없는 어떤 이데올로기적 키메라(Chimera, 사자의 머리, 염소의 몸, 뱀의 꼬리를 한 괴물)를 위하여 강제로 일치된 어떤 모양을 갖추게 된다.

그리고 인간이 인간을 이해(understand)한다고 하는 것도 실은 이성의 작용이 아니다. 그것은 감성에 의해서 비로소 가능해지는 것이다.[46] 서태지의 언어는 신세대의 언어다. 이미자의 언어는 구세대의 언어다. 여기서 합리적 이치를 따져서 구세대가 서태지를 이해하려고 한다면 실패할 수밖에 없다. 구세대가 서태지의 언어를 이해하려면 신세대의 감각을 지녀야 한다. 그들의 언어에는 이유가 있지 아니하고 다만 '느낌'이 있을 뿐이기 때문이다.

하만에게 있어서, 인간과 신과의 교통도 이성을 매체로 해서 이루어지는 것이 아니다. 그에게서 만물은 믿음 위에 있다. 믿음은 감각과 마찬가지로 실재를 인지하는 기관이다. 성서를 읽는 것은 신의 목소리를 듣는 것이다. 그 신은 인간에게 이해하는 은총을 베풀어 언어로 말하고 있는 것이다.[47]

이처럼 하만에게서 믿음은 하나의 언어다. 믿음은 신과의 단독적으로 이루어지는 대화에서 사용되는 언어다. 언어는 자신만이 가질 수 있는 직관과 느낌으로 이루어진다. 따라서 믿음은 극히 개별적인 언어다. 믿음은 체험을 통해서 터득되는 자신만의 언어다. 어느 한 사람의 믿음을 다른 사람이 이해하려 한다는 것은 헛수고이다.

그러므로 승려나 목사의 합리적 이치를 따지는 설교는 헛소리에 불과하다.[48] 그들은 결코 신을 대신할 수 없다. 신의 명령을 대신하다고 외쳐대는 교황의 목소리는 사기꾼의 목소리다. 이처럼 하만의 테제는 모든 진리는 특수적인 것이며, 결코 일반적인 것일 수 없다고 하는 것에 대한 확신에서 출발한다.[49] 개별성이란 상대성이라는 말과 동의어로 쓸 수 있을 것이다.

하만에게서 천재(genius)는 이성이 발달한 인물이 아니다. 그는 이성을 초월한 신적 영감을 지닌 자다. 자신의 신과 대화할 수 있는 언어를 지닌 자다. 창조는 느낌, 즉 직관과 일치되는 느낌에 의해서 이루어지는 것이기 때문이다. 그리고 그것의 언어는 시다.[50]

하만은 철학자요 신학자다. 그는 역사학과는 거리가 멀다. 그러나 그는 과학보다는 역사학을 택했다. 그것은 그가 역사를 이해해서가 아니라 역사를 시나 언어로 표현할 수 있는 그 무엇으로 보았기 때문이다. 다음은 이를 입증하는 말이다.[51]

역사만이 구체적인 진리를 제공한다. 특히 시는 감정의 언어로, 그리고 영감 받은 상상의 언어로, 그들의 세계를 묘사한다. 인간의 지식과 행복의 완전한 보고는 이미지에 있다. 즉 그것은 감각적이고 상상적인 원시인의 언어다. 시는 인류의 본토 말(언어)이다. 그리고 정원을 가꾸는 일은 농업보다 더 오래된 것이고, 그림 그리기는 글

쓰기보다, 노래 부르기는 시 암송보다, 그리고 속담은 합리적 결론보다, 물물교환은 무역거래보다, 더 원초적인 것이다. 원초적인 것(originality), 천재적인 것(genius), 직접적인 표현, 성서나 셰익스피어의 패션, 색깔, 모양, 세계의 살아있는 섬광 등은 분석적인 과학, 단순히 해골이나 표현하고 있는 과학으로는 파악할 수 없는 것들이다.

그의 언어에 대한 생각을 따르면, 역사의 각 시대는 언어의 특성에 따라 그 시대의 특성이 결정되는 것이다. 1960년대의 언어가 이미자의 트로트풍으로 대표되는 것이라면, 그로부터 1세대가 지난 1990년대의 언어는 서태지나 김건모의 랩풍으로 대표된다. 또 〈굳세어라 금순아〉가 1960년대의 언어를 대표하는 가요라고 한다면, 조용필의 〈허공〉은 1980년대의 역사적 상황을 말하는 언어다. 이것은 분명히 세대의 차이다. 역사의 변화다.

언어의 매체 또한 사회양상의 급격한 변화를 가져다준다. 1930년대 마이크의 출현은 대중 집회를 가능케 하였고, 히틀러나 무솔리니, 그리고 레닌의 웅변을 통한 대중 선동을 가능케 하였다. 히틀러나 무솔리니, 그리고 레닌의 언어는 그 시대의 인간들의 의식을 하나로 모아, '주의'를 앞세운 국민총력전이라는 전대미문의 대형전쟁을 가능하게 만들었다. 그러나 그로부터 2세대가 지난 오늘 TV라는 영상매체의 출현, 컴퓨터의 대중화 등 이러한 것들은 새로운 언어를 창출하게 되었고, 그 결과는 영웅의 대중화, 정보의 대중화를 이루어 이제 특별한 영웅이 없는 시대를 현출하였다.

그러나 하만 자신은 이러한 생각에까지 미치지 못하였다. 그 자신이 스스로 중요시하고 강조하고 있는 감성과 직관에 충실하다보니 거기에서 얻어진 지식을 체계화하고 그것을 연결시켜서 철학이나 신학 이외의 인문, 사회, 과학에까지 연장해서 생각하려 하지 않았기 때문이다. 그러므로 그의 상대주의는 역사적 상대주의에까지는 연결되지 않고 있다.

6
헤르더의 역사학적 상대주의

헤르더(J. G. Von Herder, 1744~1803)는 하만의 이러한 한계를 극복하여 이를 역사이론으로까지 발전시켰다. 하만이 불규칙적이고 단독적 섬광과 같은 직관으로 말하고 있을 때, 헤르더는 인간의 본성과 역사상에서의 인간의 경험을 설명하기 위하여 논리 정연한 체계를 구성하려고 시도한 것이다.[52]

헤르더는 하만과 마찬가지로 감성을 중요시하였으며, 개별성을 강조하였다. 그러나 그는 한편으로 비코의 영향을 입은 사람답게, 이들을 역사성을 전제로 해서 이해하려 하였다. 그에 따르면, 우리는 어떤 사물을 올바로 이해하기 위해서는 그 사물의 개별성과 발전성을 염두에 두고 이해하려 하지 않으면 아니 된다. 그리고 그렇게 하기 위해서, 우리는 그 이해하고자 하는 사물의 외관(outlook) 즉 어떤 예술적 전통, 어떤 문학, 어떤 사회구조, 어떤 민족, 어떤 문화, 어떤 역사의 한 시기의 개별적 성격 속으로 '느껴 들어감(Einfuehlung, feeling into)'이 요구된다는 것이다.

어떤 개인의 행위를 이해하기 위해서, 우리는 그 사회의 유기적 구조를 이해하지 않으면 아니 된다. 이러한 조건하에서만 그 사회 일원의 정신들, 행위들, 관습들은 비로소 이해될 수 있다. 비코와 마찬가지로 그는 어떤 종교 또는 어떤 예술작품을 이해하기 위해서 우리는 그것의 삶의 특유한 조건들 '속으로 들어 가보기'를 하지 않으면 아니된다고 믿었다.

헤르더에 따르면, 북해의 파도 위에서 폭풍을 만난 사람들은 옛 스칼즈(Skalds)의 노래들을 완전히 이해할 수 있지만, 비록 그런 요소들에 대한 카피(copy)는 가지고 있지만, 북방의 항해자들을 직접 본 적이 없는 사람은 결코 그것을 이해할 수 없다. 성서는 유대(Judean)의 언덕에서 원시적인 목자의 경험 속으로 들어가 보려고 시도한 사람들만이 진실되게 이해할 수 있는 것이다.[53]

또 헤르더에 따르면, 모든 문화는 그 자체의 고유한 무게중심(Schwerpunkt)을 지니고 있다. 우리가 만약 그것을 포착하지 못한다면, 우리는 그 문화의 성격이나 가치를 이해할 수 없다는 것이다. 예를 들면, 문화를 구성하고 있는 노래들, 서사시들, 신화들, 사원들, 관습들, 의상들, 이 모든 것들은 그 문화를 만든 민족들이 그들의 '현재'에 지니고 있는 그들의 영혼을 쏟아 부어 만든 것들이다. 그런데 그들의 그 현재의 영혼을 포착하지 않은 채, 그들의 문화, 즉 그들의 노래, 그들의 시, 그들의 신화들을 이해하려고 한다면 그것이 가능하겠는가?

때문에 어느 민족의 노래들이나 시들이나 관습들을 이해하지 못한 것은 그것을 이해하지 못한 자의 책임이지, 그것을 만든 자들의 책임은 아닌 것이다. 그럼에도 불구하고 어떤 문화적 유산들을 이해하지 못하고, 그것들이 자신 것들과 다르다 하여 그것을 무시하고 그것을 짓밟는 자가 있다면, 그보다 더 야만적인 자는 세상에 없다.

　토착적인 문명을 말살한 로마인들, 또는 발트(Balts)족에게 강제로 세례를 주고 그들을 강제적으로 기독교인으로 만들어 버림으로써 그들의 자연스러운 전통을 끊어버린 기독교인들, 그리고 이런 식으로 인도인이나 다른 아시아의 토착적이고 전통적인 문화들을 무참히 파괴해 버린 서구의 제국주의자들, 그들이야말로 인류 사상 최악의 죄인들이며 야만적인 족속들인 것이다.[54]

　헤르더는 이상과 같은 생각을 근거로 그의 역사철학을 논의하였다. 그러므로 그는 계몽주의의 완성자인 칸트로부터 철학을 배웠으나 스승을 외면하고, 아니 스승을 반대해서 계몽주의에 대한 철저한 반격을 가하였다.

　계몽주의자들은 인간의 본성은 일률적인 것이고 불변하는 것이라고 주장하였다. 그들은 그들이 살고 있는 현재를 과거에 비하여 발전된 것으로 보았다. 그리고 미래를 인류의 역사가 최고로 발전된 상태로 보는 발전사관을 가지고 있었다. 때문에 그들은 과거사를 야만적이고 미몽적인 것이라 믿었고, 미래의 어느 시점에서는 역사발전의 최종 목적이 이루어질 것이라는 신앙을 가지고 있었다.

　콩도르세는 인간의 본성(The Nature of Men)을 정의하여, 인간은 감각적인 것들(Sensations)을 받아들이고, 그것들을 감지하고 그것들로 구성되어 있는 다양한 단순 감각적인 것들 간의 차이를 구별해 내고, 그것들을 기억하고 인지하여 조합시키고, 하는 등등의 능력을 지닌 존재로 규정하였다. 그리고 그는 역사를 영구적인 자연법의 법칙성에 따라 발전되어 나가는 것으로 보았다.

과거의 인류는 야만적이고 무지하며 노예적인 상태에 있었던 것이 현재의 유럽의 계몽적인 과정을 거쳐서 역사발전의 목표를 향하여 진보되어 가는 것으로 보았다.

이러한 역사의 발전목표는 민족과 민족 간의 불평등이 폐지되고, 각 민족 안에서의 평등이 이루어지며, 인류의 진정한 완성이 이루어지는 것이다. 인류의 진정한 완성, 그것은 인류 대부분이 계몽되어서 일체의 오류나 편견으로부터 깨어나, 각 인민들은 전제군주의 지배하의 노예체제로부터 해방되고, 또 아프리카 종족들이 겪고 있는 야만상태에서, 그리고 미개인이 무지와 미신의 상태에서 탈피된 완전한 이성적 존재로 되는 것이다.[55]

칸트는 〈세계 시민적 견지에서 본 보편사의 이념(Ideen zu einer allgemeinen Geschichte in Weltburgerlicher Absicht)〉이라는 논문에서 역사를 하나의 보편적 과정으로 이해함으로써 코즈모폴리턴적인 보편사를 주장하였고, 그 보편사의 최종적인 발전목표는 인간의 이기심이나 동물적인 본능을 초극하고 완전한 자유를 얻는 경지, 즉 아무리 자유를 누려도 질서를 파괴하지 아니하고, 아무리 자유를 규제해도 부자유를 느끼지 않는 국제연맹이 실현되고, 이로 인해서 영구평화(Perpetual Peace)가 실현되는 시점을 설정하였다.[56]

이상은 일반적인 계몽주의자들이 지니고 있었던 일종의 신앙이었다. 헤르더는 이러한 신앙을 해체시켰다. 헤르더에 따르면, 역사가는 과거를 모멸하거나 비판해서는 아니 된다. 그는 동정을 가지고 과거를 취급해야지 경멸감을 가지고 취급해서 아니 된다.

가능하면 역사가는 각 문화의 삶 속으로 들어가서 그것을 안으로부터 이해하려고 노력하여야 한다. 왜냐하면 과거의 삶들은 그 나름대로의 가치와 의미를 지니고 있는 것이기 때문이다. 결코 현재의 가치기준이나 편견을 가지고 판단할 수 없는 그런 나름대로의 가치와 의미를 지니고 있는 것이기 때문이다.

때문에 역사가들은 역사가 자신들의 기준으로 각 문명들을 판단할 것이 아니라, 그 문명들 자체의 기준으로 판단해야 된다는 것이다. 각 문화는 나름대로 독자적인 것들이다. 그러므로 그것들을 다른 것들과 비교해서는 아니 된다는 것이다.

헤르더의 견해에서는 각 시대와 문화는 그 자체의 본성을 지니고 있다. 인류는 많은 형태를 지녀 왔다. 사실, 헤르더의 주요 전제는 발생할 수 있는 모든 것은 시간 공간상에 어떤 제약이 있다 하더라도 그것에 따라서 발생한다고 하는 것이다.

계몽주의시대 기간에 즐겨 사용된 유추는 기계에 대한 유추였다. 헤르더는 이것을 다른 유추—즉 식물의 유추로 대치시켰다. 각 문화는 일종의 식물처럼 그것이 심어진 토양에 의존해서—불규칙적으로, 그리고 자의적으로 자라난다. 각 문화의 자라남은 단순히 적당한 시간, 적당한 장소에 올바른 인민들이 있었던 결과로 생겨난 것이다. 문화들은 일반적인 법칙에 고정됨이 없이, 각자 그 자체의 방법으로 발전하여 왔다.

헤르더는 인간의 본성의 고정성에 대한 계몽주의자들의 전제를 거부하였다. 계몽주의자들은 그들이 지니고 있는 일반 법칙성에 대한 신앙 때문에 인간의 환경이 그의 역사에 어떻게 영향을 미치는지에 대해서는 무지한 경향이 있었다. 이에 대해 헤르더는 자연환경의 중요성을 강조한다. 인간에게 발생한 것은 그것이 무엇이든지 그 환경 조건에 의해서 결정된다고 주장한다. 문명의 많은 다양성은 인간정신의 가능한 현현(顯現)이 실현될 것이라는 사실에 그 원인을 돌릴 수 있다.

계몽주의는 그것이 자료를 통해서 확인하려고 하는 어떤 가설로 이미 무장된 역사에 접근하였다. 헤르더는 미리 생각되어진 패턴들에 역사의 자료들을 통해서 얻어진 어떤 가설을 역사에 적용시키는 것을 반대하였다. 그에 따르면 미리 마련된 가설이야말로 편견이다. 따라서 참된 역사의 진실은 이러한 편견으로부터 해방된 과거에 대한 연구를 통해서만 가능하다고 주장하였다.

이상과 같은 헤르더의 생각에는 각 문화의 개별적인 요소와 독특한 정취를 인정하는 상대주의적 정서가 작용한 것이다. 그는 당시 파리에서 유행되고 있던 절대적인 진보기준을 반대하였다. 그에 따르면, 어떠한 문화도 다른 문화로 다가가는 수단은 아니라는 것이다. 즉 모든 인간의 업적, 모든 인간사회는 그 자체의 내면적인 기준에 의해서 판단되어야 한다는 것이다.

그에 따르면, 인간의 삶을 형성하는 여러 힘들은 복잡하고, 시대 시대마다 다르고 문화마다 다르다. 그러므로 이러한 것들을 단순히 잘라서 말린 식물표본에 포함시켜서 이해할 수는 없는 것이다. 모든 민족, 모든 시대의 특징을 몇몇 가지의 말로써 특징을 지우는 것을 들을 때 그는 경악하지 않을 수 없다고 했다. 왜냐하면 매우 복잡다단한 상이성들을 '민족(nation)'이라든가, 중세(the middle Age)'라든가, 또는 '고대와 근대(ancient and modern times)'라든가 하는 말로 포용할 수는 없기 때문이다.

독일인들은 독일인들 사이에서만 진실로 창조적일 수 있다. 유태인들은 그들이 팔레스타인의 고대의 목초지로 돌아갔을 경우에만 진실로 창조적일 수 있다. 강제로 뿌리가 뽑혀진 이들은 외래적인 환경에서는 말라죽는다. 유럽인들은 아메리카에 가서 그들의 특장(特長)을 상실 당한다. 아이슬란드인들은 덴마크에서 멸망한다.

모델들에 대한 모방―어떤 사회에 의한 다른 사회에 끼쳐지는 무의식적이고 비지각적이고 자발적인 영향과는 달리―은 인위적인 것으로, 허약한 모방성으로 저급한 예술과 생활로 인도한다. 독일인은 독일인이어야 하며, 삼류의 프랑스인일 수는 없다. 삶은 자기 자신의 언어, 전통, 지방 감정에 담겨져 있는 상태에서 이루어지고 있는 것이다. 통일성은 죽음이다. 과학이 지배하고 있는 지식의 나무는 삶의 나무를 죽인다.[57]

제2장
미국 신사학파의 역사이론

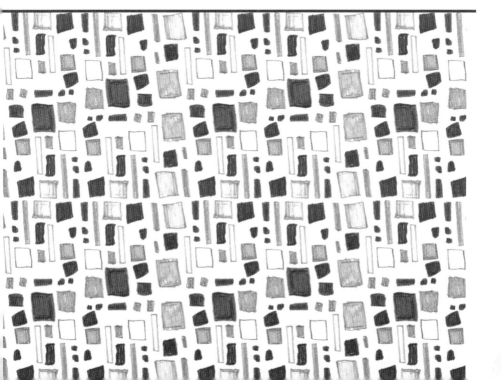

1
신사학파와 그 역사적 배경

우리가 보통 신사학(新史學=New History)이라고 일컫고 있는 것의 실제 명칭은 역사학의 컬럼비아 학파(Columbian School of History)이다. 이는 컬럼비아에 재직하였거나 관계를 가지고 있던 역사학자들 일군이 지니고 있는 역사학에 대한 생각을 통칭해서 부르는 것이었다.[1] 여기에 포함되는 역사학자들 중 대표적으로 거명되는 이들로는 쇼트웰(James T. Shotwell), 셰퍼드(William R. Shepherd), 기딩스(Franklin Henry Giddings) 등이 있다.

이들에게 '신사학파'라는 명칭이 붙게 된 것은 일반적으로 로빈슨의 뉴 히스토리(New History)에서 연유되는 것으로 되어 있다. 그러나 그것이 오로지 로빈슨에게서 비롯되었다고는 할 수는 없다. 1890년대에 이미 터너(F. Tuner)가 '인간행위들의 모두를 하나의 사회적 존재로 설명하고, 현재의 사회적 제 관심하에 과거를 구현하는 것이 역사학이다'라는 의미를 지닌 역사학에 뉴 히스토리(New History)라는 이름을 사용하였고, 그것이 다시 1912년 로빈슨의 저서 《뉴 히스토리(New History)》가 출판되면서 일반적으로 쓰이어지게 된 것일 뿐이기 때문이다.[2]

그러나 이들이 오늘날 우리가 알고 있는 신사학파의 전부는 아니다. 이 운동이 비록 1890년대에서 1912년 사이에 그 시작이 되었다고 하더라도, 그것이 오늘 우리가 이해하고 있는 내용을 지니기까지는 그 이후 20~30년의 연륜을 거치면서 로빈슨에 이은 칼 베커(Carl Becker)와 찰스 비어드(Charles Beard)의 업적을 통해서 그 진면목을 지니게 되기 때문이다.[3] 그리고 이러한 연륜을 거치는 동안 이 학파는 당시대의 사상적 제 경향과의 많은 교섭과 대화를 통하여 그 영향을 주고받으면서 그 자체의 특징을 나타내게 된 것이다.

이 학파의 특징이라 한다면, 한마디로 그 이전시대의 역사사상계를 풍미하였던 랑케 사학과 그 추종자들의 역사사상에 반대한다는 데서 찾을 수 있다. 다시 말하면, 신사학은 그 어의(語義) 자체가 랑케의 '실제로 존재했던 대로(Wie es eigentlich gewesen)'라는 화두에 대항하는 의미를 지닌다.[4] 여기서 'New'라 함은 일차적으로 전세대의 사학자들, 이를테면 실증주의적 역사학을 주창한 랑케의 추종자 와이츠(Waitz), 기젭브레히트(Giesebrecht), 달만(Dahlman), 뱅크로프트(Bancroft) 그리고 프리맨(Freeman)과 같은 역사학자들의 역사를 'Old', 즉 낡은 역사로 규정하고 그것에 대응하는 새로운 역사의 서술을 강조한 것이다.

여기서 주로 문제가 되는 것은 역사학이 과연 물리학이나 생물학 또는 심리학 등이 과학이라고 하는 의미와 같은 의미의 과학일 수 있는가 하는 것이었다. 다시 말해서 구역사학파는 역사학도 일종의 과학이니만큼 과학적 방법론을 적용시켜야 된다고 고집하는데 비하여, 신사학파는 그것이 가능한가에 대한 부정적인 의문을 제시하고, 역사학도 과학은 과학이지만 자연과학과 구별되는 별다른 과학이니만큼, 그 나름대로의 방법을 계발해야 하고, 또 할 수 있다고 주장하는 것이다.

여기서 제시된 역사학의 원리 중에 하나가 역사적 상대주의라는 것이다. 즉 역사학은 자연과학처럼 절대불변의 객관적 진리를 발견하여 내는 것이 아니라, 역사가가 처하여 있는 시대상황에 입각해서 그 제약 조건 아래서 역사를 인식하고 서술해야 하는 것이기 때문에 언제나 그 시대의 반영이며, 그 시대가 가능케 하는 능력의 표현에 불과한 것이므로, 제약조건이 달라지고 능력의 한계가 점증되는 역사의 발전과정 속에서 이루어진 역사의식과 그 서술은 매시대마다 달라질 수밖에 없다는 입장이다. 다시 말해서 쓰이어진 역사 치고 완벽한 것이란 있을 수 없는 것이니, 그 새로운 역사란 매시대마다 다시 쓰이어지는 것이라는 역사적 상대주의적 의미를 내포하고 있는 말이다.

그러면 이러한 역사적 상대주의의 배경을 이루고 있는 것은 무엇인가. 이 시대의 서양 사상계는 이미 상대주의적 경향으로 충만 되어 있었다. 비코의 철학에 그 뿌리를 두고 있는 이러한 경향은 헤르더를 통하여 낭만주의 사상의 기초가 되었으며, 그것은 다시 신이상주의 역사사상(크로체-콜링우드)을 향하여 발전되어 가고 있었다.

실제로 크로체의 영향은 미국의 신사학파 안에서 크게 작용하고 있었다. 때문에 1910년 베커가 《Detachment and the Writing of History(냉정과 역사서술)》를 써서 역사적 상대주의를 소개한 것이 크로체의 생각을 그대로 옮긴 것이라는 주장이 나올 정도였고,[5] 또 베커는 1922년 4월, 크로체의 《History, Its Theory and Practice(역사, 그 이론과 실제)》에 대한 서평을 《뉴 퍼블릭(New Public)》지(誌)에 쓰기도 하였다. 그리고 베어드는 1933년, 크로체를 미국으로 초청하여 미국 역사학회(The Historical Association)에서 연설을 시켰으며, 크로체의 저술에 대하여 많은 언급을 통하여 크로체의 상대주의적 입장을 강력하게 변호하였다.

이러한 이유들로 해서 혹자는 신사학파의 생각이 전적으로 유럽의 영향으로 이루어진 것으로 생각하기까지도 하였다. 그러나 화이트(Hayden White)나 노아(Ellen Nore)는 유럽의 영향을 전혀 배제할 수는 없지만, 미국자체의 사상적 맥락에서는 이러한 사상의 흐름은 있을 수 있다는 것을 주장한다. 특히 화이트는 베커의 사상에는 그가 대단히 존경한 터너(F. Turner)와 로빈슨(Robinson)에게서 그러한 사상의 연원이 있음을 밝히고 있다. 그리고 이거스와 노아는 이러한 사상은 터너[6]나 이글스톤과 같은 로빈슨 이전의 미국 역사학자들[7]의 업적 속에 이미 나타나 있음을 또한 밝히고 있다.

이상과 같은 신사학파에 있어서 미국적 전통이 강하게 작용하였는가? 유럽적 영향이 컸는가? 하는 것은 문제로 될 수는 있어도 중요한 것은 아니다. 왜냐하면 신사학파가 지니는 특징이 자연과학 세계에서도 나타나, 그 또한 신사학파에 영향을 주었다는 주장이 있기 때문이다.

노아(Ellen Nore)에 따르면,[8] 실증주의적 역사인식이론에 대한 반대로서 주관주의적 역사인식은 1900년 이후에 나타난 자연과학, 특히 물리학의 놀라운 변화에서 유래된다. 1920년 10년간의 기간에 알버트 아인슈타인, 니일스 보아(Niels Bohr), 막스 보온(Max Born), 베르너 하이젠버그(Werner Heisenberg)와 같은 과학자들에게 의해서 많은 책들이 쓰이어졌는데, 이들은 개선된 우주관을 이해하고 '신(新)물리학'을 대중화하고 설명하기 위한 것들이었다. 이 같은 개선된 우주관의 이해와 신(新)물리학의 대중화는 사회사상에 있어서도 많은 논란을 일으켰다.

이 같은 점들을 염두에 둘 때, 그 선후의 문제는 차치하더라도 이들 삼자(三者)는 서로 밀접한 관계를 가지고 있는 것이 확실하다. 어쩌면 그것들은 동일한 시대정신, 동일한 사회적 분위기, 동일한 패러다임의 표출이라 생각해야 할 것이다.

한마디로 신사학파의 생각을 사학사의 입장에서 볼 때, 전통적인 미국의 상대주의적 사고의 맥락 속에 크로체 등의 유럽의 사상이 접합되어 이루어진 사상체계라고 할 수 있을 것이다.

이러한 미국 역사사상계에서 신사학파의 조류를 더욱 격랑으로 몰고 간 것은 랑케의 역사사상의 반격이었다. 당시, 특히 포스트 나치(post-Nazi)시대의 구미세계의 역사사상계에서는 마이네케가 '랑케에 대한 재음미를 통한 역사서술의 전통에 대한 재음미'를 제창할 만큼 랑케에 대한 재평가에 대한 요구가 일어났는데,[9] 이러한 경향을 미국에서도 받아들이고자 하는 운동이 일어났다.

이에 대항하는 반발이 특히 미국에서 거세게 일어나고 있었다. 이러한 시대상황에서 뉴 히스토리(New History)는 그 주장과 위치를 더욱 확실하게 하였는데, 여기서 나온 것이 베어드의 '고상한 꿈(That Noble Dream)'과 '신앙행위(An Act of Faith)'였다.

로빈슨과 베커 그리고 베어드, 이들 세 사람은 그 생애에 있어서나 학문적인 연구에 있어서 매우 밀접한 관계를 맺고 있다. 물론 베어드가 뉴 히스토리에 대한 입장을 밝힌 것은 1930년대로 로빈슨이나 베커에 비하여 훨씬 뒤지는 일이지만, 그는 그보다 훨씬 이전부터 로빈슨과 친밀한 관계를 유지하고 있어서 1908년에는 로빈슨과 유럽사에 관한 일련의 교과서《근대 유럽의 발전(The development of Moden Europe)》을 쓰는 데서 공동 작업을 하기도 하였다.[10]

이처럼 이들이 학자로서 밀접한 관련을 가지고 있었다 하더라도 이들은 각자 나름대로의 많은 차별성을 보이고 있으며, 신사학파에 기여한 공헌에 있어서도 각각 특징을 가지고 있다. 그럼에도 불구하고 이들을 다른 역사학자들과 구별해서 하나의 독립적인 학파로 구분 짓는 것은 이들이 어떤 공통성, 또는 일치점을 지니고 있기 때문이다.

이들이 지니고 있는 공통점들 중 가장 대표적인 것은 이들이 역사적 상대주의에서 출발하고 있다는 점이다. 그리고 이러한 공통점들은 이들로 하여금 ① 반(反)랑케주의의 입장, ② 역사적 상대주의, ③ 현재주의 입장, ④ 역사자체를 사상사 또는 지성사로 보는 입장을 취하게 하였다. 때문에 이들에 의해서 이루어진 학풍에는 이상의 용어 이외에도 보편사, 실용적인 역사학 등의 이름이 따라 붙어 다닌다. 이 논문은 이러한 명칭들을 이해하는데 그 초점을 두고자 한다.

2
랑케에 대한 비판적 입장

신사학파의 첫 번째 특징은 랑케에 대해서 비판적 입장을 취한다는 데 있다. 이러한 특징은 로빈슨이 랑케의 ① 정치사에 대한 비판, ② 역사학에 자연과학적 방법을 적용시키려 한 데 대한 비판, ③ 역사학을 유식하지만 나태(懶怠)한 자들의 심심풀이로 만든 점에 대한 비판에서 비롯된다.

우선 로빈슨은 역사연구의 목적을 설정함에 있어서 랑케와 그 방향을 달리 하였다. 로빈슨에 따르면, 역사학은 일차적으로 인간의 삶을 알고자 하는 데에 그 목적을 두어야 한다는 것이다. 그런데 랑케와 그 추종자들은 인간사 중 특수 분야인 정치 분야에 대해서만 강조점을 두고, 이를 역사학의 대상으로 삼아 왔다는 것이다.[11] 다시 말해서 프리맨이나 랑케가 관심의 초점으로 삼고 있는 정치사가 역사의 '모두'가 될 수는 없다는 것이다. 인간은 정치적인 동물이라는 것이 확실하지만, 그렇다고 오로지 정치적인 동물만은 아니라는 것이다. 따라서 인류의 역사를 연구하고자 하는 역사과학이 그와 같이 정치적 동물로서의 인간의 역사만을 대상으로 삼을 때, 그것은 균형을 상실한 역사가 될 것이며, 역사의 진면목을 나타내는 것은 아니라는 것이다.

이는 마치 중세에 모든 학문이 신학의 시녀였듯이, 그들의 역사학은 정치학의 시녀로 만드는 것이라는 것이다. 구체적으로 말하자면, 랑케의 역사학은 스스로 객관적 역사학을 강조하면서도, 그가 살고 있던 시대에 최대 관심사였던 정치의 시녀가 되고 말았다는 이야기다.

때문에 로빈슨은 이를 극복하는 방안으로 균형 있는 역사, 즉 과거 인간 삶의 흔적 모두를 포괄하는 역사를 제창하고 있는 것이다. 따라서 역사가의 연구대상은 인간의 삶 모두를 포괄하는 것이어야 한다는 것이다. 정치, 경제, 사회, 종교, 문화 등등의 역사가 조화와 균형을 이루어서 이루어진 역사서가 서술되어야 한다는 것이다.

결과적으로 로빈슨의 랑케에 대한 비판은 역사학의 정치논리로부터의 독립을 의미하며 그 정치를 포함한 새로운 의미의 역사와 역사학을 제창하였다는 중대한 의미를 지닌다.

다음으로 로빈슨이 랑케 사학에 대해서 비판적인 입장을 분명히 한 것은 그 방법론의 문제다. 랑케 사학의 주요 특징은 역사학에 자연과학적 방법을 수용함으로써 역사학을 과학화시키고자 하였다는 데 있다. 이에 대해서 로빈슨은 과연 '역사학이 물리학이나 생물학 또는 심리학이 과학이라고 하는 의미의 과학일 수 있는가?'라는 질문[12]에 대한 부정적인 입장을 밝힘으로써 랑케의 이른바 실증주의적 입장을 비판한다.

'실증주의적'이라는 것이 '자연과학적'이라는 말과 동의어로 통용되는데, 로빈슨은 역사학은 자연과학과 다르기 때문에 자연과학적 방법론을 거기에 도입한다는 것은 타당치 않다는 입장이다. 그것 또한 역사학이 역사학의 독립성을 상실하고 자연과학에 예속되어 있는 것을 의미한다는 것이다.

따라서 역사학이 과학적인 학문이 되기 위해서는 자연과학적 방법과 구별되는 나름대로의 과학적 방법을 지녀야 한다는 것이다.[13] 그래서 그는 '역사학이 과학적이기 위해서는 먼저 역사적이어야 한다.(But history, in order to become scientific, had first to become historical)'는 유명한 말을 남기고 있다.

그러면 역사학이 과학적이기 위해서 필요한 '역사적'이라는 말은 무엇을 의미하는가? 로빈슨은 랑케가 'gewesen'이라는 용어를 사용하여 자연과학적인 방법론을 표시하고 있는데 대해 'geworden'이라는 말로써 역사적 방법론을 표시한다. 이를 설명하자면, 자연과학은 'Sein', 즉 '존재해 있는 것'에 대한 학문이고, 역사과학은 'Werden', 즉 '되어지고 있는 과정'에 대한 학문이다. 그러므로 자연과학은 '사물을 있는 그 자체대로(gewesen)' 파악하는 것을 목적으로 하나, 역사학은 '사물을 변천하고 있는 것(geworden)'으로 파악한다. 그러므로 랑케가 내세우고 있는 신조 'Wie es eigentlich gewesen(실제로 있었던 그대로)'은 과거에 존재해 있었던 것을 있었던 대로 파악하는 것을 의미하는 것이므로, 따지자면 그것은 자연과학이지 역사과학은 아니라는 것이 된다. 때문에 진정으로 랑케가 역사학자로서 그러한 어귀를 사용하고자 하였다면, 그 어귀는 'Wie es eigentlich geworden(실제로 되어가고 있었던 대로)'으로 바뀌어야 된다는 것이다.

즉 로빈슨에 따르면, 역사학에서는 'gewesen' 보다는 'geworden'이 더 중요하다. 어떤 사건이 있었는가가 중요한 것이 아니라, 어떤 사건이 어떻게 해서 발생(origin)하였으며, 그것이 어떻게 전개(develop-ment) 되었는가가 중요하다. 따라서 역사학의 주요 특성은 사건의 근원(origin)과 발전과정(development)을 밝히는 데 있다.

예를 들어서, 면죄부(Indulgence)의 근원과 발전과정을 이해하지 않고, 그것을 단지 종교개혁 당시의 의미만을 이해한다면 커다란 오류를 범하는 것이 될 것이다. 면죄부의 초기 성격과 종교개혁 당시의 성격은 전혀 다른 것이기 때문이다. 발생 당시, 면죄부는 순수하게 육체적 고행을 통한 정신의 정화를 목적으로 하는 숭고한 것이었다. 그러나 십자군 전쟁이 발발하면서 이것을 변질되기 시작하였다. 참전자가 성전의 전장에서 행하는 고행이 후방에서 행하는 고행이나 그 의미가 동일하다는 데서 참전자에게 이것이 발부되면서부터 그것은 참전을 종용한다는 정치적 목적에 따라 오용되기 시작한 것이다. 전쟁 후기에는 장기전으로 말미암아 절실히 요구되는 전비 출연자에게 발부되면서 경제적 목적에 의해 오용되기 시작하였다. 그리고 이것은 다시 전후 르네상스의 사치스러운 문화발전에 따른 장엄한 교회건축을 위한 기금조성을 위한 모금으로 되기에까지 이른 것이다.

때문에 이러한 과정을 이해함이 없이 면죄부를 단순히 교황의 사치스러운 타락생활, 민중에 대한 경제적 착취의 개념만을 앞세운 개혁당시의 현상만을 가지고 그것을 이해한다고 한다면, 면죄부자체에 대한 이해는 잘못된 것이 아닐 수 없다. 이러한 사례는 거의 모든 역사적 사실들에도 적용되는 것이다.

이러한 이유로 로빈슨은 부르크하르트가 중세사에 대한 충분한 이해가 없이 르네상스를 별도의 역사로 취급하고 있다는 점에 대해 비

판적이다.[14]

다음으로 로빈슨의 비판은 랑케가 역사학을 비실용적인 학문으로 만들었다는 것이다. 로빈슨은 랑케와 그 학파에 속한 이들이 역사학을 '유식하지만 무익한 사람들'의 '게으른 호기심'을 만족시키기 위한 학문으로 만들었다는 점에 대해 비판하고 있다.

랑케의 자연과학적 방법론을 통한 역사사실에 대한 객관적 인식이라는 것은 역사학의 실용성을 배제한 것이었다. 로빈슨은 이에 대해서 의문을 제시한 것이다. 그러한 객관적 사실의 인식을 무엇에 쓰려는 것이냐? 하는 것이다. 그래서 그는 다음과 같이 볼링브룩(Bolingbroke) 경의 말을 인용하고 있다.[15]

> 우리들을 보다 나은 인간, 보다 나은 시민으로 만들지 못하는 어떤 연구에 대한 신청은 기껏해야 허울 좋고 영리한 나태일 뿐이다. 그리고 우리가 그것으로 얻는 지식은 칭찬할 만한 무지(無知), 그 이상은 아니다. 이 칭찬할 만한 무지는, 나의 의견으로는 일반적인 사람들, 심지어는 가장 유식한 사람들일지라도 역사연구로부터 거두어들이는 수익의 모두다. 그리고 적어도 나에게는 역사연구는 우리로 하여금 사적이고 공적인 훈련을 하도록 하는 가장 적합한 것으로 생각한다.

이것은 볼링브룩 경의 말이지만, 로빈슨이 즐겨 인용하였다는 점에서 로빈슨의 말이라 해도 지나치지는 않을 것이다. 로빈슨이 이 말을 즐겨 인용한 것은, '게으른 호기심을 위하여' 현실적으로 무익한 객관적 사료를 찾아 헤매는 '유식하지만 무익한 사람들', 이들은 랑케와 그 학파에 속해 있는 이른바 실증주의적 역사학을 고집하고 있는 역사학자들을 꼬집은 것이다.

이러한 로빈슨의 비판의식 뒤에는 역사학의 실용성에 대한 확고한 신념이 자리하고 있었다. 물론 로빈슨은 종래의 역사가들이 지니고 있던 교훈적 역사학에 대한 생각, 철학적 또는 종교적 역사학에 대한 생각에 포함되어 있는 역사의 실용성에 대한 생각에는 동조하지 않았다. 그것들은 역사학의 독립성을 훼손하는 생각으로 치부하였다.

로빈슨이 생각한 역사학의 실용성이란 위의 볼링브룩 경의 인용구에서 제시되고 있는 '보다 나은 인간, 보다 나은 시민'을 만든다는 것이다. 한마디로, 역사학은 인간과 시민들을 교육하기 위해서 연구되는 학문인 것이다. 그러면 로빈슨이 생각한 역사교육이란 어떤 것인가? 과거의 사실들을 통해서 인간과 시민들에게 교훈을 주자는 것인가? 마치 폴리비오스나 리비우스와 같은 이들이 했던 것처럼. 그것은 아니다. 그는 역사학을 '사례를 통하여 교육하는 철학'이라는 말에 동정적이긴 했어도, 역사학을 철학의 시녀로 생각하지는 않았다.

그에게는 보편사에 대한 확고한 신념이 있었다. 그는 역사를 태초에 인간의 출현에서 시작되어 오늘에 이른 과정으로서의 '본체로서의 역사'를 전제하고, 그 과정의 최첨단인 현재에 살고 있는 인간과 시민들이 어떻게 살아야 할 것인가를 역사연구를 통해서 알아내야 한다는 것이다.

그러기 위해서 역사연구가는 이러한 보편사를 먼저 포착하여야 하고, 그 보편사의 발전과정상의 최첨단인 현재를 파악하여야 하고, 거기서 살고 있는 인간과 시민으로서의 자기의 위치를 파악해야 한다는 것이다. 그렇게 함으로써 현재에 살고 있는 우리들과 우리의 동료들은 누구인가? 그들은 어떻게 태어났으며, 현재를 어떻게 살아야 하며, 또 앞으로 무엇을 위하여 살아야 할 것인가? 그리고 그들이 살고 있는 현재의 다음에는 무엇이 어떻게 전개될 것인가? 이런 질문들은 살아 있는 모든 사람들, 그리고 앞으로 내일을 살아가야 할 모든 사람들에게 매우 중요한 관심사가 아닐 수 없다. 역사는 이런 것들에 대한 답변을 제공해 주는 것을 그 의무와 책임으로 한다는 것이다.

이상과 같은 로빈슨의 랑케에 대한 비판은 칼 베커와 베어드에게 연결된다. 베커는 랑케의 정치사가 실제로 정치가들의 어리석음을 억제하기 위하여 무엇을 하였으며, 행정가들의 지혜를 강화하기 위하여 어떠한 역할을 하였는가를 묻고, 역사학의 시대라는 명칭을 듣고 있는 19세기에 이룩한 역사연구의 무의미성을 통박하였다.[16] 이는 랑케의 정치사 자체에 대한 비판이며, 동시에 자연과학적 역사학을 강조한 실증주의적 역사학의 무익성을 통박한 것이다.

베커는 19세기의 역사학인 '인민대중을 계몽시키고 그들로 하여금 보다 큰 지혜를 지니고 행동을 할 수 있도록, 또는 보다 이성적인 목적에 상응해서 행동하도록 하기 위해서 무엇을 하였는가? 확실히 전문적인 역사연구의 백 년은 세계대전을 방지하기 위하여 한 일이 아무것도 없다'고 반성함으로써 앞으로 역사학이 해야 할 과제를 암시적으로 제시하고 있는데,[17] 이는 베커가 로빈슨의 정치사에 대한 생각, 역사학의 실용성에 대한 생각에 대해서 동조하고 있는 증거로 채택해도 무방할 것이다.

3
역사적 상대주의

　신사학파의 두 번째 특징은 역사적 상대주의를 취하고 있다는 것이다. 로빈슨의 랑케에 대한 비판적 태도는 베커와 베어드의 역사적 상대주의로 발전을 하게 된다. 물론 상대주의는 이들에게서 처음으로 창시된 사조는 아니다. 상대주의는 창세기와 그리스 철학자들에게서 이미 크게 문제화되었던 것이다.[18]

　이 같은 상대주의의 문제는 근대에 들어와서도 심각한 문제로 논쟁의 중심핵의 역할을 하였다. 그리고 이것은 자연과학적 사고와 역사과학적 사고의 대결로 나타났으며 또 절대주의적 정치이념과 자유주의적 이념의 대결구도를 만들기도 하였다. 데카르트의 철학적 관념론에 대한 비코의 반론이 있은 이후, 하만이나 헤르더를 중심으로 하는 반계몽주의적 사상가들을 거쳐서 역사주의가 전개되면서, 다소 정도의 차이나 방향의 상이성은 있어도, 역사학을 주제로 하는 학문에서는 대부분 의식, 무의식중에 이를 인정하고 있었다. 특히 20세기에 들어서면서 크로체나 딜타이, 콜링우드, 만하임, 드로이젠 등으로 대표되는 신이상주의 역사사상가들에게서 이 점은 두드러지게 나타나 있는 것이다.

그러나 이들은 스스로 상대주의자임을 표방하지는 않았다. 다만 그들의 이론 속에서 절대적 진리를 부정하는 입장을 취하였고, 역사 인식의 문제에 있어서 그 상대성을 강하게 피력하고 있을 뿐이었다. 이에 비하여 신사학파에서는 '역사적 상대주의'라는 용어가 정식으로 등장하게 된다.

우선 로빈슨의 책 이름,《뉴 히스토리(New History)》라는 말은 자체가 이미 역사적 상대주의의 의미를 내포하고 있는 용어다. 종래의 모든 위대하다고 하는 역사가들이 쓴 역사책들일지라도 아무도 다시 쓸 수 없는 객관적인 역사를 쓴 것은 못되니, 그 후세의 역사가들은 각자 자기들의 현재에 입각해서 역사를 다시 써야 된다고 하는 것이니 만큼, 우리는 이 자체를 역사적 상대주의로 이해할 수 있다. 그럼에도 불구하고 로빈슨을 역사적 상대주의자라 규정하는 것은 아직 이르다.

노아(Ellen Nore)에 따르면, 로빈슨은 상대주의 이전의 학자다. 즉 그는 상대주의가 이론적으로 구성되기 이전시대의 학자다.[19] 그리고 스코타임은 '로빈슨은 환경적 해석자일 수는 있어도 상대주의자일 수는 없다'고 주장한다. 그는 쓰이어진 역사를 위한 자료들은 제한되어 있고, 역사가는 그가 쓰고자 하는 사건을 거의 경험하지 못한 사람이라고 하는 사실, 이러한 것들은 역사는 결코 물리학, 화학, 생리학, 심지어는 인류학이 과학이라는 의미에서의 과학(객관적 관찰이 가능한 과학 : 필자 주)이 될 수 없다는 것을 확실하게 깨닫고 있었으나, 아직 역사적 상대주의자의 위치에는 도달하지 못하였다는 것이다. 다만 그는 베어드가 상대주의로 전환하게 되는 데 있어서 기본이 되었던 해석과 사

실의 구별을 시도하고 있었을 뿐이다.[20]

한마디로 로빈슨은 베커나 베어드와 같은 이들이 생각하였던 것과 마찬가지로 역사학을 자연과학과 그 방법론적인 의미에서 동일시할 수 없다는 것을 깨닫고 있었으며, 어차피 역사학에 있어서 역사의 객관적 실재를 파악한다는 것은 불가능하다는 것을 인정하였다.

그러나 그가 베커나 베어드와 마찬가지로, 스스로 역사적 상대주의자임을 자처하지는 않았다는 것이다. 그것은 시기적으로도 그럴 수밖에 없었던 것이다. 로빈슨은 1908년에 이 문제를 '확실히 깨달았'는데 상대주의가 세간의 관심을 크게 불러일으킨 것은 아인슈타인이 1905년 그의 상대성이론을 발표하고, 1919년에 그리니치 천문대에서 이를 공식적으로 인정하게 된 이후의 일이기 때문이다.

역사적 상대주의가 정식으로 그 모습을 나타내는 것은 칼 베커(Carl Becker)에 의해서다. 베커는 1910년 에세이 〈On Detachment and the Writing of History(냉정과 역사서술)〉을 발표함으로써 역사적 인식에 관한 상대주의적 입장을 논리정연하게 설명하였다. 그리고 1931년에는 그의 유명한 미국 역사학회(American Historical Association)의 회장 취임 연설, 〈Everyman His Own Historian(각 개인은 그 자신이 역사가)〉를 발표함으로써 이를 확인하였다. 이것은 과거를 'Wie es eigentlich gewesen(실제로 있었던 그대로)' 하게 기술하는 것이 가능하다고 하는 랑케의 환상을 향하여 발사한 거대한 포탄이었다.[21]

그러나 베커의 역사적 상대주의는 그 뒤에 같은 입장을 밝힌 베어드의 것에 비하면, 아직 랑케적인 요소를 지니고 있는 것이었다. 즉 상대주의를 당위적인 상대주의와 필연적 상대주의로 구별할 수 있다면, 베커의 경우는 필연적인 상대주의라 할 수 있다.

다시 말해서 베커는 자신이 주관에 입각해서 사물을 보려한 사람이 아니라, 모든 사람들은 어쩔 수 없이 주관주의적일 수밖에 없다는 것을 논파한 사람이다. 여기에는 올바른 역사가가 지녀야 할 역사인식과 그 서술의 목표는 객관적인 역사를, 다시 말해서 과거를 'Wie es eigentlich gewesen(실제로 있었던 그대로)'으로 기술해야 한다는 것이다. 다만 문제는 과거의 역사서들이 그렇게 서술된 것인가? 또 그러한 역사의 인식과 서술이 실제에 있어서 가능한가? 하는 것이다.

그에 따르면, 객관적인 진리, 객관적 실재로서의 사건·사실은 존재한다. 그러나 진리가 객관적인 것이냐? 주관적인 것이냐? 하는 논의의 문제는 진리가 존재하는가? 아닌가?의 존재론적인 문제가 아니라, 우리가 인식한 진리가 실재하는 진리와 일치하는 것인가? 아닌가? 하는 인식론적인 문제라는 것이다. 다시 말해서 객관적인 실재로서의 진리나 사건·사실이 존재하는 것은 의심할 나위가 없는 것이라 하더라도, 그것을 우리가 인식한 다음, 그 인식된 것이 객관적인 것인지는 의심스러운 것이며, 또한 의심해야 한다는 것이다. 이를 그는 다음과 같은 말로써 설명하고 있다.[22]

> 그러나 이런 것(객관적 역사서술)은 매우 어렵다. 그 정확한 이유는 'le changement du millieu intellectuel entraine toures unchangment dans les faits de l'esprit qu'il entoure.(지적 환경의 변화는 정신을 둘러싼 환경이라는 사실의 변화를 유도한다.)'이다. 그러므로 이러한 어려움은 앞서 간 모든 역사가들이 미끄러져 떨어졌던 바위임에 틀림없다. 주위환경

(milieu)의 불행한 영향을 충분히 인지는 못하더라도 그들은 무의식적으로 그들 자신의 목적들, 또는 그들 자신의 시대의 선입견의 빛 속에서 과거의 객관적인 사실들을 읽어 왔다.

다시 말해서, 베커는 존재론적인 입장에서의 진리의 존재, 보편사의 존재, 객관적인 사건·사실의 존재를 인정하여, 가능하면 'Wie es eigentlich gewesen(실제로 있었던 그대로)'을 실현해야 된다는 것을 역사 인식과 그 서술의 목표로 설정한 사람이다. 그러면서도 그 목표에 도달하는 일이 실제적으로 불가능하므로 역사서술은 상대적일 수밖에 없다고 말하는 사람이다.

베커의 역사적 상대주의를 더욱 적극적으로 상대주의화한 것은 베어드다. 여기서 우리가 염두에 두어야 할 것은 베어드의 역사적 상대주의와 아인슈타인의 상대성이론과의 관계이다.

경제적 결정론(economic determinism)과 경제적 해석(economic inter-pretation)에 근거해서 아메리카 헌법(Constitution)에 대한 문제에 몰두해 있던 그가 이때에 이르러 극단적인 역사적 상대주의자로 변신하게 된 것은 단순히 그의 은사이며 동료인 로빈슨의 영향 때문만은 아니라 생각되기 때문이다.[23] 로저스(Hugh. I Rodgers)가 그의 논문[24]에서 '주관성에 대한 강조는 역사서술과 제 과학에 있어서의 경험적 방법에 대해 공격을 가한 신(新)물리학의 중요한 공헌이었다.'고 지적하고 있는 바와 같이, 그 배경이나 사회적 상황으로 보아서는 아인슈타인의 영향이 적지 않았을 것이라 생각되기 때문이다. 아인슈타인이 1905년 26세의 약관의 나이로 발표한 조그마한 논문[25]에 의해서 일어난 20세기 지성계의 새바람에 의해서 베어드의 역사적 상대주의도 큰 영향을 입고 있지 않았는가 하는 것이다.

이것을 17세기의 역사적 및 기타 제반 사회과학이 코페르니쿠스 이래 많은 자연과학자들, 이를테면 갈릴레이, 뉴턴 등의 영향으로 R. 데카르트, F. 베이컨, T. 홉스 등의 이른바 자연과학적 사회과학자들이 등장했던 것처럼, 20세기에는 아인슈타인의 천체물리학과 양자역학에서 밝혀진 상대성이론이 역사적 상대주의에 커다란 영향을 주고, 또 그런 경향의 뒷받침 내지는 추진제가 되지 않았나 생각된다. 물론 베어드가 구체적으로 아인슈타인에게 관심을 갖고 그의 논저(論著)를 읽었는지는 모를 일이다.

그러나 당 시대에 있어서 아인슈타인의 신자유론은 특히 1919년 12월 6일 영국왕립학술원에서 뉴턴 과학사상의 사망의 날로 선포할 정도로 센세이셔널 한 것이었고, 또 이 이론은 노아(Ellen Nore)가 '원자의 우주(the Universe of the Atom)를 보고, 그것은 코페르니쿠스의 우주가 아니었다는 것을 발견한 뒤, 위대한 이론물리학자, 철학자, 과학자들은 점점 더 상식적인 의미의 용어로서의 '객관성(Objectivity)에 대해서 회의적이었다.'고 지적한 것처럼[26] 대중화(Popularization)되어 있었고, 일반사회사상에 대한 적용의 문제가 논의되고 있었다는 점을 감안할 때, 베어드가 아인슈타인에 대해서 전혀 문외한이었던 것으로 생각하기는 어렵다.

특히 '베어드는 1930년도 이전까지는 역사에 대한 경제적 해석에 집착되어 있었는데, 1930년대 초중반에 이르러서 역사적 상대주의로의 지적 전환을 일으켰다.'는 호프스태터(Hofstadter)의 말과,[27] '베어드는 1930년대 초·중기에 역사에 대한 경제적 해석에 강력한 집착을 가지고 있던 자세에서 그의 초기적 견해와는 일치할 수 없음이 입증되는 역사적 상대주의의 형태로 지적인 전환을 수행하였다.'고 하는 노아(Ellen Nore)의 말을[28] 감안할 때, 이들 두 사람의 상대주의에는 어떤 관계가 있음이 분명하다.

　여기서 우리가 생각할 수 있는 것은 베어드는 아인슈타인의 영향으로 로빈슨의 '환경적 해석론'을 '역사적 상대론'으로 한 단계 발전시켰다고 하는 것이다. 다시 말하면, 베어드는 역사적 상대주의를 확실한 기반 위로 끌어올려 놓았다는 것이다. 그 결과로 태어난 것이 《고상한 꿈(That Noble Dream)》과 《신앙행위로서의 역사서술(Written History as an Act of Faith)》이다. 전자는 랑케의 'Wie es eigentlich gewesen(실제로 있었던 그대로)'을 고상한 꿈에 불과하다고 매도함으로써 어쩌면 베커가 설정한 사학사적인 의미의 역사학자의 꿈을 무산시켜 버렸는지도 모른다.

　이 점에서 베어드와 베커의 관계는 크로체와 콜링우드와의 관계와 같다. 의식과 실천을 강조하는 크로체가 사실에 역사가의 정신이 투입되지 아니한 것은 죽은 사실, 역사의 잔해에 불과하다고 하여 역사서술에 있어서 역사가의 정신, 역사가의 의식을 강조하였는데 비하여, 콜링우드는 모든 사건·사실 자체가 그것을 기술한 자의 의도, 목적, 사상을 포함하고 있는 관계로, 참된 역사를 서술하기 위해서는 그것들을 넘어서기 위한 노력으로서의 재고(rethinking)·재연(Re-enactment) 또는 역사가의 탐정으로서의 역할을 강조하였기 때문이다.

4
현재사에 대한 입장

　신사학파의 세 번째 특징은 모든 역사를 현재사로 보고 있다는 점이다. 이 학파는 역사는 과거를 대상으로 하는 학문이라고 하는 상식을 넘어서서 모든 역사는 현재의 역사라고 하는 점을 강하게 주장하고 있다는 것이다.

　로빈슨에게서 '현재'의 개념은 앞에서 이미 언급한 바 있는 보편사(普遍史), 또는 전체사(全體史)를 전제로 해서 성립된다. 로빈슨에게서 역사란 무한한 과거, 인류가 이 땅에 처음으로 출현하여 삶의 흔적을 남기기 시작한 때를 출발점으로 하여 현재에 이르기까지의 과정과 앞으로 인류의 삶이 지속되는 날까지 연이어진 거대한 인류군단의 삶의 행진과정으로 형성된 본체로서의 역사를 의미하는 것이다.

　이를 우리는 보편사 또는 전체사로 명명할 수 있을 것이다. 그리고 현재란 이러한 보편사 또는 전체사의 발전과정상에서의 최첨단의 전위적(前衛的) 위치를 의미하는 것이다.[29] 그러므로 현재를 살고 있는 모든 인간과 시민은 뒤로는 태초에 인류가 이 지상에 출현한 이래 남겨 놓은 삶의 흔적 모두로 형성된 과거와, 앞으로 이에 연이어서 전개될 보편사의 미래가 만나는 한 지점에 위치해 있는 것이다. 그리고 그

들은 미래에 실현되어야 할 아이디어의 실현을 위하여 총력을 기울여야 되는 것이다.[30]

따라서 역사가도 그가 마땅히 하여야 할 일은 역사의 진보를 위한 사업에의 참여이며, 그것을 위한 봉사다. 이러한 목적을 위하여 역사가는 그의 직분이 역사서술에 임하는 것이다. 여기서 로빈슨의 현재사의 한 가지 개념, 즉 역사는 현재의 문제를 해결하기 위하여 서술되고 교육되어야 한다는 실용주의적인 경향을 지닌 현재사의 개념이 성립된다.

그러나 로빈슨의 현재사의 개념은 여기에 그치지 않는다. 그에 따르면, 역사는 현재에 쓰이어질 수밖에 없다는 의미의 현재사의 개념이 성립된다. 즉 그에 따르면, 모든 역사는 매시대마다 그 '현재'에 새롭게 쓰이어져야 하는데, 그 이유는 그 '현재'에는 과거에 비하여 역사가가 지닐 수 있는 지식이 과거에 비하여 많다고 하는 것이다. 역사 자체가 인간에 대한 지식의 총합으로 이루어진 것인데, 그것을 이해하기 위해서는 그에 대한 지식이 있어야만 한다는 것이다. 따라서 현재의 새로운 역사를 쓰기 위해서는 현재에 발전되어 있는 인간에 관련한 모든 지식체계, 이를테면 인류학, 고고학, 정치학, 경제학, 사회심리학, 종교학 등등에 대한 과학을 동원하여 과거 인간에 관련된 제반 분야에 대한 철저한 연구가 있어야 한다는 것이다.

이를 간단히 말하면, 현재의 지식을 동원해서 과거를 이해하여야 한다는 것이다. 그렇게 할 때, 과거는 언제나 새로운 면, 새로운 의미를 나타내게 될 것이고, 이처럼 새로운 면과 새로운 의미를 나타내고 있는 새로운 역사가 서술된다는 것이다. 때문에 역사는 매시대에 새롭게 서술되지 않으면 안 된다는 것이다.

베커에게서도 현재사의 개념은 나타난다. 그에 따르면, 모든 지식인은 자기의 삶의 현장 속에서 삶을 위한 관심, 크로체의 용어를 빌면 '현재 생(生)에 대한 관심'을 갖게 되고, 그 관심에 의거해서 결정된 가치의식에 따라 사물을 보고 생각하며 선택하는 것이다. 그러나 베커에서 현재는 다시 미래에 대한 개념으로 전이된다. 그에 따르면, 현재란 실재하는 것이 아니다. 현재란 과거와 미래를 연결하는 점에 불과하다. 그런데 점이란 실제로 존재하는 것이 아니라 환각이다. 이러한 현재를 베커는 환각적 현재(specious present)라 한다.

그 환각적 현재란 현재의 확대를 의미하는 것인데, 그것은 바로 그 현재에 있는 사람, 즉 역사가의 목적과 미래에 대한 희망 또는 열망에 의해서 형성되는 것이다. 다시 말해서 역사가는 이러한 환각적 현재에 역사를 서술(사료의 수합과 그 배열을 포함한)하는데, 여기서 그 방향을 정하는 것은 그 역사가가 갖는 환각, 즉 목적과 미래에 대한 희망 또는 열망인 것이다. 따라서 베커에 따르면, 모든 역사는 미래사일 수밖에 없다. 그리고 과거란 각 세대가 그들의 미래에 대한 비전을 투영하는 일종의 스크린[31]에 불과한 것이다.

베어드는 역사를 '과거에 대한 현재적 사고(Contemporary thought about the past)'라고 규정함으로써, 그의 현재사에 대한 생각을 명백히 하였다. 베어드에 따르면, '역사를 쓰는 모든 역사가는 각자 자기 시대의 산물이며, 그의 작품은 그 시대정신과 그 나라, 종족, 그룹, 계급 및 당파의 입장을 반영하는 것'이다.[32]

그리고 '역사학의 중심목표는 현재를 역사적으로 설명하는 것이다'라고 하였으며, 그는 '현재란 단순히 밝혀진 과거(the developing past)이고 과거는 밝혀지지 않은 현재'라고 한 터너(Turner)의 생각을 받아들여서 과거를 철저하게 현재에 종속시킨 현재주의자이기도 하다.

이러한 현재주의를 더욱 선명하게 하는 것은 고난극복이론이다. 즉 베어드에 따르면, 매시대의 인간들은 나름대로 그 시대에 당면하는 고난을 지니고 있고, 그 고난은 인간들로 하여금 관심을 갖게 하고, 그 관심은 그 고난을 해결하려는 의도, 사상, 목적을 낳는다. 그리고 모든 역사가들은 이러한 의도, 목적, 사상에 입각해서 역사를 서술하는 것이며, 또 그러해야 한다. 때문에 모든 쓰이어진 역사는 현재사이며 현재의 고난을 극복하기 위한 신앙행위의 결실인 것이다. 이런 점에서 베어드의 현재사는 '현재 생에 대한 관심'을 강조하고 있는 크로체의 현재사와 매우 가깝게 일치하고 있는 것이다.

5
보편사로서의 지성사 또는 사상사

　신사학파의 네 번째 특징은 전체사 또는 보편적 역사를 인정하고 그것을 지성사로 보고 있다는 점이다. 역사적 상대주의나 현재주의의 입장을 취하는 일련의 역사사상가들—크로체-콜링우드—은 이러한 역사의 실체를 내세우기를 기피하고 있다. 그들이 비코의 영향을 입었기 때문에 비코의 '이상을 향한 영구적 발전의 역사(Eternal Ideal History)'라는 보편사를 인정할 것 같은데, 그럼에도 불구하고 기독교적 역사철학이나 헤겔의 역사철학에서 주창되고 있는 보편사의 개념이나 체험이 불가능한 실체(Substance)를 애써 외면하려는 경향을 지니고 있다. 심지어 콜링우드는 이러한 실체문제에서 얼마만큼 철저하게 탈피하였나를 그 역사학의 과학성 여부의 기준으로 삼으려고까지 하고 있다.

　그런데 로빈슨에게서는 전체사가 그의 이론의 대전제가 되고 있다. '태초에 인간이 이 지상에 출현한 이래에 생활해 오면서 남긴 모든 흔적의 총체'로서의 역사가 그것이다. 이것은 로빈슨의 역사서술의 최종 목표로 설정된 것이며, 그의 현재사를 이해함에 있어서, 그리고 그의 역사의 실용성에 대한 생각을 이해함에 있어서 필수적인 전제가 되는 것이다.

이 점에 있어서는 베커나 베어드에게서도 마찬가지다. 베커는 구체적인 어귀를 통해서 역사의 실체 문제를 언급하고 있지 않다. 그러나 그의 논리를 보면, 그것이 암시적으로 전제되어 있음을 읽을 수 있다. 그리고 베어드는 '실재로서의 전체사(Totality of history as actuality)'라는 용어로서 이를 대변해 주고 있다.

여기서 문제가 되는 것은 그 보편사의 실체 또는 본질이라는 것이 무엇인가 하는 것이다. 아우구스티누스는 이를 신의 섭리의 실현이라고 보았고, 비코는 진리의 자기표상이라 생각하였고, 헤겔은 절대정신의 자기실현이라고 주장하였는데, 그것에 대하여 로빈슨은 지성사를 강조하고 있다는 것이다.

1904년 그는 '지성사(Intellectual History)'라는 교과과정을 창출하여 10년 동안 가르쳤다. 슐레징거(Arthur Schlesinger)에 따르면, 여기서 그는 '학생들이 단순히 과거에 대해서 생각하는 것이 아니라, 인류의 현재 상태에 대해서, 그리고 어떠한 인간의 지성이 그 현재의 상태를 더 좋게 만들 수 있는가 하는 것에 대해서 생각하기를 원한다는 생각을 일으키게 하였다. 그가 강조하고 있는 지성사란 지식사회학적인 의미의 지성사다.[33]

그에 따르면, 역사는 그 자체가 인간의 생활을 통해서 창출된 지식, 또는 지성의 총체이다. 때문에 그 역사를 올바르게 이해하기 위해서는 그 역사를 구성하고 있는 지식 또는 지성에 대한 지식이 선행되어야 한다. 예를 들면, 인류학, 고고학, 사회심리학, 동물심리학, 비교종교학, 정치경제학, 사회학 등의 학문들[34]에 대한 지식을 지니지 않고는 역사를 올바르게 이해할 수 없다는 것이다. 이처럼 로빈슨이 역사를 지성사로 본 것은 역사자체를 구성하고 있는 것이 인간의 지성 또는 지식이라는 의미를 강조하고 있는 것이다.

베커도 사상사 또는 지성사를 강조한다. 그러나 그의 지성사는 로빈슨의 그것과 좀 다르다. 위에서 본 바대로, 베커는 현재사를 강조하였다. 그의 현재사는 단순한 의미의 현재사로 그치지 않고, 미래사로 이해되어야 하는 것이었다. 그런데 미래란 실재하는 것이 아니라, 아우구스티누스의 생각처럼 다만 '기다림'이며,[35] 헤겔의 말처럼 현재의 내가 정신적으로 갖게 되는 '희망과 공포'일 뿐이다.

이러한 측면에서 볼 때, 역사 그 자체란 현재에 살고 있는 인간들이 미래에 대하여 갖는 기다림, 희망과 공포에 대응하는 인간정신의 작용에 의해서 창조·발전되어 가는 하나의 과정이며, 그것을 서술한 역사란 역사가의 미래에 대한 희망과 공포에 대응하는 정신작용에 따라서 쓰이어진 역사일 수밖에 없다. 인간정신의 작용, 그것은 곧 생각이요, 사고요, 사상이다. 따라서 역사 그 자체란 사상의 발전사이며, 그것을 대상으로 해서 쓰이어진 미래사란 다름 아닌 생각의 역사, 사고의 역사, 사상의 역사이다. 이처럼 베커의 지성사란 생각의 역사, 사고의 역사, 사상의 역사를 의미한다.

베어드는 베커의 지성사에 대한 생각과 거의 유사한 생각을 가지고 있었다. 베어드에 의하면 지성이란 아이디어를 의미한다. 그런데 아이디어란 매시대를 사는 사람들의 관심의 결실이다. 그리고 관심은 그 시대를 사는 인간들이 현실적으로 당면한 제 문제를 해결하고자 하는 현실(Necessity)과 정신의 대화 또는 투쟁관계에서 산출되는 것이다. 이러한 과정, 즉 한 시대를 사는 인간들이 그들의 생활 속에서 당면하는 어려움이라는 현실과 이를 극복하려는 인간의 의지의 표현으로 나타나는 사고와의 대화 또는 투쟁의 결과로 나타나는 관심, 그리고 그 관심의 표현으로 나타나는 아이디어, 이 아이디어를 통한 인간사회 제 부면의 변화, 이러한 변화과정은 역사의 전개를 이루어가게 된다는 것이다. 이러한 논리를 따르면, 역사라는 하나의 거대한 유기체는 지성, 지식, 아이디어들로 구성되는 것이다. 따라서 베어드의 지성사란 일종의 역사 발전론을 함유한 역사관으로서 의미를 지닌다.

6
랑케에 대한 재평가

여기서 우리는 몇 가지 문제점을 제기하지 않을 수 없다. 하나는 과연 신사학파의 랑케에 대한 비판이 모두가 정당한 것인가 하는 것이다. 이거스는 랑케는 결코 신사학파가 비판하고 있는 바대로의 객관적 역사의 인식과 그 서술을 주장한 사람은 아니라는 것이다. 다시 말해서 랑케의 'Wie es eigentlich gewesen(실제로 있었던 그대로)'은 역사학도들을 훈련시키기 위한 목표로 설정한 것이지 그 자체가 가능했다라든가, 그의 역사서술이 그러했다 라든가 또는 그러한 역사의 인식과 서술이 실제로 가능하다는 것을 고집하기 위해서 내세운 말은 아니라는 것이다.

그렇다면 결국 이들 신사학파의 랑케에 대한 비판은 그들이 랑케를 제대로 이해하지 못한 가운데서 생겨난 그들의 오해였다는 것이된다. 이 점에 있어서 베커가 랑케의 그와 같은 객관적 역사에의 도달을 역사연구의 궁극적인, 그러나 영구적으로 도달하기는 어려운 목표로 생각했다는 것은 많은 의미를 내포하고 있는 것이다.

그러나 우리는 비록 신사학파에 속하는 이들은 아니더라도, 신사학파에서와 마찬가지로 랑케를 비판하고 있는 사람들을 많이 본다.

따라서 이거스의 말이 옳다고 한다면, 우리는 랑케에 대한 재평가를 위한 새로운 랑케 연구를 필요로 하게 된다.

다음으로 이들 신사학파의 생각과 크로체-콜링우드의 생각의 유사점에 대한 것이다. 심지어는 도노건(Alan Donogan)과 데슬러(Destler) 사이에서는 베커의 역사적 상대주의가 크로체로부터의 이념적인 표절(ideological plagiarism)에서 유래되는 것인가? 아닌가에 대한 표절시비까지 생겨날 정도로[36] 그 유사성을 지니고 있다는 것이다.

데슬러가 주장하는 바에 따르면,《Detachment and the Writing of History(냉정과 역사서술)》에 포함되어 있는 베커의 아이디어는 크로체의 《미학(Aesthetic)》에서 발견되는 아이디어들과 일점일획까지도 틀림없이 일치한다는 것이다. 때문에 베커의 'Detachment and the Writing of History'에 표현되고 있는 역사적 상대주의는 '전적으로(in entirety)' 크로체의 '미학'으로부터 그의 원리를 빌려왔다는 것이다.

그러나 필자의 생각으로는 이와 같은 데슬러의 주장은 그가 크로체를 잘못 이해했던가? 베커를 잘못 이해했던가? 하는 두 가지 중에 하나다. 왜냐하면 크로체와 베커는 그렇게 일치하지는 않기 때문이다. 즉 크로체는 객관적 진리 그 자체를 설정하지 않고, 다만 랑케가 주장하는 바의 'Wie es eigentlich gewesen(실제로 있었던 그대로)'은 불가능한 것이며 역사가는 당연히 역사를 서술함에 있어서 그의 정신을 그 속에 투입시켜야 된다고 하는 입장을 취했다.

그러나 베커는 객관적인 진리는 있을 수 있으나 거기에 도달하는데는 많은 장애가 있으므로 지금까지 역사를 서술한 사람들은 그 장애들로 말미암아 거기에 도달하지 못했다는 것을 알아야 하며, 가능하다면 그러한 장애들을 극복할 수 있는 방법을 마련하여야 한다는 입장이다.

이 점에 있어서 베커의 이론과 보다 더 가까운 것은 크로체의 것이 아니라 콜링우드의 주장이다. 콜링우드는 베커와 마찬가지로 역사의 객관적 진리에 도달하는 길을 막고 있는 장애들을 극복하기 위한 여러 가지 방안을 제시하고 있는 것으로 유명하기 때문이다.

여기서 우리가 짚고 넘어가야 할 것은 어떤 사람들의 사상들이 서로 유사성을 지녔다 해서 반드시 어느 것이 어느 것을 모방하였다든가 표절했다고 단정하는 것은 옳지 못하다고 하는 것이다.

그 이유는 설사 그 영향을 받았다 하더라도 그것을 받은 사람이 받은 내재적인 자세가 되어 있지 않고는 긍정적으로 받아들일 수 없기 때문이다. 어느 사상에 공감을 느낀다는 것은 그도 이미 그렇게 생각했다는 것을 의미하는 것이기 때문이다. 크로체나 콜링우드의 사상이 신사학 이전의 미국 프래그머티즘의 전통과 일치점을 보였다 해서 그들이 미국의 전통을 따랐다고 속단할 수 없듯이, 로빈슨이나 베커와 베어드의 사상이 크로체나 콜링우드의 것과 유사하다 해서 어느 것이 어느 것을 그대로 모방 또는 표절했다고 단정하는 것은 속단이다.

그러나 분명한 것은 신사학은 이상과 같은 논의가 따를 수밖에 없을 만큼 크로체-콜링우드로 대표되는 신이상주의 역사상과 많은 유사점을 지니고 있다고 하는 것이다. 이러한 유사점들이 이들의 생각과 주장들이 객관적인 진리에 가까운 것들이기 때문이라고 한다면, 이들이 한결같이 주장하고 있는 역사적 상대주의와 배치되는 말이 될 것이다. 결국 이들의 생각이 유사하다고 하는 것은 이들이 19세기 말에서 20세기 초에 살았고 생각했다고 하는 역사적 상황의 공통성에서 결과한 것이라고 생각하면 무리가 없지 않을까 생각된다.

크로체의 생각이 서유럽세계에 있어 상대적 후진성을 탈피하여야 한다는 이탈리아인들의 '현재', 그리고 제1차 세계대전 이후 등장하기 시작한 무솔리니의 파시즘에 대결해야 한다는 생각을 지닌 자유주의자로서의 크로체 자신의 '현재'를 극복하고자 하는 관심에 그 뿌리를 두고 있는 것이고, 미국의 신사학이 경제공황과 더불어 불어 닥친 혁신주의운동에 직면한 미국의 '현재'를 극복하기 위한 관심에 그 뿌리를 두고 있다는 공통성이 그것이다.

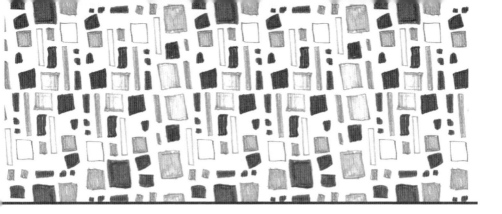

제3장

신사학파의 보편사론

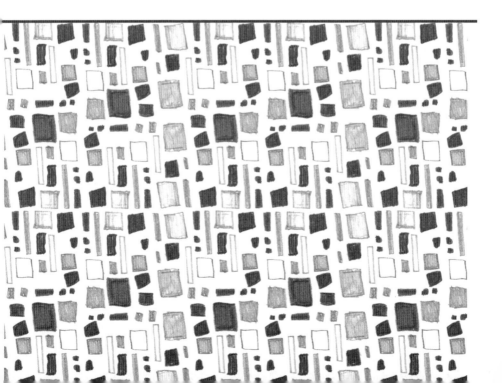

1
서구적 도그마의 해체

신사학파에 있어서 보편사에 대한 문제는 로빈슨에게서 비롯된다. 그러나 로빈슨은 보편사의 문제를 아우구스티누스나 헤겔 그리고 마르크스와 같이 명백한 정의적 설명으로 체계화시켜 주지는 않았다. 다만 그는 나름대로의 보편사에 대한 개념을 염두에 두고 그의 여러 가지 역사학에 관련된 문제들을 풀어 나가려 하였을 뿐이다.

이러한 보편사에 대한 태도는 그의 뒤를 이은 신사학파의 학자들인 칼 베커나 찰스 베어드에게서도 공통된 것이었다. 이 문제를 보다 구체적으로 취급하여 보편사의 개념을 형상화시키고 있는 사람은 해리 엘머 반스(Harry Elmer Barnes)다. 그는 스스로 로빈슨을 추종하고 있는 학자임을 밝히면서 로빈슨에게서 암시되어 있는 보편사의 문제를 '신사학파에서는 문명을 거대한 유기적 복합체로 생각하였다.'고[1] 말하면서 조심스럽게 그것의 형상화를 시도하였다.

이처럼 신사학파는 나름대로의 보편사에 대한 개념을 전제해서 그들의 역사이론을 전개시키고 있으면서도, 아우구스티누스와 헤겔, 마르크스에 의해서 만들어진 종래의 보편사의 개념을 혁파할 것을 강력하게 주창하고 있다. 때문에 신사학파는 기왕의 보편사와는 다르다는 것이다. 즉 전자의 것들이 기독교신학, 정신철학, 프롤레타리아혁명 등을 위한 보편사였다고 한다면, 신사학파의 학자들은 순수하게 역사적인 보편사라고 하는 것이다.

신사학파는 역사적 상대주의를 그 특징으로 한다. 신사학파는 서구의 근대사상의 기초가 된 절대적 진리를 상정한 절대주의적 관념철학을 반대하고, 역사적 상대주의를 주창함으로써 이미 기독교적 도그마와 서구적 이데올로기에 대해서 반론을 제기한 바 있다. 보편사의 문제에 있어서도 신사학파는 이러한 상대주의의 입장에서 아우구스티누스나 헤겔, 마르크스 등의 역사철학을 각각 그들 시대에 필요의 산물에 불과한 것으로 간주함으로써 현재의 입장에서 보면, 그것들도 실제의 역사를 파악함에 있어서는 실패한 그 시대의 환상이었음을 지적하고 있다.

무엇보다 신사학파가 이들을 환상적인 사상의 일환으로 치부하고 있는 것은 그들이 주장하고 있는 역사의 틀이다. 이들은 대체로 역사를 처음과 마지막이 있다고 생각하여 그 과정의 틀의 진행을 통해서 어떤 최종적인 목적을 실현하려는 것으로 보았는데, 신사학파는 이 것을 환상으로 치부하고 있는 것이다. 때문에 반스는 '낡은 도그마적인 역사철학을 대신해서 역사적 자료에 대한 해석(interpretation)이라고 불러져야 할 것이라 밝혔다. 그것은 어떤 목적론적인(teleological) 요소가 없다는 점에서, 그리고 연역법적인 방법론을 거부하고 있다는 점에서 낡은 역사철학과 다르다.'고[2] 말함으로써 이러한 신사학파의 특징을 규정지었다.

그리고 로빈슨 교수는 역사가는 마땅히 현재가 과거로부터 어떻게 발전해 나왔는지에 대해서 주로 관심을 가져야 된다고 하는 람프레히트의 말을 역사연구와 해석에 접근하는 기초로 받아들이면서도, 과거에 대한 연구와 해석을 람프레히트가 고안해 낸 어떤 인위적이고 아프리오리적인 문화발전의 도식(scheme)에 맞추려고 하는 시도에 대해서는 철저하게 반대하였다.[3]

이것은 결국 인간이 생각해 낸 인위적 역사의 틀이나, 설사 '아프리오리적'이라는 수식어가 붙는다 하더라도 인간의 생각에 의해서 이룩된 역사발전의 도식이라는 것은 인정할 수 없다는 신시학파의 입장을 명백히 하는 것이다. 왜냐하면 이 모두는 역사적 사실이나 역사적 인식에 의한 것이 아니라, 신학적 상상이나 목적, 철학적 추리나 목표 등을 전제로 해서 만들어진 환상에 불과하기 때문이다. 그러므로 이들은 하나같이 역사적 사실들이 무시되었고 관념적이고 추상적인 이론을 근거로 하는 것이었다.

신사학파의 입장은 역사는 그것이 보편사가 되었든 특수사가 되었든 역사학에 의해서, 역사의 인식을 위해서 인식되어야 하고, 그 인식을 기본으로 해서 어떤 틀이 만들어지더라도 만들어져야 한다는 것이다. 따라서 신시학파의 보편사는 역사학을 중심한 보편사, 구체적인 역사적 사실들을 중심으로 한 보편사라는 특징을 가져야 한다. 그러므로 신사학파의 보편사는 역사학자들이 인식할 수 있는 구체적 사건·사실들을 근거로 하는 것이다. 이를테면 로빈슨은 역사를 다음과 같이 정의하고 있는데, 이 말속에는 신사학파의 보편사의 개념이 총괄적으로 함축되어 있다.[4]

가장 넓은 의미에서 역사학은 인간이 처음으로 지구상에 나타난 이래 지금까지 행하여 오고 생각하여 온 모든 것의 발자취와 흔적을 포괄하는 것이다. 그것은 제 민족의 운명을 추적하려는 열망을 지닐 수도 있다. 또 그것은 가장 미미한 한 개인의 습관들이나 정서를 서술하려고 할 수도 있다. 그것이 정보의 근원으로 삼는 자료는 조잡한 돌도끼로부터 오늘의 조간신문에까지 이르는 것이다.

여기서 신사학파의 보편사는 아우구스티누스, 헤겔, 마르크스의 그것과 구별되는 또 한 가지의 중요한 요소를 발견하게 된다. 아우구스티누스에게서 보편사는 기독교적인 선악의 대립, 교회와 세속세계의 대립 등으로 요약된 이원론이, 헤겔에게서는 절대정신의 실현을[5] 위한 영웅들의 정치, 군사 활동 등이, 마르크스에게서는 인간생활의 일부분인 경제적 활동과 거기서 생겨나는 계급간의 대립투쟁이 보편사의 주요내용을 이루고 있다.[6]

이에 대해서 신사학파의 보편사는 인간이 처음으로 지구상에 나타난 이래 지금까지 '행하여' 오고 '생각하여' 오고 '느껴' 온 '모든 것'의 발자취와 흔적을 모두 포괄하는 것이다.[7] 인간의 행동과 생각은 종교적인 것일 수만도, 정치·군사적인 것일 수만도, 경제적인 것일 수만도 없다. 또 인간이라 함은 위인이나 천재 등 엘리트만을 의미할 수도 없다. 역사는 모든 인간의 모든 생각과 모든 행동으로 엮어진 하나의 거대한 흐름의 과정이기 때문이다.[8]

이 때문에 신사학파는 많은 점에서 생각을 같이 하고 있는 이탈리아인 크로체나 영국인 콜링우드와도 차별성을 내보이고 있다. 즉 이들이 역사를 정신의 역사, 사상의 역사로 보는데 대하여 반스는 거부의 의사를 명백히 하고 있는 것이다. 반스는 역사의 진행요인을 설명함에 있어서 인간이 지니고 있는 비정신적 요소 및 인간이 처해 있는 지리환경적 요소, 사회심리학적 요소, 사회학적 요소 등을 중하게 다루고 있다.

이상과 같은 신사학파의 입장은 보편사의 어떤 틀이나 도식을 형상화시킴에 있어서 매우 큰 조심을 요구한다. 때문에 그들은 분명 나름대로의 보편사의 개념을 지니고 있으면서도 그것을 정의적으로 구체화시키기를 거부하고, 다만 암시적으로 그것을 표현하고 있는 것이다. 본 논문은 이러한 점을 감안하여 이들 신사학파 학자들이 그렇게 조심스럽게 암시하고 있는 보편사에 대한 생각이 어떤 것인가를 밝혀보려고 시도된 것이다.

다소 위험성을 염두에 두고서라도 그것을 밝혀보려는 것은 이 작업을 통해서 신사학파의 역사사상을 보다 명백히 이해할 수 있을 것이며, 또 이를 통해서 아우구스티누스, 헤겔, 마르크스가 이룩해 놓은 목적론적 틀에 입각한 역사관의 허구성을 갈파하고, 그것에 근거한 서구적 이데올로기의 도그마를 해체시켜 현재 세계를 살아가고 있는 이들의 정신적 해방을 모색함과 동시에 현재인의 올바른 사고의 방향이 무엇인가를 생각해 보는 단서를 마련해 보고자 하는 것이다.

2
신사학파의 보편사의 틀

보편사에 있어서 일차적인 문제는 보편사의 형태에 관한 것이다. 보편사 형태의 문제는 역사의 시작과 끝, 이 시작과 끝을 연결하는 역사의 진행과정에 대한 문제로 이루어진다. 그리고 이것은 다시 시간 자체에 대한 문제의 해결 없이는 해결되지 않는다.

그러면 시간이란 무엇인가? 이 문제에 있어서 아우구스티누스는 그의《고백록》제11권에서 다음과 같이 술회하고 있다.[9]

> 시간마저 당신이 내신 바이니 당신께서 아무것도 하시지 않은 그 시간이란 도시 없는 것입니다.(Time can have no existence unless things are actually happening.) 또한 어느 시간도 당신과 같이 영원할 수 없는 것이, 님은 항상 계시기 때문이니 시간이 만일 항상 된다면 이미 시간이 아닐 것입니다.

아우구스티누스가 말하는 시간이란 신에 의해서 세계가 창조될 때에 함께 시작된 것이며, 세계가 변천하는 과정과 더불어 흘러서 역사가 종말에 이르면 끝나는 것이다. 다시 말해서 시간이란 사물의 변화를 통해서 그 존재를 나타내고 있는 것인바, 신이 천지를 창조하고 그 안에서 모든 사물들이 생성 소멸하는 변화를 보임으로써 시간은 존재하게 되는 것이다. 그러므로 천지가 없어지고 세계가 종말에 이르면 시간은 없어지는 것이다. 한마디로 아우구스티누스에게서 시간은 과거, 현재, 미래라는 3개의 개념으로 구성되어 있는바, 과거의 끝은 세계 및 역사의 시작이고 미래는 그것들의 종결이다. 그리고 역사는 그 시작과 끝을 연결하는 인간의 삶의 과정이다.

여기서 필연적으로 나타나는 것은 아우구스티누스의 목적사관이다. 즉 역사는 어떻게 시작되었고, 역사는 무엇을 위하여 그 종결점을 향하여 진행되어가고 있는 것인가 하는 것이다. 아우구스티누스는 인류역사의 시원을 아담과 하와가 선악과를 먹고, 선과 악을 잉태하여 그 결과로 카인과 아벨을 탄생시킴에서 비롯된 것으로 보았다. 그리고 역사의 진행과정은 카인의 후예와 아벨의 후예가 서로 대립 투쟁해 가는 과정이다. 그리고 그 종결은 아벨의 후예인 천상도시에 속한 자가 신의 은총으로 종국적으로 택함을 받고, 카인의 후예들인 지상도시에 속한 자들이 버림을 받게 되는 최후의 심판이다.

그리고 이 같은 역사의 진행은 신의 섭리의 실현을 위해서 신의 섭리에 의해서 주도되는 바, 이 과정에서 인간은 그의 원죄를 씻고 신의 은총 안으로 들어가며, 그것을 위하여 신의 도시에 속한 자들은 그의 적인 지상도시에 속한 자들에 의해서 유혹과 박해와 수난을 당하면서 신과의 관계를 돈독히 해나가는 삶을 살아가는 것이고, 이러한 삶을 통해서 역사는 진행되어 나아가는 것이다.

이러한 목적론적 진보사관은 18세기 기독교 신앙의 열정이 식어가고 그에 비례해서 성숙하게 된 세속적인 사상의 풍미에 따라서 세속적인 시간관 및 역사관으로 변모하였다. 그러나 세속화란 시간관이나 역사관에 있어서 신의 섭리나 신의 목적 등 '신'에 관한 것의 배제를 의미하는 것이었지, 시간관이나 역사관의 틀을 깨는 것은 아니었다. 즉 기독교의 목적론적 역사관은 18세기 이후 유럽의 역사관에 있어서도 그대로 적용되었다. 그 대표적인 투르고의 영향을 입은 콩도르세이며 이 전통은 칸트, 헤겔, 그리고 마르크스에게까지 이어졌다.

콩도르세는 그의《인간 정신의 진보과정이라는 역사화에 대한 스케치(Sketch for a Historical Picture of the Progress of the Human Mind)》에서 인간의 진보에 대한 필연성(inevitability)과 인간의 지식을 변형시키고 인간과 사회를 지배하는 과학과 기술의 힘에 대한 그의 신념을 표현하고 있다. 그는 역사를 10개의 상이한 단계가 각자 앞의 단계로부터 필연적으로 이어져서 발생하는 하나의 연속과정으로 보았다.

그에 따르면 첫 번째 단계의 인간은 원시적 야만의 상태에서 살았다. 다음 단계에서 인간은 처음에는 생산수단의 개량에 의해서, 그 다음에는 그의 이성의 힘의 발전에 의해서 진보되었다. 그의 시대는 9번째 단계에 속하는데 이 단계는 데카르트의 철학의 의해서 시작되어 프랑스 공화정에 의해서 절정에 이르렀다. 그리고 마지막 단계인 10번째 단계에서는 과학자들에 의한 통치가 이루어질 것이다.[10]

이러한 목적론적 진보사관은 그 후 칸트를 거쳐서 헤겔로 연결되었다. 헤겔은 근대유럽의 목적론적 진보사관을 총정리하여 완성한 사람이다. 그러나 그는 오히려 아우구스티누스의 역사관에 더욱 근접해 간 사람이다.

물론 그는 세속적 역사관을 주장하고 있다. 그러나 그 역사관의 틀은 더 철저하게 아우구스티누스의 것을 취하고 있다. 그는 신 대신에 세계사정신을, 신의 섭리 대신에 세계사의 자유를, 신의 도시와 지상 도시의 대립 대신에 정·반·합의 변증법을, 그리고 최후의 심판이 있은 후 오게 될 선악의 개념이 없어진 신의 도시의 실현을 정·반·합의 대립의 개념이 없어진 절대정신, 절대자유의 실현으로 각각 대치시켰을 뿐이다. 다만 다른 것이 있다면 보편사의 시작인 바, 아우구스티누스가 그것을 아담과 하와의 출현에서 찾았는데 비하여, 그는 구체적으로 역사기록이 가능하게 된 오리엔트 세계 즉 이집트와 바빌로니아세계에서 찾았다는 것이다.

그리고 마르크스는 원칙적으로 헤겔의 견해를 따랐다. 다만 정신을 사회경제적 제 관계로 전환시켜 정신변증법을 변증법적 유물론으로 대치시켰고, 낡은 세력과 신세력의 대립으로 이루어지는 변증법적 대립을 부르주아와 프롤레타리아의 계급투쟁으로 구체화시켰고, 역사의 최종적 목표를 프롤레타리아의 독재로 성립되는 무계급 무정부의 사회 실현으로 보았을 뿐이다.

신사학파의 보편사 문제는 이러한 과거의 목적론적 진보사관을 부정함에서 비롯된다. 이를 반스는 다음과 같이 그 입장을 명백히 하고 있다.[11]

> 신사학파는, 역사학은 인류업적의 총체를 생각해야 한다는 주장을 통해서 역사학의 범위에 대한 문제를 해결하려고 하였다. 신사학파 역사가들은 구사학파의 정치적 물신(fetish)에 대치해서 어떤 통일체, 유기체 등의 마술적인 기초를 내세우려 하지는 않았다.

그러나 신사학파의 역사에도 시작과 끝은 있다. 역사의 시작은 태초이고 그 끝은 현재다. 헤겔과 그 시대의 전통적인 역사학이 정치사에 치우쳐서 국가의 근원과 본질, 그리고 발전을 설명하려는 시도 때문에 국가의 성립과 그로써 정치사가 가능한 오리엔트 역사를 시원으로 생각했으며, 마르크스의 역사학 또한 사회경제라는 특수성을 지닌 것으로 계급투쟁의 시원과 그 발전과정을 설명하려는 의도와 목적에 사로잡혀 역사의 발전과정을 5단계로 구분하여 역사의 시작을 원시 공산사회로 보고, 이것이 고대 노예제사회, 중세 봉건제사회, 근대 부르주아사회, 그리고 미래의 프롤레타리아사회를 거친 공산사회로의 복귀를 주장하였다.

이에 비하여 신사학파는 정치사나 사회경제사 등의 특수한 목적에 입각하지 않고 전 인류의 역사자체의 인식을 목적으로 하고 있는 것이니 만큼, '그것은 인류의 삶의 경력에 대한 지식이 시작된 시대까지 소급해 올라갔다.'[12]

다시 말해서 신사학파는 보편사의 시작에 대한 문제가 있어서 태초라는 개념을 도입했다는 점에서 헤겔이나 마르크스보다 기독교적인 것에 일치시켰다. 그러나 여기서 말하는 태초라는 말은 기독교의 그것처럼 종교적이고 신화적인 것이 아니다. 그것은 진화론의 개념을 전제로 한 고고인류학적 지식을 통해서 밝혀진 원시인류의 시원을 의미하는 것이다. 이것은 이미 20세기가 헤겔의 시대와는 달리 많은 종류의 과학, 특히 자연과학은 물론 이에 근거한 제반 사회적 제 과학, 그중에서도 인류학의 발전에 큰 영향을 입은 결과이다.[13]

다시 말해서 신사학이 말하는 태초란 고고인류학이 밝혀낸 구체적이고 상세한 인류생활의 흔적과 자취를 근거로 추정된 것이다. 이렇게 추정된 태초란 지금부터 2~3백만 년 전까지 소급하는 시기다. 이러한 기간 중 문헌기록을 통해서 우리가 역사로 인지할 수 있는 기간은, 12시간이라는 시계의 측정단위로 표시할 때, 불과 4~5초에 해당된다고 반스는 갈파하였다.[14] 이어서 반스는 2~3백만 년 전부터 현재까지의 과정은 분명한 보편사의 과정이라 하였다. 그러므로 오늘날 우리가 일상적으로 사용하고 있는 선사시대와 역사시대라는 용어는 맞지 않는다고 주장한다. 필요하다면, 이 대신에 문자이전시대, 문자이후시대라는 말로 바꾸어야 한다고 주장한다.[15]

아우구스티누스, 헤겔, 마르크스가 보편사의 과정을 선악의 이원론, 즉자와 대자의 대립에 근거해서 전개되는 정신변증법, 지배자와 피지배자의 유물변증법적 투쟁과정 등의 이원론으로 생각한 데에 대해서, 신사학파는 이원론을 무시 내지는 초극하는 자세를 취한다. 크로체가 그랬던 것처럼, 신사학파는 상대주의적 입장을 취하고 있기 때문에 선악의 절대적인 기준은 있지 아니하다. 여기서 선악이라고 하면 인간들이 매시대 즉 현재에 당면해서 살아감에 있어 그 삶을 저해하거나 그 삶에서 장애 요소, 난관(콜링우드나 베커) 또는 현재 생에 대한 관심에 입각해야 할 때, 처리해야 할 문제의 대상이 되는 것은 악으로 규정될 수밖에 없는 것이다. 즉 이들에게서 자유라고 하는 것은 선악의 개념에 근거하는 것이 아니라, 시간적으로 낡은 것과 새 것의 대결에서 생성되는 것이기 때문이다.

여기서 다시 문제가 되는 것은 미래사에 대한 것이다. 아우구스티누스, 헤겔, 마르크스의 보편사론에는 미래사의 개념이 전제되어 있다. 그들에게서 보편사의 과정은 미래에 도달해야 할 목적지를 향하는 것이고, 오늘을 사는 인류의 삶은 오늘을 위한 것이 아니라, 미래의 절대적 목적을 이루기 위한 삶이다. 때문에 현재를 살고 있는 인간들은 현재의 삶을 포기하고라도 미래에 이루어질 목적을 위하여 살아야 한다는 삶의 미래를 위한 목적을 강조하였다.

이에 비해서 신사학파의 역사의 끝은 현재다. 거기서는 역사의 절대적인 미래의 목표를 설정하지 않고 있다. 이들에게서 역사의 진전은 현재로서 일단 종결된다. 이들에게서 미래의 세계란 불가지(不可知)의 것이다. 이들에게서 미래의 최종적 목표를 설정한다는 것은 원시시대, 특히 신석기시대 이래 인간을 지배해오던 토테미즘이나 샤머니즘이나 마찬가지로 미신을 강요하는 것이다.[16]

때문에 역사가가 해야 할 일은 일단 현재가 있게 된 과거의 과정을 이해하는 것이다. 그들에게서 중요한 것은 바로 현재이기 때문에 역사가가 궁극적으로 알고자 하는 것은 현재이다. 때문에 이들은 현재를 올바르게 이해하여 현재에 주어진 문제점들을 파악하고 그것들을 해결함으로써 미래의 세계, 관념적이고 형이상학적인 역사의 종착점이 아니라 바로 내일, 내달, 내년, 혹은 10년 뒤에 있을 미래의 세계를 설계하고, 그것을 위해서 현재의 삶을 성실히 살도록 해야 하는 것이다. 이런 의미에서 미래는 현재의 문제해결의 연속과정일 뿐이다.

이처럼 신사학파는 절대적인 미래의 절대적인 선을 인정하지 않은 관계로 절대적 선과 절대적 악을 상정한 이원론은 성립될 수 없다. 이와 같이 신사학파가 기독교와 헤겔, 마르크스의 이원론을 극복하고 미래의 절대적 목표라는 환상이나 미신을 깨고 철저하게 인간의 인식과, 인간에 대한 지식정보를 중심으로 역사를 현재사로 이해한 것은 매우 중요한 의미를 지닌다.

구체적 사건·사실에 대한 지식을 수반하지 않은 미래에 대한 예측과 그것을 근거로 하는 일체의 상념은 하나의 환상이며, 미신이고 개인적인 꿈일 수 있다. 다시 말해서 역사에 있어서 이른바 진보사관을 내세워 진보의 최종적 목적을 설정한 사람과 그 사람의 사상을 추종하는 사람의 목적에 불과한 것이다. 개인이나 몇 명의 그룹은 그들의 개인 또는 집단의 발상을 근거로 미래적 목적을 설정하고, 그것을 근거로 하나의 이데올로기를 만들어 내었다. 그 개인이나 집단은 이데올로기로 대중을 선동·기만하여 이른바 역사발전의 목적수행을 위한 도구로 활용하기 위하여 희생을 강요하여 온 것이다.

그리고 대중은 이러한 선동과 기만적인 설득에 현혹되어 그 이데올로기를 맹신하게 된다. 실재하지도 않는 미래의 절대적 목적을 근거로 하는 이데올로기는 대중에게는 미신일 수밖에 없다. 이러한 미신을 강요하여 인민대중들로 하여금 그것을 추종하게 하는 것은 가장 죄악적인 독재이다.

이 때문에 신사학파는 오늘날에도 원시시대나 다름없이 많은 사람들이 미신과 신화적 세계에 살고 있음을 지적하는 것이다. 인류의 구원이라는 미신으로 인류는 자유를 억압당하였고, 절대정신의 실현, 절대적 자유의 실현이라는 미신 때문에 많은 사람들이 자유와 생명을 잃고 희생을 당하였으며, 평등사회의 실현이라는 미신 때문에 수많은 사람들이 불평등과 계급구조에 억눌려 질식을 당한 것이 사실이다.

이러한 신사학파의 보편사의 시작과 종결에 대한 생각은 그 시대 구분 문제에 있어서도 획기적인 발상을 갖게 하였다. 아우구스티누스의 시대구분이 기독교의 종교적 시대구분으로 신에 의한 인류의 구원사로서의 8단계의 시대구분이며, 헤겔의 시대구분이 자유의 실현과정으로서의 3단계[17], 마르크스의 것이 경제주체의 변천과정으로서의 5단계[18] 시대구분인 데 비하여, 신사학파의 것은 인류학적 기원으로부터 현재까지 인류의 삶의 전반적 변천을 중심으로 하는 시대구분이다. 특히 신사학파의 시대구분에서는 미래의 단계는 제외되었다.

이를테면 로빈슨은 역사의 연속성에 대한 생각에 있어서 역사를 '고대', '중세', '근대' 등으로 나누는 셀라리우스(Ch. Cellarius)의 시대구분법 자체를 부자연스럽고 오도된 것이라 지적하고, 다만 시대구분을 교육적 목적을 위한 방편으로 생각하여 인류의 지성적 발전과정을 원시시대, 고대시대, 헬레니즘시대, 교부시대, 스콜라시대와 그 몰락, 계몽주의시대, 그리고 지난 세기의 산업과 과학의 혁명 이래 현재 등으로 구분하는 것만을 허용하였다.[19]

그리고 반스는 3분법을 활용하면서도, 고대를 태초에 인류가 시작된 이래 신석기를 사용하기 시작할 때까지로 보고, 중세를 신석기시대로부터 산업혁명이 일어나기까지, 그리고 근대를 산업혁명으로부터 현재에 이르기까지로 보았다.

반스가 신석기시대 이후 산업혁명까지를 중세로 보아 일상적인 역사책에서 중심으로 생각해 온 시대를 모두 포괄시키는 이유는 그만큼 산업혁명을 중요시하였기 때문이다. 즉 그는 인류역사발전에 있어 가장 중요한 것을 인류생활의 근본적이고 전반적인 변환으로 보았고,

이것을 가능케 하는 것은 인간생활에 사용되는 도구, 기계의 발명, 그리고 이것을 가능케 한 과학의 발전이라고 생각하였기 때문이다.

　즉 구석기에서 신석기로의 전환이 단순한 타제석기의 사용에서 마제석기의 사용이라는 변화로 끝난 것이 아니라, 이로부터 인간의 집단적 정착생활, 여기서 발생한 정치, 경제, 문화, 종교 등의 생활상의 변화를 가져와 인류의 유인원적인의 삶의 형태를 문명적인 삶의 형태로 전환시킨 것과 마찬가지로, 산업혁명과 그것을 가능케 하였고 또 그 결과로 산출된 과학의 발전은 인간의 삶의 형태를 근본적으로 바꿔놓았다는데서 착상을 한 것이다. 그는 이러한 그의 생각을 다음과 같이 말하고 있다.[20]

　　그러나 산업혁명과 자연과학에 있어서 전대미문의 발견들은 오늘날 문명이 전체적인 기반을 혁신시켰으며, 인간의 정신으로 하여금 완전히 새로운 세트의 아이디어들과 관심들을 지니게 만들었다. 1750년 이래로 인간성이 체험해 온 정치적, 경제적, 과학적, 신학적 혁명은 우리 문명의 전체적 기반을 변형시켰으며 그것은 새로운 과학들의 발전을 반영하는 것이다. 이러한 새로운 과학들은 생명과학 또는 생물학, 인간과학 또는 인류학, 정신과학 또는 심리학, 산업에 관련한 제반 과학 또는 경제학, 인간과 환경에 관련한 과학 또는 인류지리학(anthropogeography), 집단지도에 관련한 과학, 또는 정치과학, 그리고 사회적 제 관계에 대한 과학 또는 사회학 등이다.

3
역사발전의 동력

아우구스티누스는 역사가 진전되어 가는 것은 신의 계획을 실현하려는 신의 의지에 의한 것이고, 이 신의 의지를 실현하려는 신의 간지(奸智)에 따라 움직이는 인간의 자유의지에 따른 것이라 하였다. 그리고 헤겔은 여기서 단지 신을 절대정신으로 바꾸어 놓았을 뿐이었다.[21] 그리고 마르크스는 헤겔의 세계사정신을 사회, 경제적 제 관계로 대치시키고 역사진전의 동력을 헤겔의 정신변증법의 원리를 유물변증법의 법칙으로 바꾸어 계급투쟁으로 생각하였다.

이에 비하여 신사학파는 역사에 있어서 일체의 관념론적인 요소를 배제한다. 아우구스티누스의 신의 섭리나 헤겔의 절대정신은 물론이려니와 심지어 크로체나 콜링우드가 주장하고 있는 정신일원론까지도 찬동하지 않는다. 신사학파의 보편사는 구체적 인간의 과거 삶의 흔적들과 자취들인 사건, 사실들로 구성된 것이다. 그런데 이러한 삶들은 신의 섭리나 절대정신의 조작에 의해서 이루어지는 것이 아니라, 인간자신들의 개인적이고 독자적인 삶들이다.

여기서 신사학파가 주창하고 있는 바, 현재사의 문제는 그 의미를 확실하게 나타낸다. 즉 그에 따르면, 인간의 삶이란 바로 현재에 당면한 생존의 문제를 해결하고자 하는 데서 출발한다. 그러면 생존의 문제란 무엇인가? 그것은 결코 정치적 문제나 경제적 문제에 국한된 것은 아니다. 여기서 문제로 되는 것은 인간이 갖는 모든 특수성이 포괄된 것이다. 그리고 이러한 모든 특수성을 포괄한 인간이 현재에 당면한 모든 문제의 해결노력이 곧 역사적 사건·사실들을 낳게 되는 것이다. 때문에 역사를 구성하고 있는 사건, 사실들은 인간의 정신적인 삶, 물질적인 삶, 정치적 삶, 경제적 삶, 종교적 삶, 문화적 삶 등 다종다양한 삶들에 의해서 또는 이러한 여러 가지 삶들의 종합에 의해서 이룩된 것들이다.

신사학파에 따르면, 인간의 삶은 설사 그것이 정신적인 삶이라고 하더라도, 그 정신은 불변의 실체가 아니라, 그것을 둘러싸고 있는 조건들, 즉 지리환경의 조건, 사회심리적 조건들에 의해서 영향을 입는 것이니[22]만큼, 자연환경과 밀접한 관계를 가지고 있는 것이다.

신사학파가 역사진행에 있어서 정신의 역할을 중요시하고 있는 것은 사실이다. 특히 칼 베커나 찰스 베어드와 같은 이들은 크로체나 콜링우드와 비슷하게 역사를 사상의 역사로 규정하고 있기 때문이다. 그러나 여기서 '사상'이라는 용어가 무엇을 의미하고 있는가? 하는 문제에 있어서는 많은 차별성을 지니고 있다. 이를테면 콜링우드의 사상의 역사에 있어서는 그 사상의 주체가 되는 '정신'의 개념이 극히 제한적이다. 이를테면 딜타이가 즐겨 쓰는 용어 'Geistwissenschaft(정신과학)'에서는 'Geist'는 심리를 의미하는 것이고, 심리의 문제는 역사학의 대상이 아니라 자연과학의 대상이라고 주장하였다. 이에 비해서 반스는 인간의 심리야말로 역사진행과 역사적 국면을 규정함에 있어

서 중요한 요소임을 강력하게 주장한다.[23]

역사를 움직이는 힘이 인간의 정신에 있느냐? 아니면 인간의 심리나 본능에 있느냐? 하는 문제는 곧바로 역사를 움직이는 주체가 영웅이나 위인, 즉 엘리트냐? 아니면 대중이냐? 하는 문제로 이어진다. 이 문제에 있어서 신사학파는 당연히 후자의 편이다. 따라서 여기서 말하는 '인간'이라는 용어는 일차적으로 대중, 즉 일반적인 인간들을 지칭하는 것이다.

역사에 있어서 정신을 강조하고, 이에 따라 엘리트의 역할을 중요시하는 이들은 역사발전을 논의함에 있어서 역사상의 바탕, 이를테면 '현재'의 상황을 설정하고 있는 기존의 상태를 무시하는 경향이 있다. 때문에 그 바탕을 이루고 있는 대중은 역사발전에 있어 논외로 밀려났다. 그것은 대중이 현재에 그대로 순응하고 있는 계층으로 간주되었기 때문이다. 그러나 '현재사'를 강조하는 신사학파에서는 그 바탕을 중요시한다.[24]

우선 반스는 토마스 홉스나 존 로크의 정치에 대한 심리학적 접근법을 활용하여 실제로 역사의 발전을 주도하는 힘은 신의 법이나 국가의 법보다도 대중들의 습속이나 유행이 더 크게 작용하고 있음을 강조한다. 즉 법이라고 하는 것은 입법자라는 특수한 인간에 의해서 만들어지지만, 그것은 대중에 의해서 이미 정해진 습속이나 유행에 대응해서 제정되는 것이라는 것이다.[25] 이것은 법에 국한된 것은 아니다. 정치도 그렇고, 경제도 그렇고, 종교도 그렇고, 문화라고 하는 것도 결국 그것이다. 그렇다면 이러한 모든 요소들로 구성된 역사라고 하는 것 또한 그렇다. 그리고 결국 역사의 진행이란 이런 습속과 유행의 변천에 의해서 이루어지는 것이다.

그러면 이러한 대중의 습속이나 유행은 어떻게 만들어지는 것인가? 습속이나 유행은 대중의 삶의 형태이며 동시에 삶의 결과이다. 그런데 인간의 삶에는 다름대로 동기가 있으며 이 동기를 규정하는 여러 가지 요인들이 있다는 것이다. 신사학파에서 말하는 삶의 동기는 정신철학자들이 말하는 고상한 정신적이고 논리적 또는 형이상학적인 것이 아니다. 그렇다고 유물변증법 이론가들이 주장하는 것처럼 단순히 먹고 마시고 옷 입고 주거를 갖는 등의 경제적 욕구만도 아니다.

반스는 이 동기가 인간의 심리학적 요인과 인간의 본능에 있음을 강조한다. 그는 심리학적 동기에 관하여 심리학자 할(G. S. Hall)의 말을 인용하여 사기(morale)를 들고 있는데, 여기서 사기란 아리스토텔레스가 말하고 있는 엔텔레치(entelechy), 쇼펜하우어가 말하는 삶에의 의지(will-to-live), 베르그송이 말하는 삶의 약동(elan vital), 프로이드가 말하는 리비도(libido), 그 밖에 삶의 에너지(horme),[26] 의욕(nisus) 등을 의미하는 것이다.[27]

그뿐만 아니라 반스는 크로체나 콜링우드가 비역사적인 부분으로 간주한 바 있는 인간의 본능이 역사를 진전시키는 중요한 동기가 되고 있음을 맥도갈(McDougall)의 생각을 인용하여 밝히고 있다. 그에 따르면, 인간은 다음과 같은 11가지의 본능을 지니고 있다.[28]

① 공포를 느끼고 그것으로부터 탈출하려는 본능(flight and emotion of fear), ② 혐오를 느끼고 그것에 반발하려는 본능(repulsion and the emotion of disgust), ③ 놀라움을 느끼고 그것에 호기심을 갖는 본능

(curiosity and the emotion of wonder), ④ 분노를 느끼고 그것에 대항해서 싸우려는 본능(pugnacity and the emotion of anger), ⑤ 종속감을 느끼고 스스로 겸손하려는 본능(self-abasement and the emotion of subjection), ⑥ 자기 자신이 잘났다고 느끼고 자기 확신을 가지려는 본능(self-assertion and the emotion of elation), ⑦ 자식을 사랑하는 부모로서의 본능(parental instinct), ⑧ 종족번식 또는 성적인 본능(reproductive or sex instinct), ⑨ 모여 살고자 하는 본능(gregarious instinct), ⑩ 무엇인가를 취득하고자 하는 본능(instinct of acquisition), ⑪ 무엇인가를 건설하고자 하는 본능(constructive instinct) 등.

이와 같이 신사학파, 특히 반스는 과거의 관념론적인 신학자나 철학자들이 주장하고 있던 일체의 관념론적인 인간외적 존재나 인간의 특수한 요소를 배제하고, 구체적인 인간행동에서 역사진전의 동인을 찾으려 하였으며, 또 인간의 행동은 인간정신에서 유발되는 것이 아니라 보통 인간이면 누구나 지니고 있는 삶의 동기 및 본능에서 유발되는 것으로 생각하였다.

여기서 문제는, 그러면 인간이 다른 동물과 다를 것이 무엇인가 하는 것이다. 이에 대한 답은 간단하다. 인간의 삶이 근본적으로 다른 동물의 그것과 다르다고 하는 생각자체가 환상이라는 것이다. 인간이 인간이기 때문에 자기중심적으로 자기자존을 위하여 스스로 만들어 놓은 환상이라는 것이다.

인간의 역사가 발전되어 왔다는 것은 인간이 어떤 절대적 목적을 실현한다는 목적의식을 가지고 창조를 해 온 것이 아니라, 인간은 다만 삶을 살아 왔고, 그 삶을 지속시켜야겠다는 의지의 실현으로 모든 현재에 매번 당면하는 문제들을 해결, 극복하기 위해 나름대로 능력을 발휘하여 새로운 삶의 환경과 조건을 만들어 온 것이다. 마치 기린이 말라 가는 대지에서 보다 높은 곳의 새잎을 따먹기 위해 목의 길이를 늘려왔듯이, 그리고 얼룩말이나 누의 무리들이 건기에 말라 가는 대지를 버리고 목초가 풍부한 마사이마라를 향하여 이동을 하듯이…….

때문에 엄격히 말해서 인류의 역사과정, 인류생활양태의 변화과정은 자연계의 진화과정과 크게 다를 것이 없다. 아주 오랜 옛날 5개의 발가락을 가지고 있었던 말이 자신의 생활환경에 적응하기 위하여 아주 점차적으로 그의 발의 구조를 변경시켜 오늘의 말발굽을 만들어 온 과정과 크게 다를 것이 없다.

이러한 과정은 인류가 200만 년 내지 100만 년에 걸친 구석기시대를 거쳐서 진화, 발전하여 비로소 B.C. 8,000~7,000년에 이르러 신석기를 만들어 농경생활을 할 수 있는 정도에 이르렀다는 것을 생각할 때, 상당한 호소력을 지니는 생각이다.

그러면 인간은 다른 동물과 전혀 다를 것이 없는가? 반스는 '비판적으로 생각하고 합리적으로 결정하는'[29] 인간의 특별한 능력을 부정하지는 않는다. 그러나 이것은 새의 능력과 포유동물의 능력에 차별이 있듯이, 인간이 지니는 다른 동물들과의 구별되는 능력일 뿐이다. 그리고 이러한 능력의 발휘는 원시시대, 특히 구석기시대에는 다른 동물의 것과 크게 다르게 부각되지 않았다. 이러한 인류의 동물적인 삶으로 이루어진 원시인의 역사라 할지라도, 그것을 무시하고는 오늘의 사회형성을 생각될 수 없는 것이다.

'특수한 본능적 행동은 동물왕국의 특성을 규정한다.'[30]고 하는 반스의 말과 같이 인간이 지닌 특별한 본능은 다른 동물과 달리 역사의 진전을 가능하게 만들었다. 실례를 들면, 인간의 군서본능(herd suggestion)은 인간으로 하여금 인간의 사회발전을 가능하게 만들었다. 다음은 이에 대한 맥도걸(McDougall)의 설명이다.[31]

> 우리는 군서본능(群棲本能)의 사회적 작용을 다음과 같이 말함으로써 간단히 요약할 수 있을 것이다. '인구의 수가 적었던 초창기에 그것은 사람들을 모여 살게 하고 그렇게 함으로써 사회적인 법률과 제도들에 대한 필요를 유발시켜서 사회발전에 중요한 역할을 하였다. 즉 인간의 집단화는 사회의 여러 구성요소들을 보다 더 높은 단계로 발전시키는 데 있어서 기본조건들이다. 그런데 군서본능은 그러한 집단화를 가능케 함으로써 사회발전을 위하여 중요한 역할을 하였다. 그러나 고도로 문명화된 사회에서 군서본능의 중요성은 보다 감소되었다. 왜냐하면 인구밀도는 그러한 군서본능이 아니라 하더라도 인간들을 집합하여 살게 만들었기 때문이다.'

이러한 군서본능은 정서적인 분야에 있어서도 양심, 죄의식, 의무감 등의 기원이 된다. 그리고 이것들은 대부분 백성들로 하여금 현 사회 체제와 질서에 순응하여 살게 만들어 사회의 안정을 유도한다.[32]

이들의 주장에 따르면, 가장 정신적인 것이라고 생각되는 종교까지도 군서본능의 표출이다. 이 점을 반스는 심리학자 트로터(Trotter)의 말을 빌려 다음과 같이 갈파하고 있다.[33]

소위 종교적 본능이라고 하는 것은 군서본능(herd instinct)에서 파생된 것이다. 군서본능은 종교에서 근본적 심리요인을 생산해 낸다. 즉 무한자와 신비한 조화와 통일의 상태에 있고자 하는 욕망에 그 근거를 가지고 있는 것이다. 그것은 인간이 시원한 저녁에 신과 더불어 걷는다는 것과 주인이 그의 개를 끌고 시원한 저녁 산책하는 것과 같은 심리적 메커니즘에서 나온 것이다.

그리고 반스는, 성적본능은 종교보다도 더 많은 정신적 갈등을 야기하고 그 결과로 역사의 추진력이 되고 있음을 주장한다. 더욱이 성적본능은 파생적 충동력을 지니는 것으로 인류가 문화를 발전시킴에 있어서 중차대한 촉진제의 역할을 하였다. 군서생활을 원만히 하게 하기 위한 성적 본능의 제약과 타부(Taboo)화, 이에 저항에서 본능적 욕구의 충족을 위한 저항과 여기서 나오는 정서는 이른바 예술과 문학을 만들기도 하였다.[34]

4

역사발전의 주체

: 영웅이냐 대중이냐

그러면 역사는 이처럼 대중적인 인간들의 본능에 의해서만 진전되어 가는 것인가? 이에 대해서 반스는 사회는 개인과 대중의 상호작용을 통해서 발전하는 것이라고 주장하여 영웅의 역할을 근본적으로는 배제하지 않았다. 다음은 이에 대한 그의 주장이다.[35]

> 이러한 사회적 진화는 두 개의 전적으로 구별되는 요소들의 상호작용의 결과이다. 개인, 그의 특수한 소질을 심리학적이고 사회의 내재적 힘으로 끌어내는 개인, 그러나 그의 손안에 창의와 조직의 힘을 지니고 있는 개인과 그 개인과 그 개인의 재주를 수용하기도 하고 거부하기도 하는 힘을 지니고 있는 사회적 환경의 상호작용의 결과이다. 이 두 가지 요소들은 변화에 기본적 요소이다. 사회는 개인의 추진(impulse)이 없이는 정체된다. 그 추진은 사회의 동조가 없이는 죽어버린다.

다시 말해서 대중으로 구성된 현재의 사회는 특별한 개인의 출현으로 새로운 사회로 변모하게 되는 것이다. 반스는 이를 구체적으로 구석기시대가 신석기시대로 전환되게 된 데에서 그 실례를 찾았다.

그에 따르면, 신석기시대부터 마제석기라는 발명품을 활용하여 농경생활에 진입하게 되어 촌락을 이루고 정착생활을 하면서 '용기 있고 독립적이고 과학적으로 정제된 개인들의 작은 계층'[36]은 형성되어 여러 가지 고안과 발명을 하게 되었기 때문이다.

역사는 이러한 계층에 의한 고안과 발명을 통해서 진전되는 것이다. 그러면 이 고안과 발명이 어떻게 역사발전으로 이어지는가? 여기에 신사학파 나름의 역사발전의 변증법이론이 희미하게나마 보인다. 그것은 크로체의 자유의 전개과정과 일치한다. 크로체는 헤겔의 '오리엔트 세계의 1인의 자유, 그리스-로마의 소수인의 자유, 게르만 세계의 만인의 자유'의 원리를 변용하여 다음과 같은 자유의 발전을 설명하였다.[37]

> 1인의 자유란 그 시대의 문제 및 과제를 발견하고 그것의 해결을 위한 새로운 가치, 새로운 사상을 의식한 최초의 사람에서, 이것이 그의 주변으로 전파되어 소수인이 깨닫게 되고, 드디어는 그 시대에 사는 모든 사람들이 깨닫게 되는 과정으로 변경, 해석하였는데, 여기서 1인의 자유인 또는 소수인의 자유인을 우리는 영웅, 성현으로 이해할 수 있는 것이고, 그 밖의 만인은 대중으로 이해할 수 있는 것이다.[38]

이와 같은 논리를 반스는 과학의 대중화과정과 일치시켜서 다음과 같이 트로터(Trotter)의 말을 빌어서 설명하고 있다.[39]

> 과학의 대중화(popularization)는 다음과 같은 방식으로 완성된다. 새

로운 발견은 그와 관련한 전문가들 그룹 간에 유행한다. 그리고 비교적 작은 그룹의 전문가들에게서 시작한 군서본능(herd suggestion)과 강제(coercion)는 연속적으로 보다 큰 서클로 확장되어 간다. 그래서 모든 문명화된 인간들이 거기에 가담할 때까지 지속된다. 코페르니쿠스 체계의 수용과 다위니즘의 점진적인 확장은 과학의 확산 방법을 명백하게 설명해주는 사례로 인용될 수 있다.

여기서 우리가 주시해야 될 것은 1인의 자유인이 누구인가 하는 것이다. 1인의 자유인이 역사진행과정에 있어 새로운 국면을 열어나가는 장본인이라고 할 때, 여기서 일종의 영웅사관이 성립될 수도 있기 때문이다. 토마스 칼라일이 영웅으로 생각한 예수 그리스도나, 마호메트, 단테나 루터와 같은 역사상에서 새 시대를 열어나가는 인물에 의해서 역사가 생각될 수 있다.[40]

이에 대해서 아우구스티누스는 영웅을 신의 간지에 의해서 신의 뜻을 특별히 실행하는 자로 보았고, 헤겔은 절대정신의 간지에 의해서 절대정신의 계획을 실천해나가는 자로 보았다. 그리고 크로체는 현재에 주어진 문제 또는 과제를 먼저 발견하고 그것을 해결하기 위하여 노력하는 특별한 정신력의 소유자로 보았다. 또 토인비는 창조적 소수자라는 용어로 이를 설명하였다. 창조적 소수자란 대중에게 영적인 리더십을 발휘하여 그들로 하여금 역사를 영화(靈化)의 과정, 즉 도전에 대한 성공적인 응전을 할 수 있게 하는 자를 말하는 것이다.

이에 대해서 신사학파는 이러한 인물들을 주어진 환경에 순응하지

못하는 비정상인으로 치부하였다. 이를 반스는 심리학자들의 의견을 들어 다음과 같이 설명하고 있다.[41]

> 사회의 정체성을 깨는 데 앞장서는 사람은 비정상적인 사람이다. 소위 비정상적인 계층(the so-called abnormal classes)은 범죄자들이거나 타락한 사람들이다. 그런데 이들의 범죄나 타락은 그들의 정신적 갈등의 고통으로부터 탈출하기 위한 길의 모색일 뿐이다. 그리고 범죄는 그의 정신적 안정이 욕구와 충동의 혼란스러운 충돌(disturbing clash)로 말미암아 전도된 사람의 행동이다.

실로 우리는 역사상 영웅이나 천재, 위인들이란 그 시대의 정체된 사회에 적응하지 못하고 그 때문에 도덕적으로 정서적으로 정신적으로 안정을 가질 수 없었던 사람이었다고 말할 수 있다.[42] 우리가 자유주의라고 하여 그 시대에 대해서 문제를 제기하고 그것을 해결하기 위하여 투쟁전선에 나선 사람들이란 바로 그 시대의 군서주의(herd opinion)이나 군서암시(herd suggestion)에 자신을 적응시키지 못하고 그것을 깨려 한 사람들이다.

그런데 이러한 '비정상적' 계층의 인간들의 이 같은 심리적 동향과 그에 따른 활동은 어쩌면 크로체가 말하는 바, 그 시대가 당면한 현재 삶에 대한 관심에서 유발된 것일 수 있다. 따라서 초창기 그 1인이나 그 계층에 속한 사람들은 '비정상인', '비정상 계층인'으로 취급되어 일반인 즉 정상적인 대중들에 의하여 적대시되고, 드디어는 그들에 의해서 희생을 당하나 결국에는 그러한 희생을 통해서 그 또는 그 계층의 생각은 군서암시로 된다. 군서암시로 되었을 때 대중 한 사람

한 사람은 본능적으로 이를 받아들이게 되어 그 시대의 한 정황으로 만들어 낸다. 이와 같은 과정은 반복된다. 이 반복된 과정의 진행으로 역사는 진전되어 간다.

위에서 언급했듯이 비정상 계층인이란 그들을 비정상인이라 부르든 영웅 위인으로 호칭하든 않든 '현재에 주어진 현상'에 만족할 수 없는 사람들이다. 다만 이들에 대한 호칭의 차이는 그들의 생각과 행동의 동인을 '정신', '이성' 등과 같은 '고상한 것'에서 찾는가, 아니면 '감정'이나 '본능' 등과 같은 '덜 고상한 것'에서 찾는가 하는 차이일 뿐이다.

그런데 분명한 것은 역사상의 모든 현재는 그 시대를 사는 사람들에게 언제나 만족을 주는 것은 아니라는 것이다. 현재란 언제나 불만의 대상이고 극복해야 할 문제를 지니고 있는 것이라는 것이다. 이러한 문제는 그 시대를 사는 사람은 대부분이 지니고 있다. 다만 대중들에게 그 문제를 지니는 형태가 잠재의식적인 것이다. 역사에서 우리가 '영웅이다', '위인이다' 하고 평가하는 이들은 이러한 잠재의식을 다른 사람들에 앞서서 표출시킨 사람들이다. 여기서 개인과 대중은 구분되게 된다.

실례를 들자면 산업혁명 초기에 모든 사람들, 즉 대중은 새로운 동력의 필요를 잠재의식적으로 느끼고 있었다. 그리고 증기가 강력한 추진력을 지니고 있다는 것도 잠재의식적으로 알고 있었다. 그러나 그 모두는 잠재적인 것이었다. 이를 제임스 와트는 현실화 시킨 것이다. 제임스 와트는 그 이전까지는 대중 속의 1인이었다. 그러나 그 후에 그는 위인의 반열에 오르게 되었다. 마르크스도 히틀러도 마찬가지다.

여기서 중요한 문제는 그러한 비정상 계층인들이 어떻게 사상이나 창안들을 만들어내고 또 그것들이 어떻게 대중화되어 결과적으로 역사를 진전시켜 가는가 하는 것이다. 이 문제에 관하여 신사학파는 신의 간지나 절대정신의 간지에 의해서가 아니라 개인과 대중사회의 주고받음의 관계에 의해서 이루어지는 것으로 생각하였다. 반스는 할 (G. S. Hall)의 발생심리학이론을 빌어서 이를 다음과 같이 설명하고 있다.[43]

가장 뚜렷하고 의미 있는 창안들은 천재들에 의해서 이루어진 것들이다. 그러나 그것들일지라도 사회적으로 규정 되는 것이며, 만약 그것들이 사회적으로 수용되지 않으면 성공할 수 없다. (중략) 개인과 사회사이의 주고받는 과정이 있다. 그 과정을 통해서 우리가 소위 사회체제에 대한 의식이라고 하는 것이 건립된다. 사회는 개인의 사상과 사례들을 흡수한다. 그리고 그것들을 사회적으로 유용하게 만든다. 그 다음 그에 연결된 세대의 개인들은 사회적 유산으로 그것들을 받아들이고 그것들은 다시 강화시킨다. 그러나 이 과정에서 개인들은 다시 변화를 만들며, 사상, 행위, 감정 등을 예외적으로 제공한다. 그리고 사회체제는 다시 그들의 제안(suggestion)에 반응한다. 즉 사회는 그것을 그 자신의 것으로 만든다. 마치 개인이 그 자신의 의식(self-consciousness)에 대한 수업을 자신의 것으로 만들 듯이……. 그리고 다음에 그것을 한 개인이 그의 복사를 그를 둘러싸고 있는 동료들에게 투사하듯이, 사회도 그것을 개인에게 투사한다. 이렇게 병발(concurrent)의 과정은 지속된다. 개인은 그의 시대 그의 집단에서 통용되는 습과, 과학, 도덕 위에서 자라나고, 사회는 개인에 의해서 고안되는 사상들, 창안들, 사회복지안들 위에서 자라난다.

이 '개인과 사회의 주고받음'에 있어서 원천적으로 어느 것이 먼저인가 하는 문제는 닭이 먼저냐 계란이 먼저냐 하는 문제다. 그러나 분명한 것은 역사상 어느 시대의 개인은 어쩔 수 없이 그 전 시대에 이룩된 사회 속에 존재하는 개인이고, 따라서 그 개인의 창안이나 사상은 그가 생존하고 있는 사회로부터의 받음을 통해서 이루어진 것이라고 하는 것이다. 여기서 우리는 그 개인의 사상과 창안의 역사성을 생각하게 된다. 즉 '효율적인 창안은 언제나 이미 사회에 의해서 소유되어 있는 지식에 그 뿌리를 두고 있다. 어떠한 효율적인 창안이라 하더라도 과거로부터 축적되어 온 문화, 전통, 지식의 축적으로부터 분리되어 있는 것은 없기'[44] 때문이다.

이처럼 역사의 전통 위에서 개인은 새로운 사상, 창안을 일구어내고, 그것은 사회대중에게로 확산되어 역사적인 전통을 만들어내는……, 이러한 반복된 과정을 전체적으로 말하면, 우리가 말하는 사회의 진보다. 이것은 개체로서의 개인의 진보와 병행하는 사회적 유기체의 정상적이고 지속적인 성장이다.

이 진보의 방향은 개인적인 자기의식(self-consciousness)이 성장하는 방향이다. 그것의 현재상태는 자기실현(self-realization)을 상승시키고 있는 상태다. 그것의 이상은 사회화된 개인자신이다. 그것은 사회가 그것들에 의해서만 존재할 수 있는 바로 그 집단적이고 개인적인 요소들의 병렬적 발달에 있어서의 진보다. 사회적 진보는 필연적이고 기계적으로, 개인과 사회의 병렬적 작용을 통해서 실현되는 것이다. 그런데 그것은 인간의 지성(human intelligence)의 의식적인 계획을 통해서 촉진(hasten)된다.[45]

이러한 신사학파의 주장은 역사발전에 있어서 정신, 그것이 절대정신이든, 사회정신 또는 개인정신이든, 정신이라는 것 자체의 역할을 부정하든가, 아니면 정신자체의 의미를 정신철학자들이 생각한 것과 달리 생각한 결과다. 이미 위에서 언급하였듯이 이들에게서 정신이란 감정이나 본능과 같은 것들을 제외시킨 순수한 논리의 주체가 아니라, 이들을 포함한 것을 의미한다. 따라서 역사는 몇몇 엘리트에 의해서 주도되는 것이 아니라, 대중의 삶의 과정을 통해서 흘러가고 있는 것이다.

여기서 종래에 정신철학자들에 의해서 주장되어 온 절대적인 이성이라든가 절대적인 정신이라든가 또는 이들의 작용으로서의 논리라는 것은 헤겔이나 마르크스의 역사관과 더불어 해체되어 버려야 되는 대상이 된다. 동시에 역사에 있어서 영웅사관은 대중사관으로, 사상사는 감정의 역사, 본능의 역사로 변형되어야 한다. 그러나 신사학파는 감정의 역사나 본능의 역사라는 말을 사용하지 않는다. 그들이 추구하는 역사의 이름은 '지성사'다.

그러면 이들이 말하는 지성사란 어떤 것인가? 우선 지성사란 크로체나 콜링우드 등이 말하는 사상사와 일치되는 개념은 아니라는 것이다. 사상사가 정신을 주체로 하고 이성과 합리성을 중요시하는데 비하여, 지성이란 이들을 포함한 모든 인간의 지성활동을 포함하는 것으로 이해되어야 하기 때문이다. 지성이란 이성의 활동을 통한 창조행위는 물론, 감성과 본능적 욕구를 통한 창조행위도 포함시키는 것이다.

예를 들면 이성이란 철학적 창출행위의 근원이라고 한다면, 감성은 보다 예술적 창조행위의 근원이며 본능적 욕구는 경제행위나 성적행위와 이들을 위한 제반 행위의 근원이다. 연애편지의 문학성은 어디에서 나오는가? 고상하게 형이상학적 용어를 아무리 나열한다 하더라도 그것의 뿌리가 되고 있는 것은 성적 욕구에 있음을 부정할 수 있는가?

역사란 과거 인간의 행동에 대한 기록이고, 그 행동이란 이러한 포괄적 의미의 인간의 지성의 표출이다. 따라서 역사의 서술은 결국 이러한 지성의 표출로 이루어진 사건, 사실들에 대한 기록이다. 이러한 의미에서 모든 역사는 지성사일 수밖에 없다.

5
보편사란 그 시대의 딸들

과거의 보편사 이론들은 나름대로 성공적이었다. 아우구스티누스의 것은 기독교 신앙의 중추를 이루어 중세 유럽의 사상과 사회 체제를 이끌어 가는 핵심 역할을 다 하였고, 헤겔의 보편사에 대한 생각은 독일의 민족의식, 국가의식을 구축하여 독일의 통일과 근대국가로의 발전을 도모함에 있어서 성공적이었다. 그리고 마르크스의 변증법적 유물론에 입각한 보편사론도 크게 그 영향력을 발휘하여 볼셰비키혁명을 이룩하였고, 사회주의 운동을 확산시켜 역사상에 한 시대의 특색을 색칠하는 큰 역할을 했다.

이처럼 그 보편사론들이 영향력을 발휘할 수 있었다 하더라도 그것은 그 이론들이 불변의 진리이거나 불변의 진리를 지니고 있는 것들이었기 때문은 아니다. 다만 그것들은 그것들의 시대의 요구와 필요에 부응한 시대적 산물, 다시 말해서 그 시대의 딸들이었기 때문이다. 그 시대를 지배한 기독교, 국가주의, 사회주의 등을 필요로 하였던 그 시대의 정황이 그 보편사론들로 하여금 위력을 발휘할 수 있게 만들었던 것이다.

그러나 이제 시대는 변하였다. 반스의 말을 따르면, 현재의 세계는 신과학 및 신과학기술의 발달로 인류의 세계는 수없이 다양하게 되었고, 나아가서는 새로운 천문학의 발달로 우주의 개념이 놀라울 정도로 확대되어 우리의 전망과 시야를 이에 맞추어 재조정하지 않으면 아니 되게 되었다.[46] 그리고 오늘의 세계는 서양의 전통적 사상과 문화의 조류는 물론이고 중국과 인도의 동양적 사상과 문화, 그리고 이슬람 세계의 사상과 문화 등이 공존하면서 서로 접근, 통합되어가고 있는 경향을 보이고 있다. 이처럼 바꾸어진 인류의 시야와 전망 앞에서 과거의 기독교적 도그마나 철학적 관념이 제시한 역사발전의 종국적 목표들은 단지 허상임이 분명해졌다. 그리고 기독교적 보편사론과 헤겔, 마르크스의 보편사론은 현재로서는 그 의미를 찾아볼 수 없는 역사의 한 퇴적물로, 과거 지성사의 유물들로서만 남아있게 된 것이다.

이를 대신해서 신앙이나 철학적 관념, 정치적 목적 등 역사 외적인 목적을 앞세운 보편사가 아닌, 어떠한 편견이나 목적의식에도 사로잡히지 않은 참으로 역사를 중심한 보편사, 구체적인 사건·사실으로 채워진 보편사의 이해가 요구되게 된 것이다. 이것은 신석기시대가 끝나갈 무렵 토테미즘이나 샤머니즘이 미신이었듯이, 지금까지 인간들의 머리와 마음을 지배해오던 기독교나 국가주의나 공산주의라는 이데올로기의 미신으로부터 탈피하여 역사를 역사자체대로 인식하기 위한 새로운 역사연구의 방향정립에 대한 요구이기도 하다. 여기서 제시된 것이 신사학파의 보편사론이 아닌가 한다.

어쩌면 과거의 보편사론이 해체되고 아울러 역사발전의 최종적 목표가 상실됨으로써 현재인들은 가치의 상실을 체험하게 되었는지도 모른다. 그리고 이는 오늘날의 이상을 상실한 극단적 현실주의자를 표시하고 있는 것인지도 모른다. 그리고 이것은 인간을 허무주의로 인도하게 되는 것일지도 모른다.

그러나 문제는 이러한 것이 아니라, 어느 것이 진실이고 어느 것이 허위인가 하는 것이다. 최소한 학문의 목표가 허위를 혁파하고 진실을 밝히는 것이라고 한다면, 신사학파의 업적은 일차적으로 성공적이라 하여야 할 것이다.

오늘날 천문학자들은 지구가 우주에서 점하는 위치가 얼마나 미세한 것인가를 밝혀주고 있고, 지구과학자들은 인간이 생존하고 있는 지구에 있어서 그 껍질, 즉 지각이 계란에 있어서 그 껍질보다도 얇아 그것이 언제 어떤 충격에 의해서 깨어지고 찌그러질지도 모른다는 것을 말하고 있으며, 생물학자들은 지표상에 생명을 가진 모든 것들은 나름대로 그들의 삶을 영위하기 위해서 필요한 놀라운 것들을 발전시켜, 지니고 있다는 사실을 밝혀내고 있다.

그럼에도 불구하고 인간은 단지 지구상에서 다른 동식물들을 살육, 채취할 수 있는 힘이 있다는 이유 때문에, 자기 환상에 빠져서 스스로 역사를 창조할 수 있어서 그들이 설정한 미래의 최종적 목표에 도달할 수 있다고 생각하고, 그것을 위하여 인간다수를 외곬으로 몰아가는 그러한 우(遇)는 범하지 말아야 할 때가 다다른 것이 아닌가 생각해 본다.

여기서 필요한 것은 이제 우리가 과거의 인류역사를 냉철하게 이해하고 인간의 삶의 참 본질이 무엇인가를 찾아내야 할 것이며, 그 역사의 흐름, 즉 보편사의 최첨단인 현재에 우리에게 주어진 문제가 무엇인지를 포착하고 그것을 해결하기 위한 극히 현실적인 노력에 신경을 써야 할 것이다.

제4장

로빈슨의 역사사상

1

역사 자체를 위한 역사학

　로빈슨은 미국 신사학파의 대표적인 역사가다. 그는 베커, 베어드, 반스 등과 신사학파를 이루어 20세기 초 미국 역사학계에 있어 신선한 바람을 일으켰다.

　이 시대에 미국은 사회경제적으로 혁신주의 운동이 열을 높이고 있었으며, 자연과학에 있어서는 아인슈타인의 상대성이론이 발표되어 인간의 낡은 의식세계에 강한 충격을 안겨 주었다. 이러한 역사적 상황에서 신사학파는 종래의 랑케에 그 뿌리를 두고 있는 과학적 또는 실증주의적 사관을 정면으로 부정하고 나섰다. 그리하여 역사적 상대주의를 주창, 후기역사주의를 세웠다.

　이들에게서 심각한 문제로 대두되었던 문제는 역사의 연구목표와 그 방법에 관한 것이었다. 그들은 당시의 역사학자나 역사가들이 '게으른 호기심을 지닌 가장 유식하면서 동시에 가장 무익한 사람들'에 불과하다고 하는 세평에 대하여 깊은 우려를 가지고 있었다. 이들이 생각하기로, 역사가들이 이처럼 매도에 가까운 혹평을 받게 된 이유는 역사학의 연구방법과 그 방향에 문제가 있었다. 그리고 그 책임은 전시대 역사가들인 실증주의적 역사가들에 있었다. 때문에 이들은 실증주의적 역사가들에 대한 비판에서 문제해결의 출발점을 찾았다.

따라서 이들은 랑케의 트레이드마크인 '실제로 있었던 그대로(Wei es eigentlich gewesen)'에 대해서 비판하였고, 기존의 역사서술의 정치사 위주의 경향성과 역사의 단자가 되는 사건·사실에 대한 인식을 문제로 삼았다. 여기서 그들의 주관주의, 상대주의의 입장이 확립되었다.[1]

이들 중 로빈슨은 '뉴 히스토리(New History)'[2]라는 용어를 세워, 그것을 제목으로 하는 도서를 편찬하였다. 로빈슨이 말하는 '뉴 히스토리'란 과거, 즉 현재 이전에 쓰여 진 모든 역사를 '올드 히스토리', 즉 낡은 역사로 간주하고 그것들은 다시 쓰이어지지 않으면 아니 된다는 것을 의미하는 말이다. 종래의 역사책들, 즉 투키디데스 이래의 거의 모든 역사책들, 이를테면 폴리비오스, 리비우스, 타키투스 등의 교훈적 역사들, 기독교적인 역사들, 헤겔의 역사, 랑케와 그의 제자들의 역사들은 모두가 낡은 역사다. 이들은 역사 이외의 목적을 위해서 쓰이어진 것들이기 때문이다.

이처럼 로빈슨은 역사학의 독립성을 강조하였다. 그에 따르면, 역사학은 역사학이어야지 다른 어떤 학문일 수 없다. 역사학은 역사를 인식하는 것 이외의 어떤 다른 목적을 위해서 연구되어서도 아니 되며, 다른 어떤 과학의 방법론에 입각해서 연구되어서도 아니 된다. 다시 말해서 그는 역사자체를 위한 연구로서의 역사학을 제창하였다.

그는 전통적인 교훈적 역사학을 '독자를 즐겁게 하고 훈도하고 또는 격려하기 위한 목적에 입각한 것'이라 하여 이는 비과학적인 역사학이라 비판하였다. 그는 그리스-로마의 세속적 정치를 목적으로 하는 역사, 기독교 즉 가톨릭이나 프로테스탄트들이 자기들이 옳다는 것을 입증하고 주장하기 위하여 쓴 역사, 그리고 절대정신의 현현을 표현하기 위하여 쓴 헤겔의 역사 등을 이러한 범주 안에 포함시켜서 생각하였다.[3] 다시 말해서 이들은 역사를 인식하고 역사의 본모습을 포착하기 위해서가 아니라, 다른 것들, 즉 교훈을 위하여, 자기변명을 위하여, 자기합리화를 위하여, 역사를 사용한 것에 불과하기 때문에 이들이 과학적인 것이 되지 못한다는 것이다.

2
자연과학적 방법과 역사과학적 방법

그러면 로빈슨에게서 '과학적'이라는 것은 무엇인가? 우리는 '과학'이라고 하면 습관적으로 자연과학을 의미하곤 한다. 따라서 '과학적'이라고 하면 당연히 자연과학의 방법론에 입각한 사고의 패턴을 생각하게 된다. 따라서 역사학에서 '과학적 역사학'이라고 하면 19세기 자연과학의 방법론을 역사학에 도입하여 역사를 이해하고 서술하였던 이른바 실증주의적 역사가들의 역사학을 생각하기 쉽다.

그러나 로빈슨은 그 실증주의적 역사학자의 대표자라 할 수 있는 랑케에 반대하는 입장을 취한다. 그는 역사학은 자연과학과 다르기 때문에 자연과학적 방법론을 거기에 도입한다는 것은 타당치 않다는 입장이다. 그것 또한 위에서 열거한 이른바 비과학적인 역사들처럼 역사학을 다른 학문, 즉 자연과학에 예속시킨 것이기 때문에, 그것은 결코 과학적 역사학이 되지 못한다는 것이다.

따라서 로빈슨이 말하는 '과학'이라고 하는 것은 과학의 일반성을 의미하는 것이다. 과학이라는 말은 사물의 진실을 파헤쳐서 이해하려는 인간의 작업과 그 작업정신을 의미하는 것이 아닌가 한다. 즉 자연과학이라고 한다면, 그것은 자연의 심오한 비밀을 캐어내는 작업과 그 정신을 말하는 것이다.

여기서 자연과학자에게는 자연을 안다는 것 이상의 다른 목적이 있을 수 없다. 왜냐하면 다른 목적은 자연을 자연대로 인식하지 못하게 만들고, 오히려 그 목적에 맞추어서 자연을 해석하고 마는 결과를 초래하게 되기 때문이다.

마찬가지로 로빈슨이 말하는 역사과학은 역사자체를 대상으로 하는 과학이며, 이는 어떠한 다른 목적에 구애됨이 없이 역사자체를 인식하는 것을 목적으로 한다는 것이다. 여기서 역사과학은 자연과학과 구별되어야 하는 것이다. 자연과학은 자연을 있는 그대로 인식하는 것을 목적으로 하며, 그러한 목적을 수행하기 위해서는 자연과학 나름대로의 방법론, 즉 자연과학적 방법론을 동원해야 하는 것이다. 마찬가지로 역사과학은 역사과학 나름대로의 방법론을 가져야 되는 것이다.

이런 점에서 로빈슨은 역사학이 자연과학적 방법으로 연구될 수 없음을 강조하고 있다. 다음은 그 대표적인 글이다.[4]

> 이미 지적한 바와 같이, 인류의 문제를 다루는 모든 사람들이 역사는 물리학, 화학, 생리학, 심지어는 인류학이 일종의 과학이라는 의미에서 과학이 될 수 없다는 것을 이해하는 것이 중요하다. 현상의 복잡성은 소름이 끼칠 정도이다. 그리고 우리들은 그것들을 직접적으로 관찰할 수 있는 방법이 없다. 우리들이 지니고 있는 사실들을 인공적으로 분석하고 실험할 수 있는 방법에 대해서는 아무 것도 말할 것이 없다. 우리들은 지구상에 인류가 존재하게 된 이래 기나긴

기간 동안의 인류의 역사에서 발생한 것들에 대해서 전혀 아무 것도 아는 것이 없다. 그리고 인쇄술이 발명된 이후에 발생한 일들에 대한 자료들만 하더라도 어떤 의미로는 충분하다. 자연과학연구에 훈련되어 있는 작가들은 일반적으로 그 역사가가 필연적으로 작업하지 않으면 아니 되는 상황과 조건을 전적으로 오해하여 왔다.

이처럼 역사는 자연처럼 자연과학을 통해서 인식될 수도 없고, 역사를 인식하는 것을 목적으로 하는 역사과학은 자연과학의 방법으로는 그 연구에 있어 성공할 수 없다. 그러므로 역사학이 과학적으로는 그 연구에 있어 성공할 수 없다. 그러므로 역사학이 과학적이기 위해서는 먼저 역사적이어야 한다.(But history, in order to become scientific, had first to become historical)

이상과 같은 로빈슨의 생각은, 신학은 신학자체의 방법에 입각해서 연구되어야 한다고 주장한 불트만의 주장과 매우 유사하다. 즉 불트만은 신학, 즉 'Theologie'라는 말을 'Theo=Dei'와 'Logie'로 풀어서 'Logie nach Dei', 즉 신에 의한 말씀이라 하여, 신학은 신을 대상으로 신의 말씀을 통하여 신에 의한 방법으로 연구되어야 하는 학문이라고 주장한 바 있다. 이와 마찬가지로 로빈슨의 생각을 이해하면, 역사학은 역사자체를 대상으로 하는 과학으로 그것은 역사를 자료로 삼아 역사적 방법을 통하여 이루어져야 한다는 것이 된다.[5]

그렇다면 로빈슨이 말하는 '역사적'이라는 말은 무엇을 의미하는가? 이 질문에 대한 답을 얻기 위해서 우리는 먼저 로빈슨이 생각하고 있는 역사라는 것이 무엇인지를 알아야 한다. 로빈슨은 그의 저서

《뉴 히스토리》1페이지에서 역사를 다음과 같이 정의하고 있다.[6]

> 가장 넓은 의미에 있어서 역사는 인간이 처음으로 지상에 나타난 이
> 래 행하여 오고 생각하여 온 모든 것에 대한 모든 발자취와 흔적을
> 포괄하는 것이다.

위의 인용문에서 보이는 바와 같이 로빈슨은 역사를 낱개의 사건,
사실들로 보는 것이 아니라, 그것들로 구성된 거대한 하나의 유기체
로 보려는 경향을 지니고 있다. 그러므로 그는 실증주의적 역사학자
들이 강조한 '실제로 있었던 대로(Wie es eigentlich gewesen)' 대신에 '실
제로 되어가고 있었던 대로(Wie es eigenttlich geworden)'을 강조하였다.
다시 말해서 역사는 존재해 있는 것이 아니라 발생해 가고 있는 것이
라는 것이다. 그러기에 로빈슨은 'Wie es eigenttlich geworden'을 알
지 못한 채 'Wie es eigenttlich geworden'을 기술하려는 무익한 시도
를 한 부르크하르트와 시몬즈(Symonds)가 이해한 르네상스는 완전히
잘못된 것이라고 힐책한다. 다시 말해서 그들은 4세기의 중세문화와
그것을 창조한 그 당시의 세계관(Weltanschouung)을 진지하게 연구하
지 않은 채, 르네상스를 'gewesen'으로 보았기 때문이다.[7]

'gewesen'이 공간적 의미 또는 존재를 강조하는 것이라고 한다면,
'geworden'은 시간적 의미 또는 변화를 강조하는 것이다. 전자가 자
연과학의 대상이라고 한다면, 후자는 역사과학의 대상이 되는 것이
다. 전자가 현재의 사물을 놓고 그것을 관찰하고 실험하여 그것의 본
질을 포착하는 것을 목표로 한다면, 후자는 그것이 생겨난 시작과 경
과 과정을 따짐으로써 사물의 변화를 인식하는 것을 목표로 하는 것

이다. 따라서 자연과학은 사물의 낱개 하나하나를 단독자로서 대상화하지만 역사는 사물들의 연계성, 지속성을 그 연구의 대상으로 삼는 것이다.[8]

로빈슨이 말하는 역사과학의 방법은 이 같은 역사의 지속성, 즉 인간의 삶의 결과로 생겨난 수많은 종류의 수많은 일들이 서로 연결되고 물고 물려서 형성되는 거대한 유기체로서의 역사(이를 편의상 본체로서의 역사라 칭하자)를 전제로 하고, 이것이 시간의 경과와 더불어 변천되어 가고 있다고 하는 것을 전제로 하는 데서 나올 수 있는 방법인 것이다.

그러므로 로빈슨에 따르면, 올바른 역사과학의 방법론이 나오기 위해서는 먼저 역사의 지속성에 대한 추적이 이루어지지 않으면 아니 된다. 그런데 서양의 사학사에서는 그러한 노력이 별무하였다. 있었다 하더라도 그릇된 것이었다는 것이다. 다음은 이에 대한 로빈슨의 생각을 요약한 것이다.[9]

투키디데스는 직접적인 전 세대에 대한 설명조차도(all accounts of even the immediately preceding generation) 단순히 불확실한 전통들(uncertain traditions)이라 해서 거부하였고, 폴리비오스도 로마의 지배영역의 점차적인 확장에 대한 추적을 그의 과제로 설정하였으면서도 역사의 지속성에 대한 명백한 아이디어는 가지고 있지 않았다는 것이다. 중세에는 최후의 심판이 있을 역사의 최종적인 목적을 설정한 것은 사실이지만, 이것은 신학적인 것이지 역사적인 것은 아니었다는 것이다. 18세기에 이르러서야 인간의 무한한 진보에 대한 가능성이 혁명가들이 흔쾌히 받아들인 원리로 되었다. 그러나 이들은 개혁이 미래에 달성해야 할 목표를 찾아야 된다는 것 이상으로 중대하고 기본적인 어떤 목표를 발견한 것은 아니었다. 이러한 역사의 지속성에 대한 문제가 보다 명백하게 대두되게 된 것은 19세기 후반 보다 사려 깊은 과거 연구가들에 의해서다.

그러면 로빈슨이 생각한 참다운 역사의 지속성이란 어떤 것이며, 그것은 어떻게 이해되어야 하나? 다음은 이에 대한 로빈슨의 답변이다.[10]

역사의 지속성의 원리는 인간의 모든 제도, 일반적으로 받아들여지는 모든 아이디어, 중요한 모든 발명, 이러한 것들이 우리가 그것들을 추적하는 인내력과 수단을 가지고 있는 한, 소급 추적하여 도달한 긴 진보선상에서 통합되어 있다는 사실들을 기초로 하는 것이다. (중략) 이들 각자가 지니고 있는 현재의 형태는 과학적 방법으로 추적이 가능한 전 세대(antecedents)의 것들에서 연유하는 것이다.

이상과 같은 로빈슨의 생각에서 우리가 읽어낼 수 있는 분명한 것은 역사와 역사과학은 구별되어야 한다는 것. 그리고 역사과학은 역사를 대상으로 하는 과학이라는 것. 따라서 역사과학은 역사적 방법을 통해서만 연구되어야 한다는 것이다.

그리고 역사란 낱개의 사건·사실들을 의미하는 것이 아니라, 그것들로 구성된 하나의 실체 또는 유기체로, 그것은 무한한 과거(인간이 과학적 방법으로 추적이 가능한 무한한 과거)에서 비롯되어 현재에 이르기까지 인간이 생활하면서 이루어 놓은 제반 흔적들의 통합으로 구성된 것이다. 이러한 역사를 그는 일종의 진리라고 규정하고 있다.[11] 그리고 역사학은 이 진리에 접근하려는 노력으로, 하나의 과학적 문제라 하였다. 다음은 이에 대한 로빈슨의 말이다.[12]

> 자, 이제 역사의 지속성은 일종의 과학적 진리이다. 완만한 변화의 과정을 추적하려는 시도는 하나의 과학적 문제이다. 그리고 그 과학의 본질에 있어서 가장 매력적인 것의 하나다. 그것은 역사를 도덕과 문학으로부터 구별하는데 도움이 되는 이러한 법칙을 발견하고 적용하는 것이다. 그리고 그것은 어떤 의미에서의 역사를 과학의 품격으로 끌어올리는 것이다.

여기서 우리가 이제 생각해야 할 것은 '본체로서의 역사'와 구체적인 사건·사실들(facts or events)과의 관계다. 위에서 언급하였듯이, 본체로서의 역사는 이러한 구체적 사건·사실들의 총체로 이루어진 것이다. 그러므로 이들이 없이는 본체로서의 역사 또한 존재할 수 없다. 마치 양파에서 껍질들을 하나하나 벗겨 버리면 결국 양파 자체가 없어지듯 역사에서 사실과 사건들을 하나하나 떼어내 버리면, 본체로서의 역사란 사라져버린다. 한마디로 사건·사실들이란 역사의 편린들이다. 그러므로 본체로서의 역사에 대한 접근은 이를 구성하고 있는 편린들에 대한 연구를 통해서 이루어지는 것이다.

마치 순수 자연과학이 자연계의 사소하고 작은 특수 부분들에 대한 연구와 천착을 통하여 궁극적으로 전체로서의 자연의 실체와 그 본질을 포착, 파악하려 하듯이, 역사과학도 사소하고 작은 특수 사건

·사실들에 대한 연구를 통해서 전체적인 역사, 즉 본체로서의 역사의 진면목을 포착, 파악하여야 한다.

그러면 그 편린으로서의 사건·사실들에 대한 연구는 어떻게 이루어져야 하는가? 이 문제에 있어서 역사과학은 자연과학과 커다란 차별성을 나타낸다. 자연의 세계에서는 각 사안들이 독자적으로 존재해 있으며, 독자적인 본질을 지니고 있어서 자연과학은 낱개로서의 사안들을 하나씩 연구해서 그 결과를 실용화할 수가 있고, 또 그것을 목적으로 한다. 예를 들어, 물은 물이지 다른 요소와 결합되어 있거나 다른 물질로 변천되어 가고 있는 과정 중에 있는 것이 아니다. 그러므로 그 물의 본질이나 특징을 연구하여 그 결과가 나오는 즉시 실용적으로 활용할 수가 있다. 물의 흐름을 이용하여 발전기를 돌려 전기를 일으킨다든가, 물이 수소 두 분자와 산소 한 분자의 결합물이라는 것을 발견하여, 그 물을 분해하여 수소와 산소를 만들어 유익하게 사용할 수 있다.

그러나 역사과학에서는 그것이 불가능하다. 로빈슨의 분석에 따르면, 역사를 실용적 목적에 이용하려 하였던 모든 시도들은 실패하였고, 역사에서 도덕적 실용성이나 문학적 또는 종교적, 정치적 실용성을 찾으려 한 것들은 역사학이 아니라, 윤리학이나 문학, 종교학이나 정치학이었다는 것이다.

이처럼 역사에서 실용성을 찾으려는 시도가 실패로 끝나게 된 것은 역사에 있어서는 자연세계에서와는 달리 낱개로서의 또는 단독자로서의 사건·사실이란 존재할 수 없기 때문이다. 모든 사건·사실들은 그것들에 앞서 발생했었던 사건·사실들의 연장선상에 있는 것이며, 지속적으로 변화되어 가는 과정선상에 있는 것이기 때문이다. 이를 로빈슨은 다음과 같은 말로써 표현하고 있다.[13]

> 그러나 어떠한 인간의 관심사도 그와 동시에 발생하고 있는 수많은 관심사들과 그 관심사들에 조건을 지워 주는 상황들로부터 고립되어 있는 것은 없다. 이것은 우리로 하여금 인간사의 복잡성에 귀착되는 변화의 지속성에 대한 보다 넓은 개념을 갖도록 한다.

따라서 사건·사실들에 대한 연구는 바로 그 이전에 발생했던 사건·사실들과 연결된 것으로 연구되어야 한다. 오늘의 사건·사실을 이해하기 위해서는 어제에 있었던 사건·사실들을 이해해야 하고, 어제의 것들을 위해서는 그제의 것들을……. 근대사의 르네상스나 종교개혁을 제대로 이해하기 위해서는 중세에 대한 올바른 이해가 선행되어야 하며, 중세를 위해서는 고대를……. 이렇게 해서 결국 오늘의 한 가지 사건·사실들을 제대로 이해하기 위해서는 역사의 시원까지로 소급해 가는 것이 요구된다. 다시 말해서, 그 편린들에 대한 연구는 본체로서의 역사를 전제로 한 가운데에서만 가능하다.

이처럼 사건·사실에 대한 연구는 본체로서의 역사를 전제로 한 가운데 이루어져야 하고 또 본체로서의 역사에 대한 연구는 사건·사실들에 대한 연구를 통해서 이루어져야 한다면, 문제는 이중 어느 쪽의 연구가 선행되어야 하며, 어느 쪽의 연구가 뒤따라야 되는가 하는 것이다.

3
본체로서의 역사

이 물음에 대한 답을 로빈슨이 구체적인 문구로 제시한 바는 없다. 그러나 우리가 당연히 생각할 수 있는 것은 사건·사실들에 대한 연구가 선행되지 않을 수 없다는 것이다. 그렇지 않고 어떤 사변(思辨)의 결과로 얻어진 '역사의 상(The Image of History)'을 먼저 상정해 놓고 거기에서 필요로 하는 역사적 사건·사실들을 주워 맞춘다면, 그것은 신의 섭리를 전제로 하여 그것을 실현하기 위한 도구로서의 역사를 생각한 아우구스티누스[14]나, 정신의 문제를 전제로 해서 역사를 생각한 헤겔[15]이나 다를 것이 없기 때문이다.

이들이 신학이나 정신철학의 입장에서 역사학을 이용(?)한 것이라면, 역사학의 입장에서 역사를 포착하고자 하는 역사과학은 역사학도로서 쉽게 접근할 수 있는 역사적 사건·사실들을 통해서 역사의 실체를 포착하는 것이 순리이다.

그런데 문제는 어떤 사건·사실들을 어떻게 연구함으로써 그 목적에 도달할 수 있는가 하는 것이다. 로빈슨은 이 문제에 있어서 인간의 삶이 어떤 것인가? 하는 것을 먼저 생각한 듯싶다. 역사라는 것이 앞에서 언급되었듯이 인간생활의 흔적, 즉 과거에 인간이 생각하고 행위 한 것의 흔적들로 구성되는 것이라고 할 때, 결국 역사연구는 이 흔적들에 대한 전반적인 연구를 통해서 이루어져야 한다는 것이다. 그럴 때에 비로소 역사의 본모습은 비록 희미하게라도 나타날 것이란 것이다. 다시 말해서 역사란 과거 인간생활에 의해서 남겨진 모든 흔적과 자취들의 총합으로 이루어진 것이니, 가능하다면 역사가는 그것 모두를 수합하여 시간적 경과를 중심으로 배열해 놓는다면 참된 '역사의 상'은 나타나게 될 것이란 것이다.

그러므로 로빈슨은 정치라고 하는 인간사의 특수 분야에 대해서만 강조점을 두었던 실증주의적 역사학자들에 대한 다음과 같은 비판을 통해서 위와 같은 그의 생각을 피력하고 있다.[16]

실제로 정치와 군사적 문제들에 대하여 균형(proportion)이 깨어진 편애를 보이는 것을 정당화시키고자 하는 시도가 있었다. 우리는 미스터 프리맨(Mr. Freeman)이 '역사는 과거의 정치학이다'라고 하는 말을 무감각적으로 들어 왔다. 랑케에게 있어서는 역사학의 목적이 국가의 기원과 본질에 대한 생각을 명백히 하는 것이었다. 다른 독일의 학자는 수천 년 동안 국가, 즉 정치적 유기체가 역사연구의 중요한 그리고 지배적인 테마였다는 것을 지적하고, 그는 다시 마땅히 그러해야 한다고 주장하고 있다.

(중략) 실질적인 문제는 정치사에 대한 우리의 편견이 우리들로 하여금 단순히 독자들을 어리둥절하게 만들고 지금까지 무시되어 왔으나, 매우 중요한 이슈들에 할애해야 할 귀중한 지면을 점하고 있

는 왕조사나 군사사의 자질구레하고 사소한 것들을 포함하도록 유도하여 왔다는 것이다.

(중략) 인간은 군사나 신민, 그 이상이며, 또 군주적 지배자 그 이상의 존재다. 국가가 결코 인간의 유일한 관심의 대상일 수는 없다.

이상의 인용문에서 우리가 읽을 수 있는 로빈슨의 생각에 따르면, 프리맨이랑 랑케가 관심의 초점으로 삼고 있는 정치사가 역사의 '모두'는 될 수 없다. 인간은 정치적인 동물이라는 것은 사실이지만, 오로지 정치적인 동물만인 것은 아니다. 따라서 인류의 역사를 연구하고자 하는 역사과학이 그와 같이 정치적 동물로서의 인간의 역사만을 대상으로 삼을 수는 없다. 그것은 중세의 신학의 시녀로서의 역사학의 경우도 마찬가지이고, 근세의 자연과학의 발전으로 말미암은 자연과학의 강조나 이성에 대한 강조, 정신에 대한 강조 등으로 인한 어느 특수 부분에 강조점을 두어 균형을 깨뜨렸던 어떠한 역사과학의 경우도 마찬가지다. 그것들은 모두가 그 시대 역사가들의 편견이나 관심을 표현하고 있는 것일 뿐이지, 역사의 본모습은 아니다.

그렇다면 그러한 '역사의 상'을 우리는 어떻게 볼 수 있는가? 그에 대한 답은 어느 의미로 간단하다. 위에서 언급했듯이, 그것은 과학적으로 추적할 수 있는 인간의 무한한 과거로부터 현재에 이르는 동안 이루어진 인간들의 행위와 생각들의 흔적들을 '모두' 수집하여 배열해 놓으면 그 모습은 스스로 나타나게 된다.

이것은 《영국문명사》를 쓴 버클(Thomas Buckle, 1821~1862)과 같은 실증주의적 역사가가 시도했던 일이기도 하다. 그러나 결코 성공할 수 없는 일이었다. 정치, 경치, 사회, 종교, 예술 등에 관련한 모든 일들을 아주 사소한 것들에서 매우 중대한 것들에 이르기까지, 이미 발생한 것은 모두를 수집하여 배열해 놓으면, 실로 그것이 역사 그 자체가 될 수는 있겠으나, 우선 그것들을 수집하여 배열한다는 일 자체가 불가능한 것은 물론이려니와, 설사 그것이 가능하다 하더라도 일반 독자들과는 전혀 관계가 없는 것이 되고 만다. 역사과학의 목적이 역사의 진면목을 밝히고, 그것을 일반 독자에게 보여 주는 것이라면, 그러한 연구방법으로는 그 목적에 도달하는 것이 불가능하다. 이 점에 대해서 로빈슨은 다음과 같이 밝히고 있다.[17]

> 모든 사실들은 그 나름대로의 흥미와 중요성을 지니고 있다. 그 모든 것들은 주의 깊게 기록된 것들이다. 그러나 어떤 기록자가 이미 치밀하게 쓰이어진 인간의 경험들에 대한 두꺼운 책을 펼쳐놓고 그 것의 원본을 연구할 시간이 없는 이들을 위하여 요약본을 만들려는 생각을 가지고 열독을 시작하였을 때, 그가 당장 자문하지 않으면 아니 되는 것은, 그는 무엇을 선정하여서 그의 독자들의 주의를 끌어야 할 것인가 하는 것이다. (중략)
>
> 명백한 것은 일반 독자들을 위하여 역사를 취급함에 있어서 무엇을 선택하며 그것들을 어떠한 비율(proportion)로 취급하는가 하는 것이 중대한 문제라는 것이다.

어차피 역사를 서술하기 위하여서는 과거에 관한 무한히 많은 사건·사실들 중에 필요한 것만 취사선택하지 않을 수 없다. 조선실록을 그대로 역사책이니 독자들에게 읽으라고 권할 수는 없기 때문이다.

그렇다면 그 취사선택의 기준이 무엇인가? 실증주의적 역사가들은 그것이 과거에 실제로 있었던 것인가(Wie es eigentlich gewesen)를 그 기준으로 삼는다. 그러나 로빈슨에게서는 다르다. 그에게는 'gewesen' 보다는 'geworden'이 더 중요하다.

어떤 사건이 있었는가가 중요한 것이 아니라, 어떤 사건이 어떻게 해서 발생하게 되었는가, 그리고 그것이 어떻게 전개되었는가, 즉 사건·사실들의 근원(origin)과 발전과정(development)이 더 중요하다. 여기서 사건·사실은 그 자체가 유기체적인 구조를 지니고 있다.

살아있는 세포가 모여서 혈구나 혈청이 되고 이들이 모여서 혈액이 되고 혈액이 모여서 혈액순환이 되듯이 사소한 사건들이 모여서 보다 큰 사건을 이루고 그것들이 모이고 발전(develop) 되어서 역사를 이룬다. 여기서는 아무리 사소한 사실이나 사건도 그 자체의 근원과 발전과정을 갖는다.

역사학의 주요 특성은 사건을 근원(origin)과 발전과정(development)을 밝히는 데 있다. 예를 들어서, 면죄부(Indulgence)의 근원과 발전과정을 이해하지 않고 면죄부를 종교개혁과만 연결시켜서 이해한다면, 커다란 오류를 범하는 것이 될 것이다. 면죄부의 초기의 성격과 종교개혁 당시의 성격은 전혀 다른 것으로 변천되었기 때문이다.

발생 당시 면죄부는 순수하게 육체적 고행을 통한 정신의 성화(聖化)를 목적으로 하는 숭고한 것이었다. 십자군 전쟁이 발발하면서 참전자가 성전(聖戰)의 전장에서 행하는 고행이 후방에서 행하는 고행이나 그 의미가 동일하다는 데서 참전자에게 발부되었다. 그러나 전쟁 후기는 전쟁 비용이 요구됨에 따라 십자군 출전 대신에 군비를 출연(出損)하는 자에게 발부되면서 면죄부는 금전과 교환이 시작되었다.

전쟁이 끝나고 르네상스의 화려한 문화가 발전되어 이에 따른 장엄한 교회당 건축이 시작되었다. 이 건축 사업은 신도들에게 있어 십자군 전쟁 못지않은 의미를 지는 성사(聖事)였다. 따라서 십자군전쟁이라는 성사를 위해서 출연하는 일이나 교회건축을 위해 헌금하는 것이나 다 같이 하나님을 위해서 헌금하는 것이니, 그 헌금자에게 면죄부를 발급하는 것은 당연하다는 논리가 서게 되었다.

이러한 과정을 이해함이 없이 면죄부를 단순히 교황의 사치스러운 타락생활, 민중에 대한 경제적 착취의 개념만을 앞세운 개혁 당시의 현상만을 가지고 그것을 이해한다고 한다면 면죄부 자체에 대한 이해는 잘못된 것이 아닐 수 없다.

그러므로 로빈슨은 과거에 있었던 사건·사실들을 모두 수합하기를 요구하지 않는다. 어떤 사건에 연루된 사건들의 연결고리를 따라 추적하면 된다. 여기서 연결고리에 연결되어 있는 사건·사실이란 결코 어느 특정분야의 것들이 아니다.

정치문제라 하더라도 그것에서 경제문제를 빼어 놓고 생각할 수 없고[18], 경제문제라 하더라도 사회문제를 도외시한 채, 그것을 파악할 수 없으며, 사회문제를 논의함에 있어서 종교문제를 무시한 채, 그것을 이야기할 수 없기 때문이다.

이들 제 분야 중 어느 것을 주(主)로 하고 어는 것을 종(從)으로 하는 식도 허락되지 않는다. 만약 어느 것이 주가 된다면, 그것은 인간의 역사자체가 아니라 어느 부분의 역사, 이를테면 정치사, 종교사 등의 특수사가 되고 만다.

때문에 로빈슨은 '균형(proportion)'을 중요시한다. 그에게서는 이러한 제반분야의 문제들이 균형 있게 조화롭게 취해질 때에 비로소 어느 한 가지 사건은 파악될 수 있으며 이것은 자연, '역사의 상'을 그리는 결과로 이어지게 된다는 것이다.

그러면 조화란 무엇인가? 피타고라스에 따르면 우주의 본질은 조화이다. 조화는 전체의 각 부분이 통일된 질서 속에서 아름다운 균형을 이루고 있는 상태를 의미한다. 우주세계를 'Cosmos(조화)'라고 규정한 것은 피타고라스 철학의 특성이다. 조화를 이루며 존재하고 있는 것 중에서 가장 완벽한 것은 천체의 운행이다. 천체 운행의 조화는 모든 사물의 전형이다. 피타고라스는 조화가 가장 잘 보존되어 있는 사물을 완전한 것으로 여겼다. 사물의 조화가 바로 사물의 진선미이다. 피타고라스에 있어서 조화의 실현은 모든 사물의 목표다.[19]

로빈슨이 말하는 조화가 피타고라스의 그것과 다르지 않다고 할 때, 로빈슨에게 있어서 역사는 인간생활의 다종다양한 각 분야들이 시간선상에 펼쳐지고 있는 운행의 조화다. 그리고 로빈슨에게서 역사서술의 목표는 이 조화된 운행의 모습을 있는 그대로 표현, 묘사하는 것이다. 로빈슨이 말하는 '역사의 상'에 대한 설명을 플라톤의 조화와 균형에 대한 생각에서도 찾을 수 있지 않을까 생각된다.

플라톤에게서 'Demiurgos(창조자)'는 바로 조화적 근본이법(根本理法), 즉 조화에 입각하여 변화와 생성의 질서를 주재하는 객관적 이성, 객관적 로고스이다. 이를 표시하고 있는 플라톤의 말을 들어보자.[20]

"형상으로서의 이데아와 무(無) 규정적 질료의 결합은 조화와 균형에 입각한 방식에 의해서 가능하다. 혼합은 올바른 결합을 의미한다. 혼합물은 단순한 대립물의 집적이 아니다. 그 혼합을 가능하게 하는 원리가 조화와 균형이다. 혼합을 완전한 것, 즉 질서 있는 것으로 하는 것은 바로 조화와 균형이다. 조화와 균형은 진선미의 특징이다. 모든 생성의 원인이 되는 형식은 항상 비례적 균형이다. 그것은 두 개의 대립적인 것 사이의 조화이다. 조화와 균형은 대립적인 것이 중화되어 새로운 생성을 가능하게 하는 진정한 조건이다. 모든 것은 조화에 입각해 있을 때 완전해진다. 조화는 대립물에 필연적으로 관계하여 참다운 질서를 부여하는 중심원리이다."

여기서 역사가의 일, 즉 역사가가 연구해야 할 대상과 방법은 명백해진다. 한마디로 로빈슨이 말하는 올바른 역사의 상은 인간생활의 제 분야의 제 요소들, 이를테면 정치, 경제, 사회, 종교, 예술 등의 제 반요소들이 균형 있게 얽히고설켜서 무한한 과거로부터 현재에 이르기까지 연장되어 온 하나의 유기체의 모습을 하고 있는 것이다.

따라서 균형 있는 역사의 상을 파악하기 위한 역사학의 연구는 정치학이나 경제학, 사회학, 종교학, 심미학 등과 그 대상을 같이 해야 한다는 것이다. 즉 역사가가 역사를 제대로 이해하려 한다면, 마땅히 정치학, 경제학, 사회학, 종교학, 심미학에 대한 연구를 하지 않으면 아니 되는 것이다.

또 역으로 정치학자나 경제학자 등도 그들의 연구를 위해서는 역사학을 연구하지 않고는 아니 된다는 것이다. 역사학자가 다른 과학자들이 다 같이 인간에 관한 연구를 하는 사람들이고 할 때, 이들은 다 같이 인간의 삶을 이루고 있는 제 요소들을 종합적으로 이해하여

야 한다는 것이다. 이 점을 로빈슨은 다음과 같이 설명하고 있다.[21]

어떠한 세트의 조사 연구도 그것이 아무리 세분화된 과학의 분야의 것이라 하더라도, 이제는 배타적인 관할구역을 주장할 수 없다. 그러한 어떤 주장을 성공적으로 변호한다는 것보다 더 치명적인 것은 없다. 인간에 대한 탐구와 사색의 모든 분야를 가르는 경계란 본래 잠정적이며 무(無) 한정적이며 가변적인 것이다. 그것들의 구획선은 정신없을 정도로 얽히고설켜 있는 것이다. 왜냐하면 실재의 인간들과 그들이 살고 있는 실재의 세계는 매우 복잡하여 아무리 인내심이 있고 날카롭다고 하는 독일인조차도 인위적으로 경계 지워진 세트의 자연현상의 의미와 실재(Begriff und Wesen)을 만족할 만하게, 그리고 영구적으로 확립하려 한 모든 시도를 무산시켜 버렸다.

실제로 모든 학문의 역사를 보더라도 그 학문이 개별적으로 발전하지 않았다고 하는 것은 쉽게 알 수 있다. 로빈슨에 따르면, 소위 과학이니 학문이니 하는 것은 언제나 다른 과학들과 다른 학문들에 의존하고 있다. 그것은 다른 학문들로부터 그것의 생명을 얻어낸다. 그리고 의식적이든, 무의식적이든, 그것의 진보의 기회는 대부분 다른 과학이나 학문들로부터 얻게 된다.[22]

마찬가지로 역사학도 그 발전의 최고 정상에 오르려면, 그것이 지니고 있는 개별적인 욕망을 버려야 할 것이며, 그것은 인류를 연구하는 수많은 방법들 중의 단 한 가지 방법에 불과하다는 사실을 인정해야만 한다. 그것은 지질학이나 생물학 그리고 대부분의 다른 과학들과 마찬가지로 자매과학들 위에 기초를 가지고 있다는 것, 그리고 그것은 그러한 자매과학들과 더불어서만 발전을 할 수 있으며, 주로 그들의 지원에 의존해서 발전할 수 있다는 것, 그리고 반대로 그것도 우리의 종(種)에 대한 일반적인 이해를 하는 공헌을 쌓음으로써 그들에 대한 부채를 갚아야 한다는 것을 고백하여야 한다.[23]

여하튼 로빈슨에 의하면, 이제 역사학은 역사학만으로 따로 떨어져서는 존재할 수 없는 것이다. 또 한편, 인간에 관련한 모든 과학은 역사적 사고, 즉 발생과 발전과정으로 사물을 파악하려는 사고의 형태를 취하지 않을 수 없는 것이다. 이를 달리 말하면, 역사학은 인간이 과거를 대상으로 하는 모든 과학과 학문을 포괄하는 것이며, 만약 역사학에서 이들 다른 과학과 학문들을 하나씩 다 떼어내고 나면, 역사학은 공중 분해되어 없어지고 만다는 이야기가 된다.

그렇다면 어떤 역사가가 과연 이러한 제반 과학들과 제반 학문들을 다 포함하는 역사를 연구할 수 있으며 그러한 역사를 서술할 수 있겠는가 하는 것이다. 이에 대한 답은 다시 위에서 이미 언급한 바 있는 균형과 비율에 입각한 역사의 상을 그리는 것이라는 답변을 반복하는 수밖에 없다.

다시 말해서 각 분야에 대한 각각의 과학자들과 학자들이 각자 자기분야에 대한 전문적인 연구를 통하여 얻어진 연구결과를 가지고 역사가는 '본체로서의 역사'의 상을 구성하여야 한다는 것이다. 마치 잡다한 건축 자료들을 수집하여 그것들을 설계에 맞추어 집을 짓는 건축가와 같이……. 그러기에 이제 역사가는 특수 인간사에 대한 세부적 전문가이기를 포기하고, 각 분야의 전문가들에 의하여 만들어진 전문지식들을 종합하여 본체로서의 역사라는 하나의 거대한 건축물을 구성하는 설계사의 입장을 취하여야 되는 것이다.

여기에서 그 유명한 로빈슨의 선포이며, 그의 '신사학(New History)'의 본뜻을 표현하고 있는, '역사는 언제나 다시 쓰이어져야 된다.'는 말이 나오게 되는 것이다.[24]

4
역사는 다시 쓰이어져야 한다

위에서 언급된 바와 같이, 로빈슨에게서 역사란 과거 인간의 삶 전체를 포괄하는 것, 곧 보편사를 의미한다. 그리고 역사학은 그 보편적 역사, 즉 본체로서의 역사를 그 자체대로 묘사하는 것을 이상으로 한다. 그리고 그 이상을 실현하기 위해서는 가급적 정확한 자료를 가급적 많이 확보해야 한다. 여기서 자료란 우리가 일반적으로 말하는 사료일 수도 있겠으나, 더 나아가서, 그것은 역사를 구성하고 있는 인간의 삶의 흔적 모두에 대한 정보를 의미한다. 그런데 이들 정보는 역사가 전개, 발전되어감에 따라 그 정확성에 있어서나 그 양에 있어서 더 정확해지고 더 많아진다. 이에 따라서 역사는 언제나 새로 쓰이어져야 된다. 다음은 이런 생각을 표현하고 있는 로빈슨의 말이다.[25]

역사는 시대마다 다시 쓰이어져야 한다는 것은 몇 번이고 반복되어 온 평범한 말이다. 왜 그럴까? 일상적으로 생각되어지는 과거란 고정된 것으로, 충분히 정착된 것으로 생각되었다. 어떠한 신학자도 전지전능의 존재조차도 그것을 변경시킬 힘을 지니고 있다고 생각하지 않았다. 그러면 왜 그것은 사용할 수 있는 지식을 저장해 가지고 있는 어떤 사람에 의해서 좋은 것으로 기술되어서는 아니 되는 가? 역사가는 대답할 것이다. 시간이 흘러감에 따라서 과거에 대한 정보는 더욱 더 많아지고 있다고. 그리고 낡은 오류들은 지속적으로 밝혀지며 정류(精溜)되며, 그리고 새로운 견해는 발견되고 그래서 사건과 상황에 대한 보다 낡은 설명들은 보다 훌륭하고 보다 정확한 설명들로 대치되는 경향이라고. 이것은 확실하다.

그런데 이 역사를 구성하고 있는 인간의 삶에 대한 정보들은 지금까지 인류에 의하여 개발된, 그리고 앞으로 개발될 모든 과학들과 학문들을 통해서 조사 연구되어야 하는, 이를테면 모든 사회과학들의 대상이 되는 것들이다. 따라서 그 본체로서의 역사는 그들 제반 과학들과 학문들의 조사연구의 결과들의 종합을 통해서 그 모습을 드러내게 마련이다.

그런데 그들 제 과학들과 제 학문들은 그 나름대로의 역사를 지니고 있어서 계속 발전을 거듭하여 왔으며, 또 거듭해 갈 것이다. 따라서 이들 제 과학과 제 학문의 연구결과에 의존해야 하는 역사학은 발전을 할 수밖에 없는 것이다. 그러므로 과거에 이루어진 역사의 연구나 그 결과로 얻어진 역사의 상은 상대적으로 오늘의 역사학자들에 의해서 이뤄진 것에 비하여 불완전한 것이며, 현재의 것은 미래에 이루어질 것에 비하여 불완전한 것이다. 그리고 완전한 보편사에 도달하기 위해서는 매시대의 역사가들이 지속적으로 역사를 다시 쓰는 것이다. 여기서 로빈슨의 신사학(New History)의 의미는 출발하는 것이다. 이를 로빈슨은 다음과 같이 명백히 밝히고 있다.[26]

내가 이 책의 이름(New History)을 선택하게 된 이유는 역사학이 그 방법을 새롭게 하고 새로운 자료를 모으고 새롭게 비판하며 새롭게 음미함으로써 진보한다는 의미도 포함되어 있다. 하지만 역사의 발전이란 사회의 제 사회과학의 일반적 진보를 목표로 하는 것이며, 또 궁극적으로 우리의 지적생활에 있어서 그것이 지금까지 해 온 것보다 무한히 더 중요한 역할을 하여야 된다는 것을 강조하는 견해를 가지고 있기 때문이다.

위의 인용문에 보이는 로빈슨의 신사학(New History)의 개념, 즉 언제나 역사는 다시 쓰이어져야 되는 이유는 대체로 두 가지로 말할 수 있다. 하나는 역사적 상황의 변화다. 새로운 방법의 출현, 새로운 자료의 발견, 새로운 비판의식의 대두, 새로운 음미의 요구 등이 그것이다. 그리고 다른 하나는 역사의 발전에 따른 새로운 학문의 출현과 제 사회과학의 진보다.

우리는 첫 번째 경우를 크로체나 콜링우드의 현재사의 개념과 유사한 생각으로 볼 수 있다.[27] 그러나 로빈슨은 '본체로서의 역사'를 전제로 하여 그의 현재사의 개념을 피력하고 있다는 점에서 이를 내면적으로는 인정하고 있으면서도, 구체적으로 언급은 않고 있는 그들과는 그 뉘앙스에 있어서 약간의 차이가 있다.

로빈슨이 말하는 '새로운 방법', '새로운 자료' 등의 출현이란 단순히 공간적인 의미에서 어디에 숨어 있던 것들이 보물찾기하듯 찾아 헤매는 이들에 의해서 발견되는 것은 아니다. 그것은 시간적 의미를 지니는 것으로, 아직 인류의 지혜가 암울했던 시대에는 눈앞에 있어도 전혀 발견하지 못하던 것들이 인류의 지혜의 광명이 비추이고, 그 광명의 밝기가 더해짐에 따라 더 잘 보이게 되고, 더 많이 그리고 더 확실하게 발견되는 것을 의미하는 것이기 때문이다.

그러므로 새로운 역사란 '본체로서의 역사'가 성장, 발전되어감에 따라 새롭게 쓰이어지지 않을 수 없다는 그 시대의 요구에 따라서 쓰이어지는 역사를 의미한다. 역사가 성장과 발전에 따라서 그 이전시대에는 전혀 생각할 수 없었던 새로운 방법으로 역사를 쓰게 되는 것이며, 역사가 성장, 발전함에 따라 그 이전시대에는 전혀 눈에 들어오지 않던 자료들이 눈에 띄게 되고, 역사가 발전됨에 따라 그 이전시대에는 아무런 의미를 갖지 않았던 것들 속에서 중대한 의미가 발견되어 그것들을 근거로 해서 새로운 역사는 쓰이어지게 되는 것이다.

이는 위에서 언급하였듯이 '현재 생에 대한 관심'을 강조한 크로체나[28] 현재의 고난극복을 전제로 반성적 사고를 강조한 콜링우드의 생각과 본질적인 면에서 유사한 생각이라 할 수 있다.

그러나 문제는 여기서 그치는 것이 아니다. 로빈슨은 이러한 역사의 발전과 현재의 관심의 결과를 제 사회과학의 출현과 발전이라는, 보다 구체적인 사안에 연결시켜 생각하였다.

다시 말하면, 그 성장해 가고 있는 본체로서의 역사의 최첨단을 이루고 있는 '현재'에는 단순히 새로운 방법, 새로운 자료들, 새로운 비판의식 등만이 새로운 역사를 쓰도록 요구하고 있는 것이 아니라, 역사를 구성하고 있는 인간생활에 관련한 제반 과학들이 발전해 있는 것이다. 이들 과학들은 과거 인간의 생활에서 역사학이 아직 고유하게 개발하지 못한 분야에 관한 지식들과 그들에 대한 새로운 해석을 산출해 놓고 있기 때문이다.

즉 인간이란 매우 복잡한 존재다. 인간이란 과학적으로 가능한 한 분류방법을 통해서 나누어 놓은 모든 부분들을 합친 것, 그 이상의 존재이다. 물은 수소와 산소로 구성되어 있다. 그러나 인간은 그들의 어느 것과도 같지 않다. 인간의 종교적, 미학적, 경제적, 정치적, 지적, 그리고 호전적 특성들에 대한 과학적 분류보다 더 인위적인 것은 있을 수 없다. 그러나 만약 어떤 사람에 있어서 전체로서의 과정을 연구하지 않는다면, 특수화는 가장 애매한 결과를 가져 올 것이다. 여기서 어떤 사람이란 역사가이다.[29]

이처럼 인간이 복잡한 존재이고, 그를 올바르게 이해하기 위해서는 제반 첨단적인 인문사회과학의 연구가 선행되어야 한다. 그런데 만약 역사학이 이러한 그 시대의 첨단 과학에 대하여 무지한 채, 그의 역사를 쓰는 경우, 자칫 그의 역사는 미신의 역사가 될 우려마저도 있다는 것이다.

예를 들어서, 신화학(Mythology), 또는 비교종교학을 통하여, 신화를 그 이야기자체로가 아니라 현대적 제반 과학지식을 동원한 현재적인 해석이 이루어지고 있는 판국에, 신화에 나오는 신(神)이 실존하였다고 믿는다든가 전설에 나오는 인물을 실제 인물로 생각하든가 하여, 그들을 대상으로 역사를 서술한다면, 그것은 그야말로 미신적인 역사가 되고 말 것이다.[30]

그러므로 로빈슨은 '현재'의 역사가는 일반적인 지적 상황 (intellectual situation)에 포함되어 있는 이들 요소들에 가능한 한 빨리 적응하도록 하여야 함은 물론, 스스로도 인간에 관한 보다 새롭고 수

많은 과학들에 대하여 자신이 취하여야 할 태도가 어떤 것이어야 하는가를 결정하여야 할 것이라고 촉구하였다.

그리고 그 보다 새로운 인간과학의 실례로써 인류학, 고고학, 사회심리학, 동물심리학, 비교종교학, 정치경제학, 사회학 등의 학문들을 예로 들었다.[31] 이러한 타 분야의 학문들의 발견들과 정보를 습득하는 것이야말로 역사학도가 비로소 역사적 정신을 지니게 되는 것이라고 그는 다음과 같이 강조하고 있다.[32]

> 지질학자, 생리학자 그리고 생물학자들과 마찬가지로 역사학자는 다른 분야의 작업자들에 의해서 이루어졌지만 역사와 관련이 있는 지식을 사용하지 않으면 아니 된다는 것은 확실하다. 비록 그 역사학자가 그 자신의 학문과 가장 근접하여 관련되어 있는 과학들의 요소들의 전부를 파악할 시간이 없다고 할지라도. 그는 그가 설사 인류학자나 심리학자가 되지 않더라도, 인류학적인 심리학적인 발견들과 지식을 사용할 수는 있다. 이러한 발견들과 이러한 지식은 확실히 그 역사가에게 새로운 관점들과 새로운 해석들을 제시할 것이며, 낡은 오해를 교정하며 아직까지도 우리들의 논문 속에 스며들어 있는 수많은 옛 환상을 쫓아버리는 데 도움이 될 것이다. 무엇보다도 역사학도는 아무런 거침이 없이 역사적 마음을 지니도록 하여야 할 것이다. 그리하여 스스로 인간 경험에 대해서 발생학적인 설명을 가해보고, 그리고 그의 명성이나 주장에도 불구하고, 아직 태도에 있어서나 방법에 있어서, 역사가는 오늘날 인류를 설명하려 시도하고 있는 모든 사람들 중에서 가장 비역사적인 입장을 취하고 있다는 의혹으로부터 스스로 벗어나도록 하여야 할 것이다.

로빈슨이 특히 이러한 과학들을 열거한 것은 이들 과학들이 인간에 관련한 과학들이라는 점도 있으나, 그보다 더 중요한 것은 그가 생각한 '역사의 상'이 200~300만 년 전 인류가 지상에서 살게 된 이래 현재에 이르기까지의 과정을 의미하는 것이므로, 이것을 그리기 위하여서는 소위 역사시대의 역사를 이해하는 것만으로는 부족하다는 것을 인식하였기 때문이다.[33]

5
로빈슨의 뉴 히스토리는 역사가의 이상

로빈슨의 '뉴 히스토리(New History)'는 대체로 두 가지의 의미로 이 해될 수 있을 것이다. 하나는 로빈슨 이전의 역사를 '올드 히스토리 (Old History)'로 간주해서 그의 역사를 새로운 역사라고 하는 의미이 고, 둘은 모든 역사는 언제나 새롭게 쓰이어지지 않으면 아니 된다는 뜻을 나타내고 있는 것이다.

전자의 경우에서 '올드 히스토리'란 특히 그의 바로 직전의 역사가 들의 역사, 랑케와 그 유파에 속하는 미국의 아담스와 프리맨 등, 이 른바 실증주의적 역사가들의 역사를 말하는 것으로,[34] 이들은 역사가 들을 '가장 유식하면서도 무익한 사람', 또는 '유식한 게으름뱅이'들 로 만들어 놓은 것이다. 실증주의적 역사학에서 이른바 객관적인 역 사를 위하여 시도한 낱개 낱개로서의 사건, 사실들에 대한 조사탐구 는 결국 역사에 있어서의 의미의 설정과 효용성을 추출해버린 결과 를 가져왔기 때문이다.

로빈슨은 이 점에 대해서 회의를 품었다. 물론 역사가 철학이나 윤 리학, 종교의 대리자(surrogate)로 전락하였던 과거의 경험을 되살리자 는 것은 아니지만, 역사가가 한낱 '유식한 게으름뱅이'로서, 또는 자신의 개인적 취미를 위하여, '나태한 호기심(idle curiosity)'[35]을 충족시키기 위하여 그의 연구 활동을 하고 있는 인간으로 남아 있을 것은 거부하였다. 여기서 그는 역사의 일반화(generalization)를 주장한 것이다. 그리고 그것을 통해서 역사의 어떤 의미를 발견해보아야 한다는 입장을 취하고 있는 것이다.[36]

여기서 뉴 히스토리의 두 번째 개념은 나타나게 된다. 로빈슨이 생각한 역사의 일반화란 역사를 일종의 유기체적 생명력을 지닌 실체로 인식하는 것으로, 그것은 시간의 경과와 더불어 자체의 성장, 즉 진보를 거듭하고 있으며, 이것은 인간의 지적활동을 통하여 그의 본 모습을 표상해 가고 있는 것이다. 그러므로 역사는 시간이 경과되어 감에 따라 미래를 향한 스스로의 성장도 지속하지만, 이미 발생, 성장되어 있는 부분, 즉 과거의 부분도 시간이 경과됨에 따라 점점 더 명백하게 자신의 모습을 드러내게 되는 것이다. 그리고 역사학을 비롯한 모든 인간과학은 이 모습을 보다 명백하게 드러내게 하는 데 공헌을 해야 한다. 여기에 로빈슨의 역사진보의 개념은 성립되고, 이에 따라 '역사는 언제나 다시 쓰이어져야 된다.'고 하는 것이다.

위와 같은 로빈슨의 역사에 대한 생각에 대해서 우리는 결론적으로 몇 가지를 지적, 논의를 거치지 않으면 아니 된다.

첫째, 로빈슨은 역사와 역사과학을 명백히 구별하였다고 하는 것이다. 그는 자연과학의 대상으로서 자연이라는 실체가 있고, 신학의 대상으로서의 신이 있듯이, 역사과학의 대상으로서의 역사의 실체 또는 보편적 세계사를 인정하고 있으며, 역사학의 최종적인 목표는 이 것을 극명하게 밝히는 것이라는 것이다.

이 점에 있어서 반론이 없을 수 없다. 로빈슨이 상정한 보편적 세계사라고 하는 것이 아우구스티누스에 의해서 설명된 기독교의 역사, 헤겔의 정신의 자기실현 과정으로서의 역사를 의미하는 것이 아니냐 하는 것이다. 그리하여 로빈슨은 결국 역사가를 신학자로 또는 철학자로 되돌려 놓고 있는 것이 아니냐 하는 것이다. 다음은 이에 대한 도노반(Timothy Paul Donovan)의 글이다.[37]

> 보편화의 필요성은 현재에 처해 있는 역사가의 위치에서 더욱 증대되어 왔다. 슐레터(Richart Schlatter)의 주장을 따르면, 역사가는 철학자의 자리를 대신 차지하지 않으면 아니 되게 되었으며, 글라압(Chales N. Glaab)의 주장에 따르면, 역사가는 어떤 의미에서, 인간에게 우주가 아닌 사회를 정당화시키는 세속적 신학자라는 것이다.

위의 인용문을 보면, 로빈슨의 시대는 보편적 세계사에 대한 새로운 요구가 대두되었던 시대였다는 것이다. 그리고 로빈슨의 보편사는 결국 이러한 필요성에 부응해서 나온 것이 아니냐 하는 것이다. 그러나 이는 로빈슨의 진정한 생각을 이해하지 못할 때 생겨나는 오해가 아닌가 생각된다. 즉 로빈슨의 보편사는 사건·사실들의 본체로서의 역사, 즉 사건·사실들을 하나의 편린으로 해서 구성된 역사를 의미하는 것이다. 여기서 문제가 되어야 할 것은 선후의 문제다. 즉 사건·사실이 먼저 있어서 역사가 구성되는 것이냐, 아니면 신의 섭리라는 것, 또는 절대정신이라는 것이 먼저 있어서 그것의 작용으로 역사적 사건·사실들이 만들어지는가 하는 것이다.

이것은 중대한 차이일 수밖에 없다. 우리가 아무리 역사에 있어서 낱개로서의 사건·사실들을 중요시하고 그것을 연구한다 하더라도 그 것을 완전히 독립적인 것들로 이해한다는 것은 불가능하며 그것들은 시간적 지속성과 공간적 연결성을 지니지 않고는 발생할 수 없는 것 들이기 때문이다. 그렇다면 로빈슨의 보편사의 개념을 축출한 가운데 역사를 이해하려 한다는 것은 역사학의 포기를 의미하는 것일 수도 있다.[38] 도노반 자신의 말과 같이, 완전한 어의(語義)로서의 역사이기 를 포기하지 않는 한 역사의 지속성과 연결성은 추구되어야 하는 것 이고, 그렇지 않다면 소위 역사가라고 자처하는 이들의 대부분은 연 대기 작가이거나 아니면 특정부분의 사회과학자 내지는 인문과학자 에 불과할 것이기 때문이다.[39]

둘째, 현재사의 문제다. 로빈슨에 따르면, 역사가가 참다운 역사를 서술하기 위해서, 그 역사가는 역사발전의 최첨단의 위치인 현재, 즉 인류의 지혜와 지식의 발전과정으로서의 역사발전의 최고, 최후적 단 계인 현재의 제 조건들, 제 현황들을 총체적으로 흡수하고 반영하고 있는 역사를 써야 한다는 점에서, 그는 이른바 '현재의 역사'를 강조 하고 있다는 점이다.

다만 크로체 등이 강조하는 현재사가 인식론적인 입장에서 어떠 한 역사가도 현재의 생에 대한 관심이나 현재에 당면한 과제를 넘어 서서는 역사를 쓸 수 없다는 입장을 표시한 점에 비하여 로빈슨은 보 다 구체적으로 역사의 인식과 서술에 직접적인 영향을 미치는 제 과 학의 역할을 강조하였다는 점에서, 그 의미와 방향은 약간의 차이를 나타내고 있다. 스코타임(Skotheim)의 말대로[40] '로빈슨의 뉴 히스토 리는 형식적으로 과거연구에 부과되었던 제한성에서 탈피하는 것이다. 그것은 인류학자들, 경제학자들, 심리학자들 그리고 사회학자들에 의해서 인류에 대하여 이루어지고 있는 모든 발견들을 사용해야 할 것'을 주창하고 있기 때문이다.

여기에서 역사학도로서의 우리에게 다가오는 문제는 과연 어떠한 역사학도가 그처럼 많고 복잡한 현재의 모든 제 사회과학에 통달할 수 있는가 하는 것이다. 이는 어쩌면 다시 버어클의 입장으로 되돌아 갈 것을 요구하는 것이 될지도 모른다. 원래 보편사를 쓴다고 하는 것 자체가 한 개인으로서의 역사가가 감당하기 어려운 조건을 필요로 하는 것일 것이다. 로빈슨도 이러한 어려운 조건을 척결하기 위한 대안으로 그와 같이 어려운 일을 역사가에게 요구하는 것이다.

그러나 로빈슨은 버어클이 한 것과 같은 무리한 자료의 수합을 요구한 것은 아니라는 것이다. 본론에서 언급하였듯이, 균형 있는 '역사의 상'을 조각해 내기 위하여 자료사용의 적당한 비율을 강조하였다는 것이다. 즉 로빈슨이 말하는 보편사란 과거 인간생활의 자취와 흔적의 모두를 수합하여서 이루어지는 것이 아니라, 그것들 중 어느 것은 지나치게 강조되고 어느 것은 제외되는 등의 불균형이 있어서는 안 되겠다는 것이다. 이를 위하여 역사가, 특히 보편사로서의 역사를 이해하고자 하는 역사가는 인간사와 관련한 제반 사회과학에 대한 깊은 교양을 지니지 않으면 안 된다는 것으로 이해되어야 할 것이다.

결국 로빈슨의 주장을 요약하면, 올바른 역사의 서술은 이상주의적 요소와 실증주의적 요소의 병합으로 이루어져야 한다. 즉 전자의 경우는 본체로서의 역사를 밝혀내는 것을 최종 목적으로 한다는 것이며, 후자의 경우는 그 본체로서의 역사를 구성하고 있는 제요소들,

즉 사건, 사실들에 대한 인식은 실증적이지 않으면 아니 된다는 것이다.

여기서 과거 인간사에 대한 실증적인 연구는 곧 역사적 제 과학들(제 사회과학)로 나타나게 되는 것이며, 이것들은 시간이 흐르고 그에 따라 인지가 발달하고 또 역사 그 자체의 성장이 진척되어감에 따라 더욱 발전하게 될 것이고, 그러면 그만큼 본체로서의 역사는 더욱 명백히 그 모습을 나타내게 될 것이라는 것이다. 그러므로 역사는 매시대에 다시 쓰이어져야 한다는 것이다.

그래도 문제는 남는다. 로빈슨이 그린 역사의 상이 설사 옳은 것이라 하더라도, 그것은 어디까지나 이론적인 것일 뿐, 실제로 그러한 본체로서의 역사, 또는 보편사를 그려낼 수 있는 역사가가 있었는가 하는 것이다. 쉽게 말해서 그러한 이론을 내세운 로빈슨 자신은 그러한 역사를 서술하였는가 하는 것이다. 이에 대해서 칼 베커는 다음과 같이 매우 냉소적으로 로빈슨을 꼬집고 있다.[41]

1912년 로빈슨은 《뉴 히스토리》라는 제목의 작은 책자를 출간하였다. 여기서 그는 역사를 과거 인간에 대한 연구라고 정의하였다. 그리고 주장하였다. 역사가들은 그들의 영혼을 위하여, 인류학, 고고학, 심리학 등 그 이름조차 잊어버린 수많은 인류에 관한 과학들에 대하여 알아야 된다고 주장하였다. 그러한 지식들로 적당히 무장할 때, 비로소 역사가는 과거 인간에 관한 가치 있는 어떤 것들을 우리에게 말해줄 수 있으며 실로, '뉴 히스토리'를 쓰는 것이 가능하다고 그는 생각하였다.

그래서 나는 그러한 실제적인 뉴 히스토리의 실례가 나오기를 기다렸다. 그러나 어떠한 실례도 나타나지 않았다. 최소한 그러한 역사라고 인정할 수 있을 만한 것조차도 나타나지 않았다. 로빈슨 자신이 몇 년 뒤에 《만들어지고 있는 정신(The Mind in the Making)》이라는 책을 출간하였는데, 그것은 매우 환상적인 책이었다. 나는 그것을 매우 큰 즐거움을 가지고 읽고 또 읽었다. 그러나 그것이 환상적이고 읽기에 즐거운 책이기 때문에 그렇겠지만, 그것이 낡은 역사인지, 새 역사인지는 몰라도 나는 그것을 역사로 취급할 수는 없었다. 그것은 많은 아이디어들로 가득 차 있었으며, 매력과 유머 있게 쓰여 졌다. 그것은 많은 연구를 하였고 많은 경험을 한 역사가에 의해서 쓰여 진 것으로 많은 것을 반영하고 있는 그러한 책이었다. 그러나 문제는 나는 《만들어지고 있는 정신》을 역사책으로 취급할 수가 없었다고 하는 것, 그리고 나는 그것을 통해서 새로운 역사란 아직 있지 않다고 하는 신념을 갖게 되었다는 것이다.

로빈슨은 한 사람의 관념론자일 수 있었다. 때문에 그는 완전한 역사의 상을 머릿속에 상정하였다. 그리고 그것을 일반인들에게 표현, 묘사하기를 바랐다. 그것을 위해서 그는 인간에 관한 모든 지식의 습득을 요구하였다. 문제는 여기서 출발한다. 위의 칼 베커의 조소적인 말에서 보이듯, 한 인간으로서 그러한 모든 지식을 습득하는 것이 가능한가 하는 것이다.

여기서 역사적 상대주의의 길은 시작된다. 이상적인 역사의 상은 생각할 수 있으나, 그것은 어디까지나 아프리오리적인 것일 뿐 구체화될 수 없는 것이다. 그런데 역사가의 임무는 그것을 표현, 묘사하는 것이다. 여기서 역사가의 능력의 문제가 생긴다. 그의 인식능력의 문제, 그가 처하고 있는 시간·공간적인 조건의 장애, 즉 환경의 제약이 가로막고 있다는 것이다. 역사적 상대주의는 이러한 인식의 대상과 인식의 주체자 간의 거리에 대한 인식에서 그 출발점을 찾는 것이다.

이론은 어디까지 이론일 뿐이다. 그리고 이것은 이상이며 미래적인 과녁일 뿐이다. 마치 기차 철로의 소실점처럼 보이는 것 같다가도 실제로 다가가 보면 그 점은 없어지듯이, 이상이란 늘 그런 것이다. 로빈슨의 뉴 히스토리는 이론이고 하나의 이상이다. 그러므로 그것을 손안에 잡으려 하면 아니 된다. 그것을 향하여 무한히 접근해 가는 자세를 가질 뿐이다.

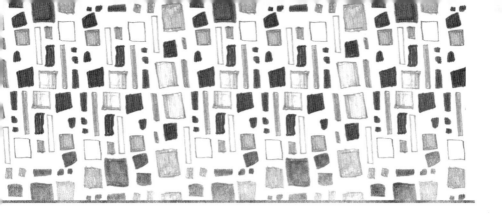

제5장
로빈슨의 역사교육론

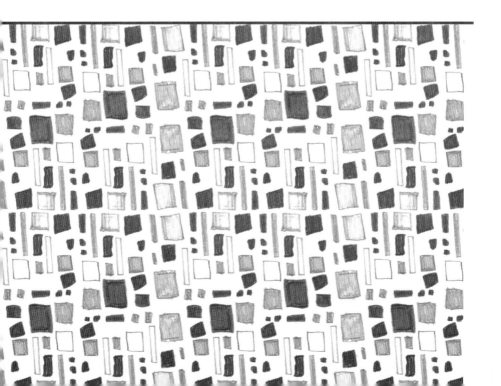

1
역사학이란
게으른 호기심의 충족을 위한 것인가?

　제3장에서 우리는 뉴 히스토리의 개념이 무엇이며, 그에 부수적으로 생각되지 않으면 아니 되는 그의 보편사의 개념이 무엇인가를 나름대로 밝혀보려 하였다. 그러던 중 필자는 로빈슨의 생각 중에 역사학의 실용성에 대한 이율배반적인 두 가지 요소가 포함되어 있다는 것을 발견하게 되었다. 즉 그는 역사학의 독립성을 주장하여, 투키디데스 이래의 대부분 유명한 역사가들의 역사학이 실용성에 매달린 결과, 역사학을 정치나 신학 그리고 철학 등의 시녀로 전락시켰다는 것을 지적하였다. 그러면서 한편으로는 역사가들을 '게으른 호기심'을 충족시키기 위하여 많은 지식을 흡수하고 있어, 어떤 사회과학자들 보다도 유식하지만, 그러나 실제에 있어서는 가장 '무익한 사람들'이라고 혹평하는 말을 남김으로써 '유익한 역사학'의 필요성을 강조하였다.

　전자의 경우는 역사학의 독립성을 주창한 한 사람의 역사주의자라는 로빈슨의 입장을 나타내고 있는 것인지라 더 논의할 필요를 느끼지 않는다. 그러나 후자의 경우, 우리는 그가 말하고 있는 '게으른 호기심'이라든가, '무익한 사람들'이라는 표현에 함축되어 있는 그의 본의가 무엇이며, 만약 그 말들이 '성실한 역사가의 사명'이라든가 '유익한 역사학'을 염두에 두고 한 말이라면 그 뒤에 숨겨진 로빈슨의 생각은 어떤 것인가를 음미해 볼 필요를 느낀다.

　로빈슨의 이와 같은 역사가에 대한 혹평은 일반 역사가를 두고 하는 것은 물론 아니었다. 그가 비판의 대상으로 삼았던 것은 랑케 학파(Rankean School)라 할 수 있는 실증주의적 역사가들이었고, 그의 이같은 비판은 그들의 역사방법론에 대한 비판이었다.[1]

　그러나 그 말 자체의 의미를 음미해 볼 때, 우리는 로빈슨이 역사학의 실용성을 강조하고 있음을 발견하게 된다. 종래의 역사가, 즉 실증주의적 역사가들이 이른바 과거 사건·사실에 대한 객관적 인식을 강조한 나머지 그 실용성을 상실하고 있었다는 것을 비판하고 있는 말이기 때문이다. 그렇다면 로빈슨이 생각한 역사학의 실용성, 즉 역사연구의 목적은 무엇인가?

　로빈슨에 따르면, 역사연구의 목적은 영구적인 것이 아니다. 역사학의 개념과 역사가의 역사인식이 그렇듯이, 역사학을 연구하는 목적 또한 매시대마다 나름대로 다르게 나타나는 것이다. 로마시대에는 로마가 당면한 과제가 정복과 통치였기에 폴리비오스는 그 일을 담당할 '정치가와 장군들의 행동의 안내'[2]를 위하여 역사를 연구하였고, 기독교시대에는 기독교를 합리화시키고 그것을 전파시키기 위한 목적에서, 그리고 볼테르는 그 기독교의 미신을 비판하기 위한 비판적 역사로서의 '역사철학(Philosophie de l'histoire)'에 몰두하였다는 것이다.[3]

　이처럼 역사학이 매시대마다 각각 다른 '실용적 목적'을 지니게 되었던 것은, 각 시대의 사상이나 학문은 각각 시대의 요구에 부응하지 않을 수 없다는 진리에 입각한 것이다. 즉 역사발전상의 각 매듭, 각 단계의 '현재적' 특정, 한계성은 거기에 적합하고 그것이 필요로 하는 역사학을 만들어 낼 수밖에 없었다는 것이다. 그런데 현대는 로마시대처럼 윤리문제가 역사학을 필요로 하는 시대도 아니고, 르네상스시대나 계몽주의시대처럼 자연과학적 비판의식이 역사학의 들러리 역을 청하는 시대도 아니다.

역사의 중요성을 인지한 낭만주의시대를 거쳐 역사학의 독립성과 인간사에 있어서의 역사의 중요성이 오히려 강조되고 있는 역사주의시대인 현대—인간의 삶에 있어서 역사자체와 그 역사에 대한 인식이 독자적이고 중심적인 위치를 점하게 된 20세기—에 이르러서, 역사학의 실용적 목적이란 다른 어떤 것을 위한 것이 아니라, 역사와 역사학 그 자체를 위한 목적이어야 되는 것이다.

정치나 종교, 철학이나 자연과학 등등의 다른 어떤 것을 위한 실용적 목적이 아닌, '역사 그 자체와 역사학을 위한 실용적 목적을 위한 역사학', 과연 그것은 어떤 것이며 어떤 것이어야 하는가?

로빈슨은 역사학의 실용적 목적을 궁극적으로 시민들에 대한 역사교육에서 찾은 것 같다. 다시 말해서 그의 생각을 따르면, 역사가의 임무는 역사 그 자체를 올바르게 파악하여 그것을 시민들에게 교육하고, 그 시민들로 하여금 역사 그 자체를 발전시켜 나가는 역군이 되게 하는 것이 될 것이다.

제5장에서는 로빈슨이 생각한 역사교육의 참모습이 어떤 것이며, 그러한 모습을 지니게 한 로빈슨의 역사상의 배경을 이루고 있는 것이 어떤 생각들인가 하는 것을 중심으로 논의해 보고자 한다. 이 논의

의 중심이 되는 문제들은 ① 역사교육에 대한 로빈슨의 생각, ② 현재사에 대한 로빈슨의 생각, ③ 그리고 역사적 상대주의에 있어서 로빈슨의 위치 등이 될 것이다.

2
역사교육에 대한 로빈슨의 생각

　이상에서와 같이 로빈슨이 철저한 역사주의적 입장을 고수하면서도 역사학의 실용성의 문제를 끝내 도외시할 수 없었던 데에는 로빈슨 자신이 혁신주의시대의 미국인이었다는 사실과 무관하지 않을 것으로 생각된다. 스코타임에 따르면, 미국 전통적 사상인 프래그머티즘의 강조점은 '수단(means)'에 있다. 그러기에 그것은 '목적'에 대하여 진지한 배려를 하지 않을 수 없는 것이다.[4]

　따라서 로빈슨의 '무익'에 대한 '유익'이란 결국 미국이 당시에 당면하고 있었던 현재의 제 문제를 해결하고자 하는 실용주의적 의미를 내포하고 있는 것으로 보아도 크게 그르치는 것은 아닐 것이다. 그리고 혁신주의의 특징은 진보적인 인간관을 특징으로 한다. 인간 또는 시민이 현재를 사는 의미는 현재의 낡고 그릇된 제반 현상들을 타파하고 새롭고 올바른 그 어떤 것으로 지향하는 데서 찾을 수 있는 것이다.

　이러한 상황하에 있었던 로빈슨은 특히 당시의 미국이 당면하고 있는 역사적 위치를 유럽의 17~18세기와 일치되는 것으로 이해하고 있었다. 정치, 경제, 사회, 문화, 사상 등 제 문제는 대혁명을 앞에 하고 있던 유럽의 그것과 같은 것으로 인식하였다. 역사학은 시민들을 그리고 그는 자신이 종사하고 있는 역사학이라는 학문분야에서 이러한 미국이 현재 당면하고 있는 역사적 과제의 해결을 위하여 무엇을 해야 할 것이며, 할 수 있는가를 생각한 것 같다.

그것이 바로 그가 생각한 역사학의 실용적인 목적이며, 그 목적은 시민들에 대한 올바른 역사교육에서 찾아야 한다고 생각한 것이다. 즉 역사학은 '보다 나은 인간', '보다 나은 시민'을 만드는 것을 목적으로 해야 한다는 것이다. 이러한 목적의 수행을 위하여 역사학은 시민들을 '사적이고 공적인 훈련'을 시키는데 역할을 해야 하는 것이다.[5]

그리고 그 훈련을 통하여 미국시민들로 하여금 민주주의의 뿌리를 새롭게 인식하게 하며 17~18세기의 자연법사상과 계몽주의사상에 대한 이해를 촉진시키도록 하여야 한다는 것이다. 그리고 그는 실제로 이들을 주로 강의하였다. 이 점을 노블(David Noble)은 다음과 같이 설명하고 있다.[6]

> '교육하는 철학'이라는 정의를 비교적 긍정적으로 받아 들였다.[7] 때문에 그는 실제로 역사의 대중화를 위하여 노력하였고, 이의 실천으로 역사 강의를 좋아하였고, 역사를 매력 있는 과목으로 만들기를 원하였으며, 이를 위하여 그는 언제나 역사에 대한 풍부한 견해를 지닌 고등학교 선생님들과 토론하기를 좋아하였다.[8]

그렇다면 이같이 로빈슨이 역사교육을 통하여 만들고자 한 '보다 나은 인간', '보다 나은 시민'이란 어떤 것인가? 그리고 이를 위하여 행하여야 된다고 한 '사적이고 공적인 훈련'이란 어떻게 행하여지는 것인가?

그것은 단순히 유럽의 17~18세기의 정황과 그 시대의 시작을 가르치는 것만은 아니다. 위에서 그가 역사학을 '사례를 통하여 교육하는 철학'이라고 하는 생각에 동조적이었다 하였으나, 그것은 그가 다른 많은 교훈적 역사학에 대한 비판적 입장을 취한 데 비하여 비교적 긍정적인 생각을 가지고 있었다는 것일 뿐이다.

여기서 우리가 생각하여야 할 것은 시민이나 인간이 과거나 미래의 인간이나 시민들이 아니라 바로 현재의 시민이요, 인간이라는 점이다. 로빈슨은 역사를 단순한 사건, 사실들의 집합 정도로 이해한 것이 아니라, 무한한 과거로부터 현재에까지 흘러온 하나의 거대한 유기체적 과정으로 이해하였으며, 여기서 현재란 바로 미래로 연이어져 나가는 순간으로 이해하였다.

따라서 현재의 인간, 현재의 시민은 단순히 오늘을 맹목적으로 살아가고 있을 뿐인 존재가 아니라, 현재를 삶으로써 그것으로써 미래를 창조해가고 있는 창조적 존재인 것이다. 따라서 이들에 대한 교육이란 곧 미래를 창조하는 일 그 자체인 것이다. 그러므로 역사학이 이 교육을 담당하고자 할 때, 그것은 그 현재의 인간들과 시민들을 보다 나은 인간, 보다 나은 시민으로 만들어 새로운 미래, 보다 바람직한 미래를 열어 가는 진보적 인간을 만드는 일이 되는 것이다.

때문에 로빈슨은 역사학을 교육과 연결시켰지만, 그가 역사학을 통해서 행하고자 한 교육의 내용은 종래의 역사학자들이 생각했던 것과는 다르다. 우선 그는 일반적인 인간과 시민들을 그 교육의 대상으로 생각했다는 점에서 종래의 교훈적 역사가들이 과거의 사례들을 정치가들이나 사회·군사적 지도자들을 위한 자료 내지는 감계(鑑戒)를 위하여 사용한 것과 구별된다. 그러기에 그는 투키디데스나 폴리비오스, 리비우스, 타키투스와 같은 이른바 교훈적 역사가들에 대해서 반대의 입장을 취하고 있다. 다시 말해서 그는 과거에 발생했었던 사례들을 어떤 행동을 위한 모델로 삼는다는 것은 무위의 일로 생각했다. 이 점을 로빈슨은 다음과 같이 말하고 있다.[9]

> 나폴레옹은 알렉산더나 카이사르의 책을 읽고 그것에서 얻은 지식을 그 자신의 전투에 적용하려 하였으나 실패하였다. 또 토고 제독(Admiral Togo)은 넬슨의 전략에서 유용한 힌트를 끌어내지 못하였다. 우리의 상황은 너무나 새롭기 때문에 그것은 마치 단 일세기 이전의 정치적, 군사적 전례들도 아무런 유용한 가치가 없는 것으로 보인다.

그러면 로빈슨이 역사에서 얻어낼 수 있다고 생각한 교육의 내용은 무엇인가? 교육이란 당시의 시민들과 앞으로 시민으로 성장할 젊은이들을 대상으로 하는 것일진대, 역사가로서의 로빈슨은 이들에게 무엇을 어떻게 교육하고자 하였는가? 이 점에 대해서 우리는 다음의 몇 가지를 생각할 수 있다.

첫째, 본체로서의 역사를 피교육자들에게 인식하도록 하는 것이다. 로빈슨은 기본적으로 역사학을 단순한 과거 사건·사실의 수집과 탐구 정도로 이해하지 않았다. 그는 '본체로서의 역사'를 전제로 하는 역사에 대한 연구를 생각한 사람이다. 즉 그는 역사를 과거, 현재, 미래로 연이어진 시간관계 속에서 무수한 인간들의 삶과 그 삶의 족적에 대한 지식으로 형성된 하나의 유기체로 인식한 것이다. 그리고 이러한 유기체는 현재를 출발점으로 하여 미래를 향하여 진보 발전해 가고 있는 것이다.

그런데 실증주의를 앞세운 종래의 낡은 역사학자들은 낱개로서의 사건·사실에만 매달린 결과 이러한 보편사로서의 역사를 무시하여 왔다. 따라서 새로운 역사학자들은 먼저 보편적 과정으로서의 역사를 인식하고, 그것을 피교육자에게 인식하도록 교육해야 하는 것이다.

둘째, 피교육자들로 하여금 그들의 현재를 올바르게 인식하고 그것을 근거로 하는 미래에 대한 비전을 갖게 하는 것이다. 위에서 언급된 바와 같이, 로빈슨에게서 역사는 하나의 보편적 과정으로서의 역사다. 그리고 현재란 그 과정상의 최첨단이다. 그러므로 현재를 살고 있는 사람은 그 보편적인 과정으로서의 역사를 등 뒤에 두고 있는 현재에 서서 미래를 향하여 전진하고 있는 것이다. 여기서 현재를 살고 있는 인간들은 현재를 올바르게 파악하고 그것을 기초하여 미래로 향한 진보의 길을 걸어가야 되는 것이다.

여기에 역사가의 역할은 있게 된다. 즉 역사가는 보편사로서의 역사를 올바르게 연구하여 이해함으로써 그 과정상에서의 현재를 올바르게 파악하고 그것을 근거로 미래로 향한 올바른 길을 진단한 뒤 그것을 교육을 통해서 시민들에게 제시하는 것이다. 이를 로빈슨은 다음과 같이 말하고 있다.[10]

> 역사학은 우리의 공상을 만족시켜 주고, 우리의 진지한, 또는 게으른 호기심을 충족시켜 주고, 우리의 기억력을 테스트하고, 그리고

볼링브로크경의 말처럼 '훌륭한 종류의 무지에 공헌을 할런지도 모른다. 그러나 그것이 반드시 해야 할, 그러면서도 아직까지는 효과적으로 해 본 적이 없는 단 한 가지의 일이 있다면, 그것은 우리들이 우리들 자신과 우리들의 동료들을 이해하고 인류가 현재 당면하고 있는 문제들과 전망을 이해하도록 도와주는 것이다. 그린데 이 같은 형태의 역사학의 유용성은 일반적으로 부정되어 왔다.

로빈슨의 이러한 생각은 1910년 아메리카 역사학회(the American Historical Association) 회원들에게 보내는 다음과 같은 권고에서도 나타난다.[11]

우리가 우리 자신의 시대를 이해하는 것, 즉 우리는 역사를 통해서 그렇게 할 수 있다는 것이 가장 근본적인 것입니다. 그리고 그것은 역사가들의 명백한 의무이며 그의 주요 책임입니다.

그리고 그는 시민들로 하여금 현재를 올바르게 인식하도록 하는 것이 역사학의 사명이라 하여 "역사란 우리의 기억을 인위적으로 확장시키고 넓혀서 우리에게 생소한 제 상황을 당함에 있어서 자연적으로 맞이하게 되는 당혹함을 극복하는데 사용할 수도 있다."[12]고 하였다.

현재에 살고 있는 우리들과 우리들의 동료들은 누구인가? 그들은 어떻게 태어났으며, 현재를 어떻게 살아야 하며, 또 앞으로 무엇을 위하여 살아야 할 것인가? 그리고 그들이 살고 있는 현재의 다음에는 무엇이 어떻게 전개될 것인가? 이런 질문들은 살아있는 모든 사람들, 그리고 앞으로 내일을 살아가야 할 모든 사람들에게 매우 중요한 관심사가 아닐 수 없다. 역사는 이런 것들에 대한 답변을 제공해 주는 것을 그 의무와 책임으로 한다는 것이다.

셋째, 역사가는 시민들에게 현재에 관련한 많은 지식을 제공해주어야 하는 책임을 지니고 있다. 로빈슨에 따르면, 역사란 인간생활에 대한 무한한 지식의 보고다. 그러므로 역사가는 과거 인간에 관한 지식을 연구하여 현재를 살고 있는 인간과 시민들에게 이를 제공해 주어 그들로 하여금 참다운 삶을 살 수 있게 하는 역할을 해야 하는 것이다.

물론 위에서 언급한대로 로빈슨은 과거의 사례들을 현재에 사는 이들이 당면한 어떤 구체적 문제를 해결하기 위해 활용한다는 의미의 교훈적 역사학에 반대하고 있다. 그러나 그에 따르면 과거 인간에 관한 많은 지식의 습득은 현재를 살아가는데 많은 유익을 제공한다. 다음은 로빈슨의 이에 대한 견해다.[13]

센스 있는 목공이나 연관공은 먼 곳에서 일어날 비상시를 대비하기 위하여 언제나 그의 뒷주머니에 톱을 가지고 다니지도 않고, 그의 어깨에 납 파이프 코일을 둘러메고 다니지도 않는다. 그는 그의 도구와 재료를 위하여 그의 상점과 그의 도구함으로 가곤 한다. 값싸고 편리한 참고서를 가지고 있는 오늘날, 역사학도들은 더 이상 지적인 조우(遭遇)를 위하여 중무장을 할 필요는 없다. 물론 모든 지식,

설사 잘 망각되는 지식일지라도, 그것은 정확한 균형감각을 갖는 어떤 습관(a certain habit of accuracy and sense of proportion)을 낳을지도 모른다. 그러나 공식들(formulas)은 지식을 따라야 한다. 마치 그것들이 우리의 최선의 수학 교과서에서 그렇듯이 역사교육에 있어서 우리는 일상적으로 우선 우리의 공식들을 제공해 왔다.

이상에서 논의된 로빈슨의 역사교육에 대한 생각을 정리하면, 한마디로 역사학은 보편사로서의 발전과정상에 있는 역사의 최첨단인 현재에 모든 강조점을 두어야 한다는 것이다. 다시 말해서 역사과정상에서의 현재를 올바르게 파악하고, 그것을 인간과 시민들에게 올바르게 인식하게 함으로써, 현재를 출발점으로 하는 미래사를 개척해 나가는 힘을 제공한다는 것이다.

여기서 우리는 '모든 역사는 현재사'라고 하는 명제를 앞세운 현재주의의 생각, 그리고 그것이 지니는 특성으로서의 역사적 상대주의와 그의 관계를 음미해 볼 필요를 느끼게 된다.

3
로빈슨의 현재사

　이상에서 본 바와 같이 로빈슨에게서 역사학의 목적은 궁극적으로 '현재'라는 것에 귀착된다. 그러면 로빈슨이 생각한 현재란 어떤 것인가?

　앞에서도 언급되었듯이 로빈슨에게서 현재란 뒤로는 과거와 앞으로는 미래와 연결되어 있는 시간과정에 있어서의 한 지점인 것이다. 그리고 이것은 무한한 과거, 인류가 이 땅에 처음으로 출현하여 삶의 흔적을 남기기 시작한 때를 출발점으로 하고, 앞으로 인류의 삶이 지속되는 날까지 연이어진 거대한 인류군단의 삶의 행진으로 형성된 본체로서의 역사의 발전과정상에서의 최첨단의 전위적 위치이다. 그러므로 로빈슨에게서 역사란 운동의 한 가지 형태이며 또한 그것은 목적을 지닌 운동이다.(History is essentially a form of movement, and purposive movement too.)[14]

　이처럼 로빈슨은 역사를 과거로부터 미래로 향하여 진행되어 가는 과정으로 이해하였고, 때문에 '진보적 절대주의자로 불리어질 수도 있을'[15] 만큼 철저하게 역사의 진보를 신앙하였다. 그리고 미래에 실현되어야 할 아이디어가 설정되었을 때는 그것의 실현을 위하여 현

재를 사는 모든 사람들은 총력을 기울여야 된다는 생각을 가지고 있었던 역사가다.[16]

따라서 역사가도 그가 마땅히 하여야 할 일은 역사의 진보를 위한 사업에의 참여이며 그를 위한 봉사다. 즉 그는 인간은 매시대에 그 상황을 개선하여 왔고 또 개선할 것이라는 믿음 또는 희망 위에 그의 진보에 대한 신념을 세워 이 진보를 위해 모든 현재인은 총력을 기울일 것을 주창했다.[17]

이런 점에서 로빈슨은 현재를 위해 매우 유용한 기록된 역사의 필요성을 대중화시킨 실용주의적 역사가였다.[18] 즉 로빈슨의 이상적인 역사학은 골동품 수집가들의 휘갈겨 쓴 글들이 아니라, 인류에게 중요한 것이었다.[19] 그리고 이렇게 쓰이어진 역사야말로 그가 말하는 뉴 히스토리이다. 그리고 이러한 의미에서 로빈슨의 뉴 히스토리는 현재사이기도 하다.[20]

이처럼 역사학의 일은 현재의 이용을 위해서 과거를 개발한다는 것이며, 이것은 역사가가 현재의 의미에 대해서 의문을 제기함으로써 가능해지는 것이다.[21]

여기서 로빈슨의 현재사의 한 가지 개념, 즉 역사는 현재의 문제를 해결하기 위하여 서술되고 교육되어야 한다는 실용주의적인 경향을 지닌 현재사의 개념이 성립된다. 이를 따르면, 모든 역사가는 현재에 주어진 그 시대의 문제점을 포착하고, 그 문제를 해결하기 위한 목적을 위하여 역사를 연구하고, 그에 입각해서 역사를 서술해야 된다는 것이다.

이상과 같은 생각은 어쩌면 '모든 역사는 현재사다.'라는 주장으로 널리 알려진 이탈리아의 크로체의 생각과 매우 일치하는 것으로 이해될 수도 있다. 그러나 본체로서의 역사과정을 전제로 내세운 로빈슨의 생각과 그것을 논외의 것으로 취급한(잠정적으로 인정하였는지는 모르지만) 크로체의 생각과는 많은 차이가 있다.

로빈슨이 생각한 '유용한 역사학'이라는 것이 본체로서의 역사가 진보 발전해 가고 있는 과정의 최첨단이라는 현재에 입각해서, 현재의 문제를 극복하고 미래를 열어가기 위한다는 의미의 유용성을 의미하는 것이라고 할 때, 그 유용성이 참된 유용성이 되기 위해서는 본체로서의 역사에 대한 인식이 정확한 것이 아니어서는 아니 된다. 때문에 현재의 요구에 따라 역사가 연구되고 서술되어야 한다는 원칙적인 점에서 로빈슨과 크로체의 현재사의 개념이 일치되지만, 그러한 현재사를 어떻게 써야 할 것인가에 대한 문제에서는 많은 차별성을 보이고 있다.

크로체의 경우가 사상사적 입장을 강조하여, 죽어있는 과거의 사건·사실들에 역사가의 현재 생에 대한 관심에 근거한 정신을 주입시켜서 써야 된다고 한 데 비하여, 로빈슨의 경우는 보다 정확한 지식에 근거한 과거에 대한 보다 정확한 인식에 근거해서 과거를 연구하고 그것을 서술하여야 한다는 입장이다.

그리고 이를 위해서는 현재에 발전되어 있는 인간에 관련한 모든 과학들, 이를테면 인류학, 고고학, 정치학, 경제학, 사회심리학, 종교학 등을 동원하여 과거 인간에 관련된 제반 분야에 대한 철저한 연구가 있어야 한다는 것이다. 이런 의미에서 로빈슨의 현재사의 의미는 크로체의 사상사, 즉 '모든 역사는 사상사'라는 생각에서 나온 현재사의 개념과는 달리 일종의 지식사회학적인 입장을 보이는 것이라 하겠다.

여기서 로빈슨이 또다시 크로체와의 차별성을 나타내게 된다. 즉 크로체의 논리를 따르면, 매시대의 역사가들은 그 시대마다 새로운 역사를 써야 된다. 매시대마다 그 시대의 현재 생에 대한 관심이 상이하고, 그 시대의 사상이 다르기 때문이다. 그러나 로빈슨이 역사를 다시 써야 된다 함은 시대가 바뀌어 미래로 갈수록 인간의 지혜는 발달하고 인간의 지식의 영역은 확대되어, 동일한 신석기인이나 고대인들을 대상으로 연구하고 그것을 역사로 서술한다 할지라도 앞으로 다가오는 '현재'에는 그것을 인식하는 분야와 면이 보다 다양해지고 복잡해지기 때문이다.

지금은 과거인류를 이해하고자 함에 있어서 고고학이나 인류학, 정치학이나, 경제학, 종교학이나 사회심리학 정도의 학문을 통하여 볼 수 있는 분야와 면만을 보고 있지만, 미래에는 그 어떤 학문, 이를테면 양자역학이나 천체물리학과 우주공학까지를 활용하여야 인류의 무한한 과거생활을 이해할 수 있는 단계가 올지도 모르기 때문이다.

그러므로 로빈슨에게서는 역사학이란 단순히 과거에 대한 학문이 아니라, 현재에 대한 학문이어야 한다. 즉 역사학도는 과거의 사건·사실들에 대한 조사탐구에 앞서서 현재의 제 과학을 연구하지 않으면 아니 된다. 그리고 현재의 현안 문제가 무엇인가를 먼저 포착하여야 한다.[22] 때문에 역사학도의 일차적 조건은 겸허한 자기성찰이다. 자신이 얼마나 무지한가에 대한 인식에서 출발점을 찾아야 한다. 고

로 로빈슨은 다음과 같이 이 점을 고백하고 있다.[23]

나는 솔직히 역사가의 무지를 폭로하였다. 즉 역사가는 아주 겸허하게 이것을 받아들이고 있다. 그리고 고도로 발전한 과학적 방법을 적용함으로써 이를 시정하기 위하여 모든 노력을 다 하고 있다.

4
로빈슨의 역사적 상대주의

1. 인터레스트(Interest)

앞에서 언급한 로빈슨에게서의 현재사를 요점적으로 말하면, 첫째 모든 역사는 현재의 필요에서 쓰여 진다는 의미와, 둘째 모든 역사가는 현재의 제 조건—현재의 역사적 환경에 대한 인식과 현재에 발전되어 있는 모든 과학에 대한 지식을 근거로 쓰이어져야 한다는 의미를 포함하고 있는 것이다.

여기에 로빈슨의 역사적 상대주의는 그 뿌리를 갖게 된다. 즉 로빈슨은 '현재에서의 이용을 위해서 과거를 개발한다는 것은 역사가가 현재의 의미에 대해서 의문을 제기함으로써 가능해지는 것이다.'라고 말하였다.[24]

그렇다면 현재의 의미에 대해서 제기되는 의문의 근거는 무엇인가? 그는 한 마디로 그것을 인터레스트라 하였다. 즉 로빈슨에 따르면, 역사적 환경은 역사가의 아이디어를 규정하고 그 아이디어는 역사서술의 특성을 규정한다고 하였다.

그러면 로빈슨이 말하는 역사적 환경이란 무엇인가? 로빈슨은 'Historic setting'이라는 말을 쓰고 있는데, 이것은 '역사적 상황' 또는

'매시대의 역사적 현재를 구성하고 있는 제반 상황'을 의미하는 것이 아닌가 한다. 다음은 로빈슨의 말이다.[25]

> 우리는 문학, 철학, 제반 제도들, 그리고 예술에 대한 우리의 불확실한 지식을 소위 'historic setting'이라고 하는 것에 안치시킬 준비를 한다.

한마디로 로빈슨에 따르면, 인간은 원칙적으로 원시인이나 현대인이나, 또는 야만인이나 문명인이나 그 정신적 능력이나 자질에 있어서 평등하다. 그럼에도 불구하고 혹자는 문명인으로 혹자는 미개인으로 구별되는 것은 오로지 그들이 처하여 있는 환경과 그에 따른 교육의 결과일 뿐이다. 이 점을 그는 다음과 같이 말하고 있다.[26]

> 우리들 중에서 가장 문명적인 이들과 오늘날 지구상에서 추적하여 관찰할 수 있는 중에서 가장 저개발 상태에 있는 야만인을 구별할 수 있는 것은 오로지 교육과 사회 환경일 뿐이다.

그러면 왜 현대인은 문명인이고, 원시인은 야만인이어야 하는가? 로빈슨의 생각에 의하면, 역사상 현재는 언제나 그 시대를 사는 사람들에 의하여 극복되어야 할 어떤 것이다. 그런데 원시인은 그들의 현재가 있고, 현대인은 나름대로의 현재가 있으며 야만인은 야만인대로, 문명인은 문명인대로, 그들의 현재가 있다. 그리고 그 '현재'에는 각각 나름대로의 축적된 지식체계, 문명체제, 그리고 이 위에 근거한 문제점들이 있다. 다시 말해서, 타제석기는 구석기시대에 인간이 고안해 낸 최고 최선의 이기요, 최고 최선의 지식의 응용 결과다. 그리

고 20세기에는 컴퓨터나 우주왕복선이 최선의 이기요, 최고 최선의 지식의 응용 결과다.[27]

이를 사회 환경이라 할 때, 이 '현재'를 사는 이들은 나름대로의 문제의식, 즉 관심사가 있게 마련이다. 이 관심사는 이를 먼저 갖게 된 자가 아직 갖지 못한 자에게 교육하고, 서로 그 문제의 해결방법을 모색하여 간다. 그런데 로빈슨에 따르면, 역사가야말로 이러한 교육을 담당해야 할 사람이라는 것이다.

왜냐하면 역사학은 과거를 연구함으로써 현재의 문제를 포착하고 미래에 대한 비전을 갖는 것을 그 목적으로 하는 것이기 때문이다. 그리고 과거로부터 현재의 문제를 해결할 수 있는 방법을 발견하는 것이기 때문이다.

이와 같이 로빈슨의 역사적 환경이 매시대의 역사적 현재를 의미하는 것이고, 그 현재는 그 시대를 사는 이들에게 문제의식, 즉 인터레스트를 발생시키는 것이라고 할 때, 이것은 크로체의 생각, 즉 현재의 상황은 그 시대를 사는 인간으로 하여금 현재 생에 대한 관심(interest of present life)을 갖게 하고, 그 관심에 근거해서 역사는 쓰이어진다고 하는 생각과 일치하는 것이다.[28]

실제로 로빈슨은 역사학의 개념이 각 시대에 그 시대의 관심, 철학에 의해서 규정된다고 하여 다음과 같이 말하고 있다.[29]

투키디데스, 폴리비오스, 그리고 타키투스에게 있어서 역사학은 인간적이고 세속적인 것이다. 그것이 갖는 의의는 현세적인 것에 제한되어 있었다. 그들에게 있어서 신들의 영향과 섭리에 대한 어떤 암시는 전혀 논외의 것이었다. 그러나 기독교교회의 성립과 더불어서 과거는 종교적이고 신학적인 의미를 취하기 시작하였다.

이는 콜링우드의 '중세의 철학은 신학의 시녀가 아니라, 역으로 중세에 신학이 중요시된 것은 그 시대인의 철학의 반영이다.'고 한 주장과도 일치된다.[30]

오히려 로빈슨의 인터레스트에 대한 생각은 이들보다 더 강렬하다. 그에 따르면, 모든 아이디어의 뿌리는 언제나 자기관심(the self-interest)에 있는데, 이것은 인간이 생존하기 위한 선천적인 자기방어 기제인 것이다. 그는 이것을 이렇게 표현하고 있다.[31]

"우리는 공격으로부터 우리 자신을 완강하게 방어하기로 이미 선천적으로 서약되어 있다. 그 공격이 우리자신에 대한 것이든 우리의 가족, 우리의 재산 또는 우리의 의견에 대한 것이든……."

어쩌면 이러한 로빈슨의 인터레스트는 쇼펜하우어의 삶에의 의지와 일치되는 것으로 생각할 수도 있지 않은가 생각되어진다. 다음은 쇼펜하우어의 의지에 대한 설명 중 한 문단이다.[32]

우리가 여러 가지 이유와 설명을 늘어놓으며 상대를 설득하려고 애를 쓰면서 논쟁을 할 때, 결국 상대는 이해하려는 '의지'가 없고, 문제는 상대의 '의지'에 달려 있다는 사실을 알게 되는 것처럼 화나는 경우는 없다. 그러므로 논리학은 소용이 없다. 아직껏 논리학에 의해 사람을 설득시킨 예는 없다. 논리학자들조차도 논리학을 수입원으로 이용하고 있을 뿐이다. 설득하려면 상대방의 '이익', '욕망', '의지'에 호소하여야 한다. 우리들이 얼마나 오랫동안 승리를 기억하고 얼마나 빨리 패배를 잊어버리는가를 생각해 보라. 기억은 '의지'의 하인이다.

위의 문장에서 '의지'라는 말을 로빈슨의 '인터레스트'라는 말로 바꾸어 놓는다 하여도 그 의미상에 있어서는 아무런 차이가 없게 된다. 이익(interest), 욕망, 의지는 관심의 원인이 되는 것이고, 기억은 관심이 있는 것에 한해서만 가능한 것이다. 인간의 머리가 기계적인, 즉 컴퓨터적인 기억을 하는 것이 아니라면, 기억이란 관심을 가졌을 때 가능한 것이며, 설사 컴퓨터적인 기계라 하더라도 그것에 대한 관심이 생겼을 때 비로소 재생되는 것이기 때문이다. 그러기에 기억은 '관심'의 하인이다.

로빈슨이 말하는 인터레스트란 위에서 본 것처럼 쇼펜하우어의 의지와 다른 것이 없다. 다만 쇼펜하우어는 의지를 인간의 생존이라는 측면을 강조해서 생각하였고,[33] 역사학자인 로빈슨은 인터레스트를 역사와 연결시켜 생각하였다는 차이가 있을 뿐이다. 따라서 쇼펜하우어의 '의지'는 시간성을 전제하지 않은 인간의 일반적 삶의 의지인데 비하여, 로빈슨의 관심은 '현재'라는 시간선상의 한 위치에서 갖게 되는 역사적 관심이라는 차이가 있다. 그리고 쇼펜하우어의 의지는 단지 인간의 '살려는 의지'인데 비하여, 로빈슨의 관심은 미래를 개척하려는 창조적 또는 정신적 의지를 내포하고 있다는 것이다. 그런 점에서 로빈슨의 인터레스트는 오히려 니체의 권력의 의지(Wille zur

Macht)에 더 가까운 것이라 생각된다.

2. 역사적 상대주의

이와 같이 로빈슨에게서 인터레스트는 인간의 모든 행위의 원인이다. 그리고 역사가의 역사서술이라고 하는 행위는 그 역사가가 처해 있는 현재에 갖게 되는 인터레스트의 표현이다. 즉 현재라는 역사적 환경은 역사가로 하여금 현재적 관심을 갖게 하고, 그 관심은 현재의 문제를 파악하게 하고, 또 그것을 해결하기 위한 아이디어를 개발하게 한다.

이처럼 환경이 인터레스트를 규정하고, 그 인터레스트가 아이디어를 만들어 내고, 그 아이디어의 표출로써 역사가 서술되는 것이라고 할 때, 우리가 생각해 두지 않으면 아니 될 것이 있다. 로빈슨은 진리를 어떻게 생각하고 있는가 하는 것이 그것이다. 즉 그는 객관적 진리라는 것을 부정하고 있는 것인가? 아니면 진리란 실재하는 것이 아니고, 다만 인간이 그가 처한 환경의 필요에 따라 생각해 내고 그것을 진리라는 이름으로 고집하는 것에 불과한 것으로 생각하고 있는가 하는 것이다. 다시 말해서 로빈슨은 진리의 문제에 있어서 상대주의자인가 아닌가 하는 것이다.

주지하는 바와 같이, 로빈슨은 역사는 시대마다 다시 쓰이어져야 한다는 것을 몇 번이고 반복하고 있다. 왜 그는 이것을 그렇게 강조하는 것일까? 그는 이에 대해서 다음과 같이 설명하고 있다.[34]

일상적으로 생각되어지는 과거란 고정된 것으로, 충분히 정착된 것으로 생각되었다. 신학자들은 전지전능한 신조차도 그것을 변경시킬 힘을 지니고 있지 못하다고 생각하였다. 그러면 왜 역사는 그것의 서술을 위하여 사용할 수 있는 지식을 저장해 가지고 있으면서도, 어떤 훌륭한 역사가에 의해서도 원래대로 기술되지 못하고 있는가?

역사가는 대답할 것이다. 시간이 흘러감에 따라서 과거에 대한 정보는 더욱 더 많아지고 있다고. 그리고 낡은 오류들은 지속적으로 밝혀지며 정제되며, 그리고 새로운 견해는 계속 발견되고, 그래서 사건과 상황에 대한 보다 낡은 설명들은 보다 훌륭하고 보다 정확한 설명들에 의해서 대치되는 경향이라고. 이것은 확실하다. 그러나 새로운 세대의 역사가들 각자가 그들의 선배들이 범한 과오를 교정한다는 그들의 의무를 다하는 것을 인정한다면, 그것이 바로 필요한 것 모두인가? 그들이 그들의 자료선정에 있어서, 그리고 그들의 선배 작가들에 의해서 설정된 사례들에 따라서 이루어진 그에 대한 판단에 있어서 인도되도록 허용하는 것은 위험이 없는가?

역사가들은 과거 세대 기간에 수합되어 온 인류일반에 관한 전대미문의 많은 새로운 지식에 그리고 인간과 사회에 대한 우리의 견해에 있어서 자리하고 있는 태도에 대한 기본적인 변화에, 그들이 마땅히 해야 할 만큼 민첩하게, 적응하고 있는가?

이처럼 역사가들은 신조차 변경시킬 수 없는 과거의 사실들과 지식들을 두고도 그것을 있었던 대로 서술할 수 없다. 때문에 매시대마다 역사가들은 지속적으로 그들 선배 역사가들의 과오를 교정하고,

과거라는 자료창고에서 새로운 자료를 새롭게 선정하고, 또 기왕에 선정되었던 사료들일지라도 새로운 판단을 해야 하고, 또 그에 따라서 새로운 자세를 지녀야 되는 것이다. 그뿐만 아니라 과거라는 자료창고와는 전혀 무관하더라도, 그 시대에 새로이 개발된 새로운 지식, 새로운 과학을 통원하여 새로운 시각과 새로운 의식을 갖도록 노력하여야 하는 것이다. 이렇게 해서 매시대의 역사가는 나름대로의 새로운 역사를 서술해야 하는 것이다. 때문에 로빈슨은 역사가가 '역사를 서술한다 함은 자료를 선택하고 배열하는 것인데, 이것은 주관적, 상대적일 수밖에 없다.'고[35] 잘라서 말하였다.

이 말을 액면 그대로 받아들인다면, 로빈슨을 상대주의자로 규정지을 수도 있을 것이다. 그러나 노아(Ellen Nore)에 따르면, 그는 상대주의 이전의 학자다. 즉 그는 상대주의가 이론적으로 구성되기 이전 시대의 학자다. 다음은 노아가 로빈슨과 상대주의에 대하여 한 말이다.[36]

쓰이어진 역사를 위한 자료들은 제한되어 있다. 이처럼 자료가 제한되어 있다고 하는 것, 그리고 역사가는 그가 쓰고자 하는 사건을 거의 경험하지 못한 사람이라고 하는 사실, 이러한 것들은 역사는 결코 물리학, 화학, 생리학, 심지어는 인류학이 과학이라는 의미에서의 과학(객관적 관찰이 가능한 과학 : 필자 주)이 될 수 없다는 것을 로빈슨은 1908년에 확실하게 깨달았다. 역사의 현상은 몸서리쳐질 정도로 복잡한 것이다. 그리고 우리는 우리가 지니고 있는 사실들을 인위적으로 분석한다든가 경험하는 방법을 가지고 있지 못하다. (중략)

로빈슨은 베어드가 상대주의로 전환하게 되는 데 있어서 기본이 되었던 해석과 사실의 구별을 시도하고 있었다.

한마디로 로빈슨은 일반적인 역사적 상대주의자들, 예를 들면 베어드나 칼 베커와 같은 이들이 생각하였던 것과 마찬가지로 역사학을 자연과학과 그 방법론적인 의미에서 동일시할 수 없다는 것을 깨닫고 있었으며, 어차피 역사학에 있어서 역사의 객관적 실재를 파악한다는 것은 불가능하다는 것을 인정하였다는 것이다. 그러나 그렇다고 그가 베어드와 마찬가지로 스스로 역사적 상대주의자임을 자처하지는 않았다는 것이다.

그것은 시기적으로도 그럴 수밖에 없었던 것이다. 로빈슨은 1908년에 이 문제를 '확실히 깨달았는데' 상대주의가 세간의 관심을 크게 불러일으킨 것은 아인슈타인이 1915년 그의 상대성이론을 발표하고 1919년에 그리니치 천문대에서 이를 공식적으로 인정하게 된 이후의 일이기 때문이다.

그리고 역사적 상대주의자의 대표자라 할 수 있는 찰스 베어드도 1930년대에 이르러서 그 유명한 '고상한 꿈(That noble dream)'을 발표함으로써 이를 공식적으로 선포하였기 때문이다. 한마디로 로빈슨은 역사의 서술이 어차피 상대적일 수밖에 없다는 것을 알고는 있었으나 아직 이를 '역사적 상대주의'라는 표현을 써서 확인할 수 있는 단계에는 이르지 못했던 것이다.

이 점에 대해서 스코타임은 로빈슨은 '환경적 해석자일 수는 있어도 상대주의자일 수는 없다'고 주장하여 다음과 같이 로빈슨의 입장

을 대변해 주고 있다.[37]

놀라운 것은 로빈슨이 역사적 환경들이 인간의 사고의 성격을 아이디어들의 역사적 상대주의 이론으로 규정짓는 주장을 전개시키지 못하였다는 것이다. 그것은 그가, 이글스턴(Eggleston)과 같이, 지나친 진보주의자라든가, 인류사의 진보적 개선에 대한 지나친 광신자라든가 하는 것 때문이 아니다. 사회는 진화하여 왔고, 아직도 보다 더 좋은 사회로 진화되어 가고 있다고 하는 로빈슨의 확신은 그가 환경적 해석자(environmental interpreter)일 수는 있었어도 상대주의자일 수는 없었던 근본적인 이유였다. 이와 동일한 확신은 로빈슨이 다른 문제를 논의할 때, 어떤 아이디어들의 기원과 발전에 대해서 언급함에 있어서 환경적 해석을 강조하지 않았다고 하는 사실과도 연관된다.

그러면 환경적 해석자란 무엇을 의미하는가? 스코타임이 로빈슨을 가리켜 상대주의자는 아니고 환경적 해석자라고 하였을 때, 사용하고 있는 '상대주의'라는 용어는 객관적으로 실재하는 진리의 존재를 부정하고, 진리란 그때그때마다 상황의 필요에 따라 만들어지는 것이라는 의미를 내포하고 있다. 그리고 로빈슨이 그러한 상대주의자가 아니라 환경적 해석자라는 것은 진리 그 자체는 영구불변하는 객관적 실재이지만, 그것이 단번에 자신의 본모습을 표출하지 아니하고 역사라고 하는 과정을 통하여 그 역사의 매단계마다 그 단계의 수준과 상황, 즉 역사적 환경에 알맞게 자신을 표출하고 있으므로, 인간이 그 진리를 포착한다 함은 역사의 매단계에서 그 환경에 입각한 진리에 대한 해석을 할 뿐이라는 의미로 이해되어야 한다는 입장을 취한 사람이라는 것이다. 이러한 로빈슨의 입장은 크로체의 사상적 선배요, 그 원천인 이탈리아의 비코의 입장과 유사한 것이 아닌가 한다.

비코에 따르면, 진리란 그 자체대로 존재하는 인식이전의 것으로 존재하는 것과 인간에 의해 인식된 진리로 구별될 수 있다. 그중에 인간에 의해 인식된 진리란 인간에 의해 창조(발견·발명)된 것이다.[38] 그런데 인간의 창조란 인간의 정신에 의해서 이루어지는데, 그 인간의 정신은 역사상 매단계의 조건들에 의해서, 그 한계와 특성이 규정된다. 그리고 역사상 매단계에서 인간정신이 창출해 내고 있는 모든 지식의 형태는 그 단계에 있어서는 최고 최선의 것이다. 다시 말해서 매시대의 인간은 그 시대의 역사적 단계에 따라 규정된 정신적 수준에 따라 사물을 인식하고 그것을 그 수준에서 표현함으로써 그 시대의 지식의 특징, 문화의 성격 또는 사회 및 정치, 경제의 특수성을 타나내고 있는 것이다.[39] 비코에 의하면 신은 절대적 진리 그 자체다. 그러나 그 진리는 그 자체 대로서는 표상될 수 없고, 섭리를 통해서 연결된 인간정신에 의해서 발전되고 인식되며, 그것을 통해서 표상된다.

이 같은 인간정신에 의한 진리의 표상과정이 역사의 과정이다. 그러나 인간정신은 처음부터 완전한 신적 또는 절대적 진리를 발견, 또는 인식할 수 없고, 다만 그것이 처하여 있는 역사적 단계 또는 상태에 의해서 규정된 정신의 수준에 맞는 범위 안에서의 진리만을 표현한다. 이렇게 해서 표현된 매시대의 진리는 언제나 불완전성, 부적합성을 포함하고 있는 것이다. 그러므로 매시대의 인간정신은 그 불완전성, 부적합성을 발견하고 그것을 극복하기 위한 노력을 한다. 그 결

과 역사상 각 시대는 다음 단계로 발전되어 간다.[40]

크로체나 콜링우드의 현재주의와 역사적 상대주의 앞에 비코가 있었고, 물론 시대적 격차에 있어서는 차이가 있다 하겠으나, 베어드와 칼 베커 이전에 로빈슨이 있었다는 것은 재미있는 우연이라 할 수 있다. 여하튼 로빈슨은 역사를 인식하고 그것을 서술한다고 하는 점에 있어서 상대주의적인 생각을 하고 있었지만 아직 상대주의자는 아니었다. 그런 점에서 로빈슨은 상대주의자들의 바로 전 단계에 위치해 있었던 학자들 중의 한 사람이었다.[41] 이러한 로빈슨의 상대주의에 있어서의 위치를 아더 마위크(Arthur Marwick)는 다음과 같이 설명하고 있다.[42]

역사는 현재의 정신적 요구에 따라서 쓰이어지지 않으며 아니 된다는 것을 강조함으로써 로빈슨과 '신사학파(New Historians)'는 일종의 역사적 상대주의를 적용하고 있었다. 그러나 역사적 상대주의의 가장 성숙한 진술을 1910년 베커에 의해서 출간된 논문에서 나타난다.

5
한국 사학계의 현주소는 어디인가?

칼 베커는 역사학의 사회적 역할에 대해서 다음과 같이 묻고 있다.[43]

> 19세기를 역사학의 시대라고 일컬을 정도로 많은 역사학의 연구가 이루어졌는데—이 모든 전문적인 연구들은 오늘날의 사회생활에 어떠한 영향을 끼쳤는가? 그것은 정치가들의 어리석음을 억제하기 위하여, 행정가들의 지혜를 강화하기 위하여 어떤 것을 하였는가? 그것은 인민대중을 계몽시키고 그들로 하여금 보다 큰 지혜를 지니고 행동할 수 있도록, 또는 보다 이성적인 목적에 상응해서 행동하도록 하기 위해서 무엇을 하였는가? 확실히 전문적인 역사연구의 백 년은 세계대전을 방지하기 위하여 한 일이 아무것도 없다.

해방 후 반세기가 지나는 동안, 한국의 역사학계도 나름대로 많은 발전을 하여 온 것으로 자평하고 있는데, 과연 지금까지의, 그리고 현재의 역사학자나 역사교육에 임하고 있는 역사교사들은 사회적으로 무엇을 어떻게 해 왔는가?

혹시 실증주의 사학이라는 미명아래, 낱개로서의 사건·사실들에

치중한 나머지 보편적 세계사로서의 역사를 전혀 염두에서조차도 배제하고 있었던 것은 아닌가? 현재의 우리의 삶과의 관계는 무시한 채, 사건·사실들의 발굴과 그것들에 대한 지식의 맹목적인 전달에 그치는 교육으로 일관하여 오지는 않았는가?

혹시 민족사관의 확립이라는 미명아래, 보편적 세계사의 실체를 외면한 채, 몇몇 영웅들이나 민족감정을 고양시키기에 필요한 몇몇 사건들을 모델로 내세워서 억지춘향격의 사례들을 통한 윤리도덕교육을 역사교육으로 착각하고 있었던 것은 아닌가?

혹시 소위 과학적 진리라는 명분아래 결정론적 독단에 사로잡혀 시대의 변천과 더불어 이미 진부해져 버린 어떤 도그마를 금과옥조로 받들어 모시면서 역사적 진리의 상대성을 외면하고 있었던 것은 아닌가?

혹시 역사학은 역사학이니만큼 타학문과는 무관하다는 지나친 독립의식에 입각하여 현재에 새로이 성립, 발전되어 있는 수많은 타학문들과의 관계, 그 학문들을 통한 어떤 비판과 이해, 해석을 무시한 채 그것을 가르치지는 않았는가?

이러한 교육의 결과는 무엇이었는가? 그것은 어쩌면 로빈슨이 포함되어 있었던 컬럼비아 학파의 역사학자들이 우려했던 바와 같이 '가장 유식하면서도 가장 무익한 인간들'을 만들어내는 학문으로서의 모습을 나타내고 있었는지도 모른다. 여기서 우리는 위에서 논의된 로빈슨의 생각을 요약·정리함으로써 오늘날 역사학도들과 역사교사들의 사명과 자세를 재조명해 볼 필요를 느낀다.

첫째, 보편사의 과정으로서의 역사를 인식하고 그것을 교육하기 위하여 노력을 하여야 한다는 것이다.

둘째, 보편사의 과정에서의 최첨단인 현재에 대한 올바른 인식을 하고 현재가 지니고 있는 문제를 포착하도록 노력하고, 그것을 인간과 시민들에게 교육시킴으로써 그들 모두가 새로운 미래사를 개척해 나가는 데 일익을 담당하도록 하여야 한다는 것이다.

셋째, 역사에 대한 연구를 통하여 우리들의 인류에 대한 지식을 확대시키고, 경험의 세계를 넓혀 나가야 한다는 것이다.[44] 역사의 발전은 동시에 인류의 인류에 대한 지식의 확대, 발전 과정이다. 때문에 시대가 변천되어감에 따라 새로운 분야의 제 과학이 성립, 발전되는 것이다. 역사학이 죽지 않고 계속해서 그의 생명을 보전하고 또 스스로 성장해 나가기 위해서는 이러한 새로운 지식과 새로 발생하는 제 과학들과의 끊임없는 교호작용을 하여야 할 것이다. 또 이렇게 확장되어 가는 지식에 역사라는 틀을 지니고 인간들 또는 시민들에게 교육하여야 할 것이다.

이렇게 확대된 경험의 세계를 단순히 즐기는 것으로 끝이 나든, 또는 이렇게 확대된 경험의 세계를 활용하여 위에서 언급한 바, 현재를 올바르게 이해하고 그것을 근거로 하여 닥쳐오는 미래에 대처하는 지혜를 얻어내든, 여하튼 한 인간이 역사의 연구나 공부를 통하여 그의 경험의 세계를 과거로, 그리고 미래로 확대시킬 수 있다는 것은 그의 삶을 살아가는 데 있어서 즐거움이 아닐 수 없으며, 중요한 것이 되지 않을 수 없음은 틀림이 없는 것이다.

제6장
칼 베커의 역사사상

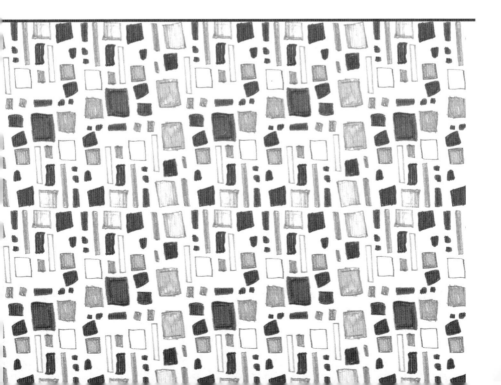

1
칼 베커에 대한 오해

최근 양병우 교수[1]는 《역사논초》라는 제목의 작은 단행본을 발표하였다. 여기서 그는 칼 베커의 논문 〈Everyman His Own Historian(각 개인은 그 자신이 역사가)〉을 중심으로 역사의 주관성에 관하여 문제를 제기하고 있다. 그에 따르면, 어떻게 '모든 사람이 나름대로의 역사가'라고 주장할 수가 있는가 하는 것이다. 베커가 이러한 주장을 하는 것은 그가 주관주의자, 상대주의자이기 때문이라는 것이다. 양 선생이 베커를 주관주의자 또는 상대주의자라고 지칭하는 말속에는 상당히 매도적인 의미가 포함되어 있다. 다음은 이러한 선생의 감정이 잘 나타나 있는 글이다.[2]

> 그러나 그것으로 상대주의를 정당화할 수 있는 것일까. 일반적으로 말해서 그의 말마따나 '역사의 목적, 욕망, 선입관, 편견 등이 과거를 인식하는 과정에 개입한다.'는 것은 흔히 볼 수 있는 사실이다. 때로는 무의식적으로, 때로는 의식적으로 개입한다. '역사가 나를 통해 말한다.'고 한 퓌스텔(Fustel de Coulanges)이 전자의 경우이며, 역사서술로써 호헨촐레른 왕가에 의한 통일국가 수립을 추진하려 한 독

일 프로이센 학파는 후자의 경우에 속한다. 그러나 그와 같은 개입이 사실이라고 해서, 그것이 정당화될 수 있는 것은 결코 아니다. 그것은 마치 거짓말을 하는 것은 우리가 일상 겪는 일이지만, 그렇다고 거짓말을 해도 좋다고 할 수 없는 것과 같다고 할 것이다.

즉 양 선생에 따르면, 주관주의란 정당화될 수도 없고, 되어서도 아니 되는 것이다. 그런데 베커는 이러한 주관주의를 정당화시키며 나아가서는 주관을 표현하기 위해서는 '거짓말을 해도 좋다'고 생각하는 사람이라는 것이다.

필자가 이해하고 있는 베커는 그러한 사람이 아니다. 물론 그가 1926년 12월 미국 역사학회에서 우리가 역사에 있어서 경질(硬質)의 사실들 또는 차가운 사실들에 대해서 말할 때 갖게 되는 기만성을 폭로했고, 역사적 사실들이란 벽돌이나 목재 토막들처럼, 고정적인 어떤 것으로도, 물리학의 자료들처럼 실재적인 어떤 것으로도, 확실하고 일정한 형태와 명백하고 지속적인 외관을 지닌 어떤 것으로도 볼 수 없다고 주장함으로써 역사의 객관성을 부정하였다는 점에서 주관주의자 또는 상대주의자라는 지탄을 받게 되었던 것은 사실이다.[3]

그러나 실제에 있어서 그는 오히려 랑케와 같은 입장의 당위성을 주장하여, '발생한 것은 정확히 찾아내어 기록하는 것이 역사가의 일'이라 하였고, '역사는 발생한 것이고, 역사가는 그것을 적어도, 'Wie es eigentlich gewesen(실제로 있었던 그대로)'하게 서술해 내려가지 않으면 아니 된다'고 하였다.[4] 그뿐만 아니라, 그는 객관적 진리를 인정하였고, 학자는 마땅히 그것에 접근하기 위하여 노력해야 된다는 점을

다음과 같이 피력하고 있기 때문이다.[5]

> 진리, 오로지 불변하는 진리는 도달되어야 하는 것이다. 객관적 실
> 재, 그것은 있었던 대로 포착되어야 하는 것이다……

이와 같이 몇 마디 어구를 중심으로 보면 베커는 이율배반적인 사상가다. 때문에 그의 저서나 논문들을 포괄적으로 섭렵, 음미함이 없이, 단지 논문의 제목에 집착을 한다거나 사학사적으로 이야기되고 있는 피상적인 글들을 통해서 베커의 역사사상을 이해하려 한다면 어려운 점이 많게 된다.

필자는 이런 점들을 감안, 역사적 주관주의나 역사적 상대주의라고 지칭되는 생각들에 대한 올바른 이해가 있었으면 좋겠다는 생각에서 이 논문을 기획해 보고자 하는 것이다. 이 글에서는 베커의 역사인식론의 입장을 규명·설명하고자 하는 것이다. 여기서 주로 논의하고자 하는 것은

① 객관적 인식을 불가능하게 하는 요인들

② 이러한 한계 안에서 역사가가 가져야 되는 인식의 자세

③ 모든 역사는 미래사일 수밖에 없다고 하는 주장

④ 미래사란 결국 사상사(미래에 대한 희망과 공포의 표현)일 수밖에 없다는 생각

⑤ 그리고 마지막으로 베커가 말하는 'Everyman His Own Historian(각 개인은 그 자신이 역사가)'이라는 말의 진정한 의미가 무엇인가 하는 것 등이다.

2
객관적 인식을 불가능하게 하는 것들

환경의 제약

앞에서 언급된 바와 같이, 베커는 마치 랑케의 주장을 반복하듯이 '불변하는 진리에의 도달'과 '객관적 실재의 있었던 대로의 포착'을 강조하였다. 그럼에도 불구하고 주관주의자라든가 상대주의자라 지칭되고 있다. 그 이유가 어디에 있는가? 이에 대한 답을 한마디로 한다면, 베커는 자신이 주관에 입각해서 또는 상대주의적 입장에서 사물을 보아야 한다고 고집한 사람이 아니라, 모든 사람들이 어쩔 수 없이 주관주의적, 상대주의적 입장에서 사물을 보지 않을 수 없다는 것을 지적한 사람이라는 것이다.[6]

베커는 평생을 자유주의자라는 이름으로 이탈리아의 현재적 과제를 해결하기 위하여 실천적인 삶을 살았던 크로체와는 달리, 평생을 학문연구와 대학에서 가르치는 일에 만족하는 삶을 살아온 사람이다. 또 그의 성격은 논쟁을 위해서는 두려움 없는 격정을 나타내던 베어드와는 달리 묘한 위트와 회의적인 아이러니를 무기로 삼았던 인물이다.[7]

그러므로 그는 크로체처럼 실천적 목적이나 의식을 내세울 필요도 없었고, 베어드처럼 논쟁에 휘말려 자신의 입장을 강조할 이유도 갖지 않았으며, 독일의 프로이센 학파에 속해 있었던 역사학자들처럼 그의 역사학 연구를 통하여 애국을 해야 한다거나, 그의 역사서술을 통하여 어떤 이념을 대중에게 선전, 선동을 해야 할 필요도 느끼지 않았던 인물이다.

이 점에서 일반 사학사에서 언제나 붙어 다니는 두 사람, 즉 베어드와 베커의 관계는 크로체와 콜링우드의 경우와 같다. 즉 크로체가 실천적인 사상가였고 콜링우드가 순수 학자적인 사상가였던 것과 마찬가지로, 베어드가 행동적인 사상가였던데 비하여 베커는 순수 학자적인 사상가였다.[8] 그러므로 그들의 학문적인 경향도 마찬가지다. 베커의 것에서 우리는 훨씬 콜링우드에 가까운 점을 많이 발견하게 된다.[9]

콜링우드가 역사가는 마땅히 'Wie es eigentlich gewesen(실제로 있었던 그대로)'으로서의 역사의 연구나 그 서술을 이룩해야 마땅하겠지만 그 근접을 막고 있는 것이 '그 사실들을 기록한 사람들의 의도, 목적, 사상들이라고 지적하였듯이, 베커는 역사가의 객관적 역사로의 길을 가로막고 있는 것은 환경의 제약'이라고 지적하고 있다. 그래서 그는 다음과 같이 말하고 있다.[10]

> 그러나 이런 것(객관적 역사의 인식과 서술; 필자 주)은 매우 어렵다. 그 정확한 이유는, '지적 환경의 변화는 주변인들의 정신적 변화를 유도한다.(Le changement du millieu intellectuel entraine toures un changement dans les faits de l'esprit qu'il entoure.)'는 것이다. 그러므로 이러한 어려움은 앞서 간 모든 역사가들이 미끄러져 떨어졌던 바위임에 틀림없다. 환경의 제약의 불행한 영향을 충분히 인지는 못하

더라도 그들은 무의식적으로 그들 자신의 목적들, 또는 그들 자신의 시대의 선입견의 빛 속에서 과거의 객관적인 사실들을 읽어 왔다.

즉 베커에 따르면, 사학사에 있어서 많은 역사가들은 객관적 역사의 인식과 그 서술이라는 산 정상을 향하여 도전하였다. 그러나 그들은 모두가 환경의 제약이라는 바위에서 미끄러져 떨어지고 말았다는 것이다. 다시 말해서, 베커는 객관적 역사의 인식과 그 서술이라는 것은 과거의 모든 역사가들이 지향하여 왔으나, 아직은 어떠한 역사가의 족적도 닿는 것을 허락하지 아니한 산 정상이라는 것이다. 그러므로 무릇 역사학을 연구하는 사람이라면, 그 정상에 도달하도록 하여야 한다는 것이다. 등산을 하는 사람이라면 산의 정상을 향하여 도전하여야 하듯이.

그러면 그 산 정상에 도달하는 길은 무엇인가? 그 길은 환경적 장애를 피하든가 그것을 초월하는 것이다. 그는 다음과 같이 지적하고 있다.[11]

진리를 구하는 자들은 인간사에 관해서 아무런 심리적 제한 조건들을 가져서는 아니 된다. 역사의 경우 그들은 마치 그들이 다른 위성에서 글을 쓰는 것처럼 최상의 냉정성을 지니고 쓰지 않으면 아니 된다.

이처럼 역사가는 그가 처하여 있는 일체의 시간적, 공간적인 제 관계와 단절하고 오로지 이성만을 동원하여 최상의 냉정성을 지니고, 마치 사물을 거울에 비추듯이 비춰 보아야 된다는 것이다. 이것을 그

는 다시 레난(Renan)의 말을 빌려 다음과 같이 말하고 있다.[12]

객관적인 인간은 진실로 일종의 거울이다. 알려지기를 원하는 모든 것들 앞에 대기하고 서 있는 일에 능숙해 있는 거울이다. 그는 앎이나 반사가 암시하는 그러한 욕망만을 지니고 있어서—어떤 것이 올 때까지 기다린다. 그 다음에는 감각적으로 자신을 확장시켜서 정신적인 존재들의 가벼운 발자국과 미끄러져 가고 있는 과거들일지라도 놓치지 않고, 그의 표면과 필름에 담아 놓으려 한다. 그가 소유하고 있는 것은 그것이 어떤 개성이든 그에게 나타난다.

문제는 인간이 이처럼 '완전한 냉정성'을 지니고 거기에 비쳐지려 오는 것들만을 반사하는 거울이 될 수 있는가 하는 것이다. 베커는 이러한 것을 하나의 이상으로 설정하고, 그러한 이상적인 인간은 순수한 이성적인 인간, 즉 이상적인 이성적 인간에게서 가능할 것이라는 견해를 다음과 같이 밝히고 있다.[13]

당신이 생각하기로는 그러한 인간은 존재하지 않는다고 믿을지 모른다. 그 경이적인 피조물은 확실히 일종에 이상일 뿐이다. 그럼에도 불구하고 그 이상은 명백히 있을 수 있다. 그것은 '순수이성'—의지와 정서로부터, 목적과 정렬과 욕망으로부터 차단되어 있으며, 이들 모두를 뒤로하거나, 이들 모두를 어떤 방법론적으로 순정화(純正化)시키는 불꽃에 의해서 태워 없애버린—그러한 순수한 이성이라는 친밀한 개념 위에 기초를 둔 이상이다.

이러한 순수이성을 지닌 자가 있다고 한다면, 그렇다면 랑케가 외치고 있는 바 'Wie es eigentlich gewesen(실제로 있었던 그대로)'은 비로소 가능할 것이라는 것이다.[14]

그러나 이러한 순수이성을 지닌 역사가는 역사상에 한 사람도 없었다는 것이다. 사학사에 나타나고 있는 유명한 역사가들이란 결국 그들의 시대가 요구하는 역사, 또는 그들의 시대에 가능한 역사를 서술하는데 그치고 말았다는 것이다. 타키투스는 로마공화정에 대한 아이디어들을 가지고 썼고, 기쁜은 황금기에 대한 18세기적 꿈을 가지고 그의 역사를 썼다는 것이다.[15]

그러면 이처럼 객관적인 역사의 서술이 불가능한 이유는 무엇인가? 그 답은 이미 명백해져 있다. 지식과 지식의 대상이 되는 사실은 구별되어야 하기 때문이다. 대상 즉 객체는 그 자체대로는 객관적인 것이지만, 그것이 인식이라는 과정을 거쳐서 지식으로 되면, 그것은 이미 객체가 아닌 인식주체자의 이성적 판단(감정을 전혀 배제한다고 하더라도)을 거쳐야 되는데, 그 이성이란 것이 그 객체를 완전히 인식할 수 있을 만큼 순수하고 완벽한 것일 수 없기 때문이다.

그러기에 도너반(T. P. Donovan)은 사실은 사실이 아니다. 왜냐하면 그것은 정제되지 않은 한쪽의 지식에 불과하기 때문이다. 그것이 어떤 의미를 갖든, 그것은 '그것에 적합한 해석체계의 인식 가능한 부분에 불과하기 때문이다.'라는 허버트 바이징거(Herbert Weisinger)의 말에 대부분의 사람들이 동의하는 것이라고 지적한 것이다.[16]

베커에 의하면, 이러한 경우는 역사가들에게만 국한된 것은 아니다. 가장 객관적인 진리를 포착한다고 하는 자연과학자들도 그것은 마찬가지다.

3
역사가의 성실

한 마디로 베커에 의하면, 역사가는 자신의 삶의 현장인 현재적인 상황, 즉 환경의 제약을 벗어날 수 없다. 때문에 객관적 역사의 인식과 그 서술에 도달하는 것은 불가능하다는 것이다.

그렇다면 역사가는 그의 정상등정을 포기하고 말아야 할 것인가? 이 질문에 대해서 베커의 답은 '아니다'이다. 베커에게 있어서 그 정상등정은 포기할 수 없는 역사가의 최종 목적지다. 다만 지금까지의 역사가와 현재의 역사가가 이룩해 놓은 업적을 놓고 역사학의 최종 목적이 완성되었다 할 수는 없다는 것이다. 만약 오늘의 역사학의 업적이 완성된 것이라고 한다면, 사학사는 여기서 끝나고 말 것이다.

사학자가 끝나지 않는 한, 역사가의 정상등정을 위한 행정은 지속되어야 한다. 이 행정 위에서 역사가들은 자신의 현재적 삶의 현장을 벗어날 수 없다는 약점을 극복하기 위하여 그의 성실을 다하여야 한다. 그것은 우선 자신이 이성적인 역사가가 되기 위하여 노력하는 일이며, 그 이성을 동원하여 객관적 역사의 인식과 그 서술을 이루려는 성실한 노력을 다하는 것이다.

이 점에서 베커는 죽어있는 과거사실에 역사가의 정신을 불어넣어, 살아있는 역사가 되게 하라는 크로체와는 상당한 거리를 지니고 있음을 보여주고 있으며, 역사의 객관적 인식에 접근하기 위한 여러 가지 방법[17]들을 제시하고 있는 콜링우드에 가까이 있음을 알 수 있다.

베커는 인간의 성실성을 일종의 신앙으로 지니고 있는 사람이다. 그는 그가 전공한 계몽주의 역사를 이해하는 가운데 사회의 급격한 변화와 가치의 전도를 마음속 깊이 체험하였다.[18] 그리고 그는 일정불변한 것이라고는 없는 역사의 현장에서, 또는 무상한 인간사와 인간의 정신 속에서도 믿을 수 있는 것이라고는 인간이 매장면에서 매순간에 발휘하고 있는 진지한 성실성뿐임을 깨달았다. 다시 말해서, 모든 인간사에 나타나고 있는 상대주의적 혼란 속에서도 희망을 발견할 수 있는 것은 오직 인간 하나하나가 지니고 있는 성실성과 그것에 근거한 지성과 선의뿐이라는 것이다. 그래서 그는 다음과 같은 말로 그의 심정을 나타내고 있다.[19]

> 입증할 수도 없고, 마찬가지로 의심할 수도 없지만, 나는 다음과 같은 것을 믿는다. 삶의 주요 가치는, 즉 모든 다른 가치들의 근거가 되는 삶의 주요가치는 지성(intelligence), 성실성(integrity), 그리고 선의(good will)이다.

따라서 베커에 따르면, 역사가는 그를 가로막고 있는 환경의 제약이 있어도, 그가 할 수 있는 성실을 다하여 그 장애를 극복하도록 노력하여야 하는 것이다. 그 결과는 결국 어쩔 수 없이 그 시대의 한계성과 그 시대의 상황을 넘어서는 것은 아닐지라도……. 그러다 보면 이렇게 해서 이루어지는 사학사의 전개는 그 산 정상에로 가까이 근접하여 가게 마련인 것이다.

그러면 베커가 말하는 성실한 역사의 인식과 그 서술이란 어떤 것이며, 그 결과로 얻어지는 것은 어떠한 역사인가? 이 질문에 답하기 전에 우리는 베커가 생각한 '역사가란 어떤 사람이고 그의 직무가 무엇인가'를 이해해 두는 것이 필요할 것이다. 다음은《냉정과 역사서술(Detachment and the Writing of History)》의 편집자인 스니더(Phil L. snyder)가 그 책의 서문에서 밝히고 있는 역사가의 위치와 그가 해야 할 일이다.[20]

> 베커의 생각에 의하면, 역사가란 일종의 노동의 사회적 분류에서는 동떨어진 인간이다. 역사가는 가능한 한 가장 넓은 전망 속에서, 그리고 가장 높은 지성과 성실성을 지닌 직업적 기준을 지니고 그의 일에 임한다. 그러나 그는 모든 사람이 매일의 생활에 대한 거칠고 기성적인 기준들에 따라서 그들의 일을 해야 하는 것과 마찬가지로, 그들의 일을 하는 수밖에 없다. 그가 쓰는 역사는 일종의 대리자(agency)이다. 그것을 통해서 그 사회에 살고 있는 사람들은 그의 사회가 현재 무엇을 하고 있는지 하는 것을, 그 사회가 과거로부터 지금까지 해 온 기억과 또 앞으로 하였으면 하는 희망의 빛 속에서 이해할 수 있는 것이다. 그것은 자유와 책임의 공동 생산물이다. 자유는 합리적인 주장이 이끌어갈 수 있는 모든 것을 연구하고 추적함에서 실현되고 책임은 자유의 사용과 연구의 결과를 적용시킴에서 이루어진다.

위의 인용문에서 보이고 있는 바에 따르면, 역사가는

첫째, 가능한 한, 가장 넓은 전망을 내려다 볼 수 있는 위치와 식견을 지닌 자이어야 한다.

둘째, 가장 높은 지성과 성실성을 지닌 자이어야 한다.

셋째, 그러면서도 모든 사람들과 마찬가지로 현실적인 생활 속에 몸을 두고 있는 자이어야 한다.

넷째, 그래서 그가 쓰는 역사는 이들 모든 사람들의 입장을 대표하고 대리해 주는 자이어야 한다.

이런 점에서 베커가 진실로 생각한 역사가란 '보통사람', 즉 'Everyman'이 아니라, 특수한 자격을 갖춘 그 시대를 대표하는 인물이어야 하는 것이다. 역사가의 기본적 조건은 우선 역사를 전반적으로 이해하고 있어서 역사의 시작과 끝을 함께 볼 수 있는 탁월한 역사인식과 역사관을 가지고 있는 사람이어야 한다는 것이다. 그러면서도 과거 속에 살고 있는 자가 아니라, 현재에 살면서 현재에 살고 있는 모든 사람들의 문제를 인식하고, 그 문제를 해결하려는 의지를 지닌 자, 즉 현실에 성실한 자이어야 하며, 다가오는 미래에 대하여 선의를 가지고 대처해 가는 자이어야 한다는 것이다.

이런 점에서 베커는 절대적 의미의 이상적인 역사가, 즉 이상적 이성을 지닌 역사가 대신에, 현실적으로 가능한 역사가의 이상형을 그린 것이다. 그리고 이러한 이상적인 역사가들의 지속적인 노력의 행정을 통하여 객관적 역사의 인식과 그 서술이라는 산정상의 도달은 가능해지는 것이다.

4
모든 역사는 미래사

만약 우리가 이상과 같은 역사서술의 이상형을 설정한 베커에게 '역사 서술의 궁극적인 목적은 무엇이냐?'고 질문을 던진다면, 다시 말해서 앞의 3가지 조건 가운데서 역사가가 취해야 할 최우선적인 것이 무엇이냐고 묻는다면, 그는 어떤 것을 지목할 것인가?

모르긴 몰라도, 베커는 선의를 택할 것이다. 최고의 지성이나 성실이라고 하는 덕목은 선의를 실현하기 위해서 필요한 것이기 때문이다. 그리고 그는 미국의 전통적인 프래그머티즘의 분위기 속에서 산 사상가이며, 지성을 감정과 목적으로부터, 또는 정신을 행동과 행위로부터 철저하게 분리시킬 수 없는 사람이기 때문이다. 그는 이러한 그의 입장을 다음과 같이 말하고 있다.[21]

지식(또는 지성)을 감정과 목적으로부터, 또는 정신을 행동과 행위로부터, 완전하게 분리시킬 수는 없다. 왜냐하면 지성은 목적을 위한 수단으로 사용되는 능력이며, 낡은 생각을 새로운 상황에 적용시키는 능력이며, 언제나 변화하고 있는 환경에 의해서 설정되는 문제들을 해결하는 능력이며, 그리고 결코 고정되지도 확정될 수도 없는

미래에 효과적으로 대응해 나갈 수 있는 능력을 말하는 것이기 때문
이다.

　따라서 지성은 환경과 상황, 즉 환경의 제약의 변화에 따라 변천하
는 것이다. 그리고 행동이나 행위를 전제로 하는 정신이란 언제나 당
면해 있는 상황을 극복하려는 동력으로 작용하는 것이다. 그것은 스
스로 당면해 있는 상황에 대처해서 이를 극복하기 위한 목적 또는 목
표를 설정하고 이에 도달하기 위한 지식을 창출한다.[22]

　이런 점에서 베커는 크로체의 이른바 '현재사'에 대한 주장과 의견
을 같이 하고 있다. 즉 모든 지식인은 자기의 삶의 현장 속에서 삶을
위한 관심, 크로체의 용어를 빌면 '현재 생에 대한 관심'을 갖게 되는
것이고, 그 관심에 의해서 결정된 가치의식에 따라 사물을 보고 생각
하며 선택하는 것이다. 그러므로 그들은, 그 스스로가 의도를 하였던
안 하였던, 그 시대(현재)의 상황에 입각하여 판단이라는 행위를 하지
않을 수 없는 것이다.[23] 그리고 그 결과로 나온 일체의 지적 활동은 현
재의 문제를 포착하고, 그것을 해결하고자 하는 의지의 표현일 수밖
에 없는 것이고, 이것이 역사가에게 적용될 때, 그가 서술한 모든 역
사는 그의 시대를 표현한 현재사일 수밖에 없게 된다. 이러한 견해는
다음의 글에 잘 나타나 있다.[24]

　그가 믿고 있었던 바에 의하면, 모든 역사적 시대는 그 나름대로의
　특징적인 지적 스타일을 지니고 있다. 이것을 그는 그 시대의 '의견
　의 풍토'라고 호칭하였다. 이러한 풍토는 주로(과거로부터) 상속되어

온, 그러나 새로운 여러 가지 문제를 설정하고 새로운 해결을 요구하는 새로운 상황의 충격하에서 언제나 수행되고 있는 변화를 수반한 상호 관련된 아이디어들의 별자리이다.

이처럼 베커는 역사학의 목적을 과거자체에 대한 인식에 두지 아니하고, 현재를 인식하고 나아가서는 '미래사'의 개념을 설정하고 있다는 것을 생각하게 한다. 즉 그에 따르면, 역사가의 대상은 재해석, 재구성되어야 한다. 역사가의 사상적 직관과 심미적 이해를 통해서 그것은 다시 생명을 갖는다. 그러므로 역사란 공간적으로나 시간적으로, 멀리 떨어져 있는 먼 과거에 발생한 사건들을 그 사건들과 연결된 연속적인 현재라는 시기에 살고 있는 인간들이, 그들 자신들과 그들이 살아가고 있는 세계와 관련된 그들의 제반행위를 심사숙고할 때 그려낼 수 있는 그림에 불과하다. 그 그려진 역사를 구성하고 있는 사건들 자체가 진실한 것인가 거짓된 것인가 하는 것은 그렇게 크게 문제될 필요는 없다.[25]

그리고 이러한 일들은 비록 역사가 자신이 원하지 않는다 하더라도, 아니 오히려 그것에서 탈피하려고 하더라도, 현재에 그가 살고 있는 상황, 그리고 그 시대의 일반적인 경향—편견, 선입관, 열정 등으로 짜이어진 그물에서 탈피할 수가 없다는 것이다. 이를 그는 이렇게 말한다.[26]

각 시대는 과거를 그 자체의 목적에 맞추어서 재해석한다. 역사가들은 그 개인적 성벽(性癖)이 어떠하든지 완전히 스스로 자유로울 수는 없다. 그가 아무리 그들이 살고 있는 시대의 가장 일반적인 선입견들로부터 냉정하려고 애쓴다 하더라도.

아무튼 베커는 크로체나 콜링우드보다 일보 더 나아가서 현재사의 개념을 미래사의 개념으로 바꾸어 나갔다. 즉 베커에 따르면, 현재란 엄밀한 의미에서 존재하는 것이 아니라는 것이다. 그것은 '기껏 해서 시간선상에 있는 무한소(無限少)의 점에 불과하며, 그것은 우리가 그 것을 현재라고 인지하기 전에 사라져 버리는' 것이다.[27]

유클리드 기하학적 정리에 입각할 때, 점이란 길이도 넓이도 두께도 없고 다만 위치만을 나타내는 것이다. 그런데 이러한 점이란 실재하지 않는 하나의 가정에 불과하다. 마찬가지로 현재란 실재하지 않는 하나의 의식에 불과하다. 헤라클레이토스가 '우리는 동일한 냇물에 두 번 발을 들어놓을 수 없다. 왜냐하면 우리가 첫 번째로 발을 들여놓았던 물은 이미 흘러가 버리고 새로운 물이 그 장소에 흘러 왔을 터이니까'라고 주장한 것과 마찬가지로, 시간도 내가 현재라고 생각하는 순간, 그 현재라고 생각한 순간은 이미 현재가 아닌 과거로 되어 버린다. 그리고 아직 동작을 하지 않은 상태는 미래에 불과하다. 결국 실재하는 것은 과거에 대한 회상과 미래에 대한 예측뿐이다.[28]

이 때문에 아우구스티누스는 '이제야 비로소 똑똑히 밝혀진 것은 미래도 과거도 있는 것이 아니라는 것입니다. 따라서 과거, 현재, 미래라는 세 가지 시간이 있다고 말함에 옳지 못할 것입니다. 차라리 과거의 현재, 현재의 현재, 미래의 현재, 이렇게 세 가지 때가 있다는 것이 그럴듯할 것입니다. 이 세 가지가 영혼 안에 있음을 어느 모로나 알 수 있으나 다른 데선 볼 수 없으니, 즉 과거의 현재는 기억이요, 현재의 현재는 목격함이요, 미래의 현재는 기다림입니다.'고 하였으며[29] 헤겔은 이를 '과거는 회상, 미래는 희망과 공포'를 뜻하는 것으로 이해하였다.[30]

베커는 이러한 현재를 환각적 현재라 명명하고, 이것은 목적에 의존해서 지식의 방향이 제시되게 된다는 것을 갈파하였다. 다음은 이상과 같은 입장을 세밀하게 피력하고 있는 글이다.[31]

> 엄격하게 말해서, 현재는 우리들에게 존재하지 않는다. 기껏 해서 시간선상에 있는 무한소의 점에 불과한 것이다. 그것은 우리가 그것을 현재라고 인지하기 전에 사라져 버린다. 그럼에도 불구하고 우리는 현재를 갖지 않을 수 없다. (중략) 이러한 현재를(필자 주) 철학자들은 '환각적 현재'라고 부른다. (중략) 그리고 우리는 환각적 현재를 우리가 좋아하는 만큼 확장시킬 수 있다고 말한다. 일반적인 연설에서 우리는 그렇게 한다. 우리는 '현재의 시간', '현재의 년', '현재의 세대'에 대해서 말한다. 아마 모든 살아있는 피조물들은 일종의 환각적 현재를 지니고 있을 것이다. (중략)
> 환각적 현재가 이와 같이 확대될 수도, 풍부하게 될 수도 있는 범위는 지식, 기억의 인위적 확대, 과거에 거리가 떨어진 장소에서 이야기되고 이루어진 사물들에 대한 기억에 의존하고 있는 것이다. 그러나 오로지 지식에만 의존하는 것은 아니고, 오히려 목적에 의해서 방향이 설정된 지식에 의존하는 것이다. 환각적 현재는 사고의 불안정한 패턴이다. 즉 그것은 우리의 직접적인 감지와 그로부터 야기되는 목적들에 상응해서 끊임없이 변화하고 있는 사고의 패턴이다. 어

떤 주어진 순간에 우리들 각자 못지않게 직업적인 역사가는 우리의 열망의 작은 세계에서 우리에게 방향을 제시하기에 필요한 그러한 실제적이고 인위적인 기억들을 이러한 불안정한 패턴으로 엮어가고 있는 것이다. 그러나 열망의 우리의 작은 세계에서 방향제시를 위하여 우리는 우리에게 무엇이 다가올 것인가에 대하여 준비하지 않을 수 없다. 그리고 우리에게 무엇이 다가올 것인가에 대해서 준비하기 위해서는 어떤 과거 사건들을 회상할 뿐만 아니라 미래를 예측(나는 예언이라고는 말하지 않는다)하는 것이 필요하다. 이렇듯 환각적 현재에서, 그것은 언제나 다소간에 과거를 포함시켜 왔다. 그러나 이제는 미래를 제외하는 것이 거부된다. (중략) 내가 제시하고자 하는 것은 과거사건에 대한 기억과 미래사건에 대한 예측이 공동 작업을 한다는 것이고, 그것들은 우선순위나 리더십에 대한 논의 없이 손에 손을 잡고 우정 어린 길을 걸어간다고 하는 것이다.

이처럼 베커에게서 현재사는 곧 미래사로 연결되는 것이다. 다시 말해서 역사란 크로체나 콜링우드가 말하는 바, 현재사에 머물러 있을 수는 없다. 베커에게서 현재란 그 자체대로 실재하는 것이 아니고, 다만 환각에 불과한 것이다. 그리고 그 환각적 현재란 현재의 확대를 의미하는 것인데, 그것은 바로 그 현재에 있는 사람, 즉 역사가의 목적과 미래에 대한 희망 또는 열망에 의해서 형성되는 것이다.

다시 말해서 역사가는 이러한 환각적 현재에 역사를 서술(사료(史料)의 수합과 그 배열을 포함한)하는데, 여기서 그 방향을 정하는 것은 그 역사가가 갖는 목적과 미래에 대한 희망 또는 열망인 것이다. 따라서 베커에 따르면, 모든 역사는 미래사일 수밖에 없다. 그리고 과거란 각

세대가 그들의 미래에 대한 비전을 투영하는 일종의 스크린에 불과한 것이다.[32]

5
모든 역사는 사상사

크로체와 콜링우드가 말하는 '현재사'의 개념이 '모든 역사는 사상사'라는 생각과 연관되듯이 베커의 미래사의 개념은 곧 '모든 역사는 사상사'라고 하는 주장으로 연결된다.

이는 아우구스티누스가 '과거, 현재, 미래가 영혼(정신) 안에 있음을 어느 모로 보나 알 수 있으나 다른 데서 볼 수 없사오니, 즉 과거의 현재는 기억이요, 현재는 현재의 목격함이요, 미래의 현재는 기다림입니다.'[33]라고 말한 대목에서 결국 시간이란 것이 독자적으로 실재하는 것이 아니라, 영혼 또는 정신 안에 있는 것으로 기억이나 목격함, 그리고 기다림이라고 하는 사유 활동을 통하여 그 본질을 나타내고 있는 것이므로, 이 시간선상에 일어난 일들을 서술한 역사라는 것이 결국 사상사일 수밖에 없다는 생각은 극히 당연한 것으로 인정된다.

그러나 베커는 위의 인용문에 나타나고 있는 바와 같이, 이를 자기 나름대로 이해하여 모든 역사가 사상사임을 밝히고 있다. 그것을 요약하면 다음과 같다.

첫째, 그는 역사가는 심사숙고하에서, 어떤 목적하에서, 환상적 현재를 확대시키고 다양화시키며 풍부하게 만들어, 그것을 근거로 역사를 서술한다고 하였는데, 여기서 역사가의 심사숙고란 결국 그 역사가의 사상의 형성을 의미하는 것일 수 있으며, 여기서 어떤 목적이란 그 역사가의 가치관에 따라 결정되는 것이며, 환상적 현재의 확대란 그 역사가의 미래에 대한 열망이나 희망에 의하여 이룩되는 것이다. 그리고 이 모든 것은 곧 역사가의 사상 그 자체인 것이기 때문이다.

둘째, 역사가는 미래에 무엇이 다가올 것인가에 대해서 준비하기 위해서 과거의 사건들을 회상하고 미래를 예측하기 때문이다.

이 점에 있어서 베커는 실재론자가 아닌 관념론자, 즉 크로체나 콜링우드와 마찬가지로 신이상주의자의 한 사람일 수밖에 없다. 베커가 신이상주의자라는 것을 나타내는 어귀는 아직 발견하지 못하였다. 그러나 그가 실재론자가 될 수 없다는 것은 명백하다. 그가 실재론자 또는 실증주의자라고 한다면, 자연과학자가 그렇듯이 자연법칙을 탐구하여 그 법칙에 따른 미래에 대한 예언이 가능했어야 한다.

베커는 위에서 언급된 대로 역사를 미래사로 인식하였으며, 미래에 대한 많은 관심을 나타내고 있다. 그러나 미래에 대한 예언에 대해서는 회의적이었다. 베커는 실로 미래에 대한 예언이 가능한가? 또는 역사가는 미래를 예언해야 하는가? 에 대해서 많은 고심을 한 것 같다. 다음은 이러한 그의 고심이 나타나 있는 문장이다.[34]

나를 언제나 괴롭혀 온 두 가지의 어려움들이 있다. 하나는 과거 경험을 바탕으로 하여 미래를 예언한다는 것은 극히 어렵다는 것, 아니 오히려 미래에 대한 다양한 예언을 위해 토대가 되는 것을 과거 속에서 발견하는 것은 너무나 쉽다고 하는 것이다. 두 번째의 어려움은 과거에 부단하게 발생하였던 경제적 계급투쟁이 우리가 미래에 무계급사회를 예언하는 것을 정당화시키는 이유를 이해한다는 것이다.

위의 인용구에서 우리는 겉으로 보기에 이율배반적인 언급을 발견하게 된다. '과거 경험을 바탕으로 하여 미래를 예언한다는 것은 극히 어렵다는 것' 그러면서도 '미래에 대한 다양한 예언을 위해 토대가 되는 것을 과거 속에서 발견하는 것은 너무나 쉽다고 하는 것'이 그것이다.

그러나 이 말속에 포함되어 있는 실제의 의미는 정확한 예언은 불가능하다는 것이다. '다양한 예언'이라는 말 자체가 그것을 뜻한다. 달리 말하면, 역사가가 예언을 하고자 하면 얼마든지 여러 가지의 예언을 할 수 있다는 말인데, 이는 곧 만약 역사가가 나름대로 미래에 대한 어떤 예언을 하고자 마음만 먹으면, 과거는 그 예언을 그럴듯하게 뒷받침해 줄 수 있는 자료들을 얼마든지 제공해 줄 수 있다는 것이다.[35]

따라서 그렇게 해서 이루어진 예언이란 결국 실재적이거나 결정적인 예언이 아니라, 단지 역사가의 미래에 대한 생각을 나타내고 있는 것일 뿐이다. 만약 결정적인, 즉 다양하지 않은 꼭 실현될 단 한가지의 예언이 가능하기 위해서는 과거에 대한 자료 '모두'를 수합하여 놓음으로써 그 자료들 전체가 한 가지 예언만을 할 수 있도록 해야 한다. 기껏 많은 자료를 수합하여 그것들을 정리, 배열하여 그 배열의 미래적 과정에 대한 그림이 그려졌는데, 어디서 새로운 자료가 툭 튀어나와 다른 예언이 가능하게 만들어서는 아니 되기 때문이다.

그런데 과연 그러한 자료 '모두'의 수합이란 가능한가? 그는 이에 대해서 매우 회의적인 태도를 취한다. 그에 따르면, 예를 들어 '카이사르가 루비콘 강을 건넜다'라는 하나의 단순한 사실을 확실히 재연하여 표현하기 위해서는 794페이지(예를 들어 Ulysses가 그렇듯이)의 책을 요구한다는 것이다.[36] 이처럼 하나의 단순한 사건을 제대로 되살려서 표현하기 위해서도 그 많은 페이지의 설명을 요구하는 것이라면, 그러한 사건들이 수도 없이 많이 모여서 이루어지는 역사의 줄거리를 제대로 파악하고, 그 줄거리의 최첨단이 현재의 연속으로 이루어지는 미래에 대한 정확한 예언이라는 것은 실로 어렵고, 나아가서는 불가능할 것일 수밖에 없다. 때문에 베커는 위의 인용문에 뒤이어서 다음과 같이 말하고 있다.[37]

> 첫째 어려움에 관해서, 내가 역사에 대해서 알고 있는 것이 얼마나 적은가? 하는 것은 나로 하여금 사회제도들이 미래에 취하게 될 형태에 관한 예언에 관하여 신중하지 않으면 아니 되게 한다. 특히 과거에 대한 실재론적인 견해에 기초를 두고 있는 그러한 예언이 미래에 대한 관념론적인 견해를 취하게 될 때 더욱 그렇다.

그렇다면 베커가 말하는 미래사라는 것은 무엇을 의미하는 것인가? 그것은 결코 정확한 미래에 대한 예언을 의미하는 것은 아닌 것이 분명하다. 그것은 일종의 사상사에 불과한 것이다. 역사가가 미래에 대한 어떤 전망을 가지고 역사를 쓴다는 것은 미래에 대한 그의 희망 또는 공포에 근거한, 즉 그의 사상에 근거한 서술일 뿐이지, 그 자체가 정확한 미래에 대한 예언은 아니라는 것이다.

결국 골든바이저(A. A. Goldenweiser)의 말처럼, 역사라는 것이 사실들이 스스로 과거를 말하고 미래를 예시해 주는 것을 쓴 것이 아니라, 그 많은 사실들 중에서 역사가가 자기 마음대로 선택한 사실들로 이루어진 것이기 때문에, 여기서 얻어진 미래에 대한 비전이라는 것도 그 역사가의 사상을 표현하고 있는 것에 불과하다는 것이다.[38]

다시 말해서, 역사가는 그의 사상, 목적, 의도에 입각해서 과거로부터 사건·사실들을 취사선택하고 그것들을 다시 그의 사상, 의도, 목적에 입각한 해석을 가하여 서술함으로써 미래에 대한 그의 희망을 표시한다는 것이라는 것이다. 때문에 과거사도 현재사도 또는 미래사도 결국은 사상사, 즉 그것을 서술한 역사가의 사상을 표현하고 있는 사상사에 지나지 않는다는 것이다.

그러나 그 사상사는 역사가란 일종의 노동의 사회적 분류에서는 동떨어진 인간으로 가능한 한 가장 넓은 전망 속에서, 그리고 가장 높은 지성과 성실성을 지닌 직업적 기준을 지니고 그의 일에 임하는[39] 직업인이기 때문에, 여느 비전문적 역사가에 의해서 생각되고 쓰이어진 것에 비하면, 탁월하게 객관에 가까운 역사일 수는 있는 것이다.

6

⟨Everyman his own historian⟩의 의미

과거의 사건, 사실들을 수합하여 그것을 역사로 서술하는 것을 직업으로 하는 역사가는 위에서 언급한 대로 전문가로서의 특성을 지녀야 한다. 그는 전문가의 입장에서 남다른 지성과 성실성과 선의를 지님으로써 가능한 한 환경의 장애를 극복하여야 한다. 또 그는 자기초월을 위한 수련을 통하여 과거 사실들을 'Wie es eigentlich gewesen(실제로 있었던 그대로)'의 입장에서 포착하여 가급적 객관적인 역사에 접근한 역사를 서술하도록 시도하여야 한다.

그러나 베커에게서 문제가 되고 있는 것은 역사가 이러한 전문적인 역사가에 의해서만 인식되고 서술되고 있는 것이 아니라는 점이다. 그의 논문의 제목 ⟨Everyman his own historian(각 개인은 그 자신이 역사가)⟩에서 보이는 'Everyman'이 역사가일 수 있다는 것이다. 이 글의 문제제기 부분에서 언급된 바 있는 '양 선생의 놀라움'은 바로 여기에서 야기된 것이다.

그러면 베커가 말하는 'Everyman his own historian'이 의미하는 참뜻은 무엇인가? 'Everyman'이란 일차적으로 일반인을 뜻한다. 그들은 매일 매일 나름대로 자기에게 주어진 삶을 살아가고 있는 평범한 삶을 말한다.

그런데 이들도 나름대로 역사가라는 것이다. 어떻게 이들이 역사가일 수 있다는 것인가? 이 의문을 풀기 위해서 우리는 우선 답을 구해야 할 문제가 있다. 이 경우에 베커가 말하는 역사라는 말이 정확이 무엇을 뜻하고 있는가 하는 것이다.

베커는 내가 역사라는 용어를 사용할 때 나는 역사의 인식(know-ledge of history)을 의미한다고 하는 것을 무엇보다 먼저 설명하지 않으면 아니 된다고 하였다.[40] 그리고 그는 이어서 다음과 같이 설명한다.[41]

> 나는 한때 '역사란 과거에 발생한 사건들에 대한 지식이다'라고 쓴 것을 읽은 적이 있다. 이 말은 단순한 정의(definition)이다. 이 정의에는 실험을 요구하는 세 가지의 말이 포함되어 있다. 그 첫째의 것은 지식이라는 말이다. 지식이란 하나의 매우 복잡한 의미를 지닌 말이다. (중략) 그러므로 나는 지식에 있어서 가장 본질적인 것이 무엇인가를 묻게 된다. 그렇다. 나는 기억을 생각하지 않을 수 없다.(여기서 내가 말하는 기억은 넓은 의미의 기억, 관찰된 사건들의 기억은 물론 추리된 사건들에 대한 기억까지를 포함한 기억이다.) (중략) 기억이 없이는 지식은 없다. 그래서 우리의 정의는 '역사란 과거에 발생한 사건들에 대한 기억이다.'로 된다.

이처럼 '역사'라는 용어가 과거에 발생한 사건들에 대한 기억이라고 할 때, 일반인들도 나름대로 과거에 대한 기억을 가지고 살아가고 있으며, 그러한 생활을 통해서 얻어진 그들의 지식과 의견을 말할 수 있으며, 또 하고 있는 이들이다. 그렇다면 그들은 전문적인 역사가와 무엇이 다른가? 베커는 일반인들이 역사가일 수 있다는 이유를 또 다음과 같이 설파하고 있다.[42]

둘째의 것은 사건이라는 말이다.(필자추가) 사건이란 실제로 이루어지고 이야기되고 생각되어진 어떤 것이다. (중략) 그러므로 우리의 정의는 '역사란 과거에 생각되어지고 이야기되고 행하여진 일들에 대한 기억이다'가 된다. 그런데 과거라는 말은 잘못 유도되고 불필요한 말이다. (중략) 그러므로 나는 그 말은 삭제해 버릴 것이다. 그렇게 되면, 우리의 정의는 '역사란 이야기되고 행하여진 사물들에 대한 기억이다'로 된다. (중략)

만약 이처럼 역사의 본질이, 이야기되고 행하여진 것들에 대한 기억이라고 한다면, 그렇다고 모든 정상적인 사람, 즉 미스터 에브리맨(Mr. Everyman)은 나름대로의 역사를 알고 있다고 하는 것이 명백하다. (중략) 미스터 에브리맨은 당신이나 나와 마찬가지로 이야기되고 행하여진 일들을 기억하고 있다. 그리고 모든 깨어 있는 순간에 그렇게 하지 않으면 아니 된다. 오늘 아침 눈을 뜬 'Everyman'이 이야기되고 또는 행하여진 어떤 사물을 기억할 수 없다는 것을 상상해 보라. 그는 진실로 영혼이 나가 버린 사람일 것이다. (중략)

정상적으로 미스터 에브리맨의 기억은 그가 아침에 깨어날 때, 과거와 먼 지역의 나라로 뻗쳐나가고 그리고 그의 작은 열망의 세계를 재창조한다. 그리고 그의 어제에 이야기되고 행하여진 사물들인 것을 함께 끌어내어 그것들을 그의 현재의 감각들과 그리고 그의 내일에 이야기되어지고 행하여지게 될 것들과 연결시켜 나간다. 이러한 역사적 지식이 없이는 이야기되고 행하여진 사물들에 대한 이러한 기억, 그의 오늘은 목적을 상실하게 될 것이며 그의 내일은 무의미하게 될 것이다.

이처럼 미스터 에브리맨(Mr. Everyman)이 나름대로의 역사가라고 할 때, 염려되는 것은 말할 것도 없이, 전문적인 역사가가 할 일이 없어지지나 않을까 하는 것, 그리고 역사학이라고 하는 학문 자체가 무용지물이 되고, 이미 출간된 역사서들은 모두가 휴지통으로 들어가야 하는 운명에 봉착하게 되지나 않을까 하는 것이다.

그러나 베커의 의도를 올바르게 이해한다면, 그것은 한갓 기우에 지나지 않는다. 왜냐하면 전문적인 역사가와 미스터 에브리맨과는 몇 가지 명백한 차이가 있기 때문이다.

첫째는 역사가는 전문적인 직업인데, 미스터 에브리맨은 다만 미스터 에브리맨일 뿐이라는 것이다. 전문가는 역사의 인식과 그 서술이라는 것을 직업으로 삼고 있으나 미스터 에브리맨은 그렇지 않다는 것이다. 즉 미스터 에브리맨은 그의 생활에서 역사를 인식하고 그 생활을 영위하는지 모르지만, 그가 역사를 서술하는 것은 아니며, 또 그의 나름대로의 일상생활에 종사하지 않으면 아니 되니, 그가 전문적인 역사가의 자리를 빼앗을까봐 걱정할 필요는 없다고 하는 것이다.

둘째는 미스터 에브리맨은 짧은 시간 속에서의 기억만을 가지고 현재와 미래를 생각하는 데 비하여 전문적인 역사가는 그가 지닌 많은 지식과 자료를 근거로 하는 보다 긴 역사시간 속에서의 기억을 가지고 있다는 것이다.

미스터 에브리맨도 자료를 가지고 있으며 그것으로 그의 기억을 되살린다. 그러나 그의 자료는 기껏 그의 호주머니 속의 자료에 불과하다. 그것을 가지고는 기나긴 시간선상에서 펼쳐진 인간사에 대한 기억을 되살려야 가능한 역사를 서술하기에는 역부족이다. 역사의 많은 부분은 자료들 속에 죽어 있어서 활용성이 상실되어 미스터 에브리맨을 위해서 아무런 작업도 할 수 없다는 것이다. 왜냐하면 그의 기억은 의식 속에서 생명을 갖게 되기를 거부하고 있기 때문이다.

셋째는 미스터 에브리맨은 기억을 위하여 의식적인 노력을 경주함이 없는 데 비하여, 전문적인 역사가는 그 기억을 위하여 깊은 사고와 그 사고를 합리화하고 입증하기 위하여 증거자료를 찾기 위한 노력을 행한다는 것이다. 이 점은 콜링우드가 말하는 역사가와 소설가의 차이에서 밝혀질 수 있는 것이다.

아무리 역사가가 수집한 과거의 사실과 사건들이 역사가 자신의 환경의 제약의 한계를 벗어나지 못한 것이고, 또 그의 사상·의도·목적에 근거한 것이고, 또 그것들에 대한 해석이 그 역사가의 주관에 입각한 것이라 하더라도, 역사가는 콜링우드의 말대로 소설가와는 달리[43] 그의 생각을 입증할 수 있는 증거자료를 제시해야 되는 만큼, 그 결과로 얻어진 역사서술이 미스터 에브리맨의 그것과 같을 수는 없기 때문이다.

여기서 전문적인 역사가의 자격과 일은 재삼 강조되지 않으면 아니 된다는 것이다. 역사가는 남다른 지성과 성실, 그리고 선의를 지닌 고도의 작업의식을 지닌 자이어야 하고, 그는 오히려 자기 앞에 놓여 있는 환경의 제약을 인정하고, 그것을 극복하려는 노력을 하며 스스로 자신의 개인적이고 사적인 의도나 목적에서 초탈하려는 의지를 가지고 'Wie es eigentlich gewesen(실제로 있었던 그대로)'에 입각한 역사 서술이라는 산의 정상을 오르기 위한 땀을 흘려야 되는 것이다.

물론 그렇다고 해서 전문적 역사가가 반드시 그 산의 정상에 도달한 것은 아니라 하더라도 이러한 것 자체를 의식하지 않고 있는 미스터 에브리맨의 나름대로의 역사 또한 생각하지 않으면 아니 된다. 그리고 이것이야말로 역사를 서술하는 역사가들에게 허탈감을 줄 수도 있는 주관주의, 상대주의의 극치라는 점이다.

즉 역사가가 위와 같은 시도를 한다 하더라도 그가 써놓은 역사는 결국 그의 사상사에 불과한데, 이에 더하여 그 역사를 읽는 독자는 또 그 읽음에 있어서 스스로 자기 자신의 눈, 자기 자신의 사상 및 감정을 바탕으로 하여 그것을 읽을 수밖에 없다는 사실이다.

그러나 역사가가 써놓은 역사책을 읽고, 역사가의 의도나 목적을 그대로 이해하려는 사람은 거의 없고, 또 설사 그것을 그대로 이해하였다 하더라도 그것을 자동차 운전자가 자동차의 부속품들을 활용하는 것처럼 활용하려는 사람이나 사용할 수 있는 사람은 거의 없다.

7
상대주의가 넘어야 할 문제점들

지금까지 우리는 베커가 생각한 역사적 상대주의가 어떤 것인가를 중심적으로 논의하여 왔다. 이제 우리는 결론적으로 상대주의가 지닌 몇 가지 문제점을 집고 넘어 가야 할 것이다.

첫째는 베커는 역사의 실재를 거부한 사람이었는가 하는 것이다. 즉 우리는 자칫 상대주의, 주관주의라고 하면 절대적 진리의 존재를 부정한다거나 사물의 실재성을 인정하지 않는 것으로 생각하기 쉬운데, 과연 베커의 입장이 그러한 것인가 하는 것이다.

다시 말해서 베커에게 "역사는 본래의 어떤 일정한 진실이나 모양새를 가짐이 없이, 그것을 서술하는 역사가의 마음에 따라서 자의적으로 아무렇게나 만들어지는 그러한 것인가? 다시 말해서 상대주의에서는 역사적 실재 또는 실체라는 것이 전혀 무시되고 있는 것인가?"하고 묻는다면 그는 어떻게 답변하였겠는가? 다음의 글이 이에 대한 베커의 답이 될 수 있지 않을까 생각한다.[44]

나는 무엇보다도 역사라는 말을 사용할 때 역사에 대한 지식을 의미하고 있다는 것을 설명해야 한다. 의심할 나위도 없이 모든 과거시간을 통해서, 우리가 그것이 있었는지 없었는지는 알든 모르든 어떤 완전한 의미의 역사를 구성하고 있는 일련의 사건들이 실제로 발생하여 있었다.

그리고 도너반(T. P. Donovan)은 베커의 상대주의를 설명하는 가운데 다음과 같은 글을 남기고 있다.[45]

어떤 객관적 역사의 가능성에 대한 '과학적' 역사학의 주장을 거부하는 상대주의는 두 개의 기본적 가정을 지니고 있다. 하나는 역사의 본질에 관한 것이고, 다른 하나는 역사가의 본질에 관한 것이다. 전자에 관해서 그들(상대주의자들)은 과거란 어떤 완전한 의미에서 포착될 수 없는 것이라고 주장한다. 다만 편린들만이 남아 있고 역사가에 의해서 끼워 맞추어진 이야기는 그것이 어떤 것이든 필연적으로 단편적인 것이라고 주장한다. 그러므로 정체성에 대한 어떤 주장도 애매한 것이다. 더 나아가서, 비록 충분한 역사적 기록들이 어떤 사건이나 인물에 대한 정당하게 이해된 그림을 제공하고 있다는 것이 발견되었다 할지라도 그 기록들이 실재를 나타내고 있다는 것을 역사가에게 보여 줄 수 있는 확신은 있을 수 없다는 것이다.

이상의 것을 볼 때, 베커는 역사의 실재를 두 가지 측면에서 생각하였다. 하나는 역사적 사건·사실들의 실재, 즉 과거에 발생했던 사건·사실의 실재다. 이것은 랑케의 주장대로 'Wie es eigentlich gewesen (실제로 있었던 그대로)'으로 묘사되어야 할 대상인 것이다.

그리고 또 하나는 '본체로서의 역사'다. 베커 자신은 이에 대해서 구체적으로 논급한 바가 없다.(필자가 알고 있는 바로는) 그러나 위에서 언급된 바, 그의 환상적 현재에 대한 생각은 오히려 '현재'라고 하는 우리가 부정할 수 없는 실재보다도 더욱 부정할 수 없는 실재로서의 '본체로서의 역사'의 실체로 인식하고 있음을 보여준다.

이러한 '본체로서의 역사'의 실체를 인정할 때에만 거기에 붙어있는 편린들로서의 사건·사실의 실재는 비로소 인정될 수 있기 때문이다. 그리고 이러한 편린들은 서로가 서로와 밀접하게 연결되어 있지 않을 수 없는데, 이것을 우리는 '본체로서의 역사'라 하는 것이다.

달리 말하면, 역사적 실체란 수없이 많은, 그리고 다양한 사건·사실들이 서로 밀접하게 연결되고 짜이어져서 이루어진 하나의 몸체이다. 마치 수없이 많고 다양한 세포들로 인체의 한 가지 기관이 이루어지고, 그 기관들로 인체자체가 이루어지고 있는 것처럼 역사라고 하는 실체도 이러한 사건, 사실들로 이루어져 있는 것이다. 이러한 실체는 발전과정에 있는 것이다.

그러므로 역사학도의 최종적인 목표는 이러한 사건, 사실들이라는 역사의 파편들을 가급적 많이, 그리고 가급적 과거에 발생한 대로의 그것들을 수합하고 짜 맞추어서 이 본체로서의 역사의 참모습을 실현시키는 것이다.

그의 문맥 속에 표현되고 있는 역사의 발전에 대한 생각을 살펴보면, 비코의 역사발전이론이 스며있는 것으로 보인다. 즉 그의 상대주의이론을 따르면, 인간의 사학사는 미숙한 역사의 인식, 즉 보다 암울하고 희미한 이성의 작용을 통한 인식과 그 서술만이 가능하던 상태에서 완전한 이성의 작용으로 역사의 객관적 인식과 그 서술이 가능해지는 상태에 이르기까지 발전해 가는 과정이다.

그리고 이처럼 객관적 인식과 완전한 역사의 서술이 이루어지는 상태에 이르면 인간은 더 이상 발전할 여지를 갖지 않게 된다. 그렇다면 인류의 역사발전은 끝나는 것이고 세계사는 종말에 이르는 것이 된다. 이처럼 역사가 종국에 도달하면 결국 진리의 상대성은 소멸되고 비로소 절대적인 역사의 인식, 역사서술은 가능해진다.

대체로 상대주의는 불가지론을 근거로 한다. 그런데 불가지론을 우리는 두 가지 형태로 분류해서 생각할 수 있다. 하나는 진리 그 자체는 인간으로서 알 수 없는 것이니 그 알기를 포기하자는 것이고, 다른 하나는 현재에까지 인간에 의해서 발견된, 또는 인식된 진리란 그 진리자체가 아닌 만큼, 계속해서 그것을 향하여 접근하는 행진을 해나가야 한다는 것이다.

여기서 전자는 지적 허무주의에 빠져서 자포자기(自暴自棄)를 하게 되겠지만, 후자의 경우는 지적 자유주의를 의미하는 것으로 과거의 낡은 지식을 혁파하고 새로운 지식을 무한히 창출하여 지성의 발전을 도모할 것을 명령한다. 베커의 상대주의는 바로 후자의 모델이다.

둘째는 상대주의 자체에 대한 의문이다. 상대주의에서는 '모든 진리는 상대적인 것이다'라고 주장하는데, 만약 이 말이 진리라고 한다면, 그 말 자체도 상대적인 것이 아니냐 하는 논리적 모순의 문제다. 베커는 이를 '상대주의의 아킬레스 건'이라 하는데, 그의 주장을 따르면 상대주의자들이 진정 상대주의적 사고를 하는 사람들이라면, 자기 자신이 하고 있는 회의에 대해서도 회의적이어야 마땅한데, 그들은 그것을 깨닫지 못하고 있다는 것이다. 그는 '만약 모든 진술들이 상대

적이라고 한다면, 그렇다면 그 말 자체도 상대적이다'라는 것이다.[46]

이 같은 주장은 형식논리를 무기로 하여 진리를 논의하고자 하는 많은 사람들에 의해서 시도되고 있는 일상적인 반격이다. 그 대표적인 인물 중의 한 사람이 메일란드(Jack W. Meiland)인데, 그는 1973년 《역사학과 이론(History and Theory)》에 기고한 논문, 〈베어드의 역사적 상대주의(The Historical Relativism of C. A. Beard)〉에서 이 문제를 전문적으로 다루고 있다. 필자는 메일란드(Meiland)의 이 같은 형식논리에 입각한 역사적 상대주의에 대한 비판을 비판하는 글을 쓴 바가 있다.[47] 참조하기 바란다.

셋째, 베커가 지니는 사학사적 위치의 문제다. 《역사서술의 역사(History of Historical Writing)》의 저자인 반스(Harry Elmer Barnes)는 같은 저서에서 역사학에서의 베커를 물리학에서의 아인슈타인과 일치시키고 있다. 즉 아인슈타인이 뉴턴에서 헬름홀츠에 이르는 낡은 물리학 이론을 척결하고 상대성이론을 앞세운 새로운 현대 물리학을 개척한 것과 마찬가지로 베커는 랑케에 의해서 마련된 역사학의 낡은 관념을 깨고 역사적 상대주의라고 하는 새로운 지평을 펼쳐 보임으로써 역사학의 새로운 출발점을 모색한 사람으로 생각한 것이다.[48]

실로 이러한 반스의 생각에 대해서 반론을 제기할 수 있는 사람은 별로 없을 것이다. 그러나 조금 깊이 이 문제를 접근한 사람이라면 반스의 말이 조금 과찬이 아닌가 하는 생각이 든다. 왜냐하면 베커가 역사적 상대주의를 개창한 것은 아니기 때문이다. 위의 본론에서 틈틈이 인용, 소개한 바와 같이 이러한 생각에는 적어도 크로체, 콜링우드, 그리고 같은 미국인으로서 로빈슨과 베어드라는 저명한 역사사상가들이 포진하고 있으며, 또 그 경향을 소급하면 이탈리아의 비코를 결코 간과할 수 없기 때문이다.

그러나 중요한 것은 이러한 생각이 누구에 의해서 창도되었느냐 하는 것이 아니다. 문제는 궁극적으로 우리가 역사를 어떻게 인식하고 어떻게 서술하고 그것을 이해하는 것이 올바른가 하는데 있기 때문이다. 이 문제에 있어 베커를 아인슈타인이 비견한 것은 명석판명(明晳判明)하고 고정불변(固定不變)하는 진리의 발견을 대전제로 하는 자연과학에 있어서도 상대성 원리가 발견된 이 마당에, 사람의 삶의 흔적, 그 자체가 극단적인 가변성과 가해석성을 지닌 인간사의 집합으로 이루어진 역사를 이해함에 있어서 랑케적인 진리를 고집하고 그것이 흔들렸을 때에 흥분하는 실정에 놓여 있는 현실을 감안할 때 역사학에서의 아인슈타인의 위치는 중대한 것이 아닐 수 없는 것이다.

제7장
베어드의 역사적 상대주의

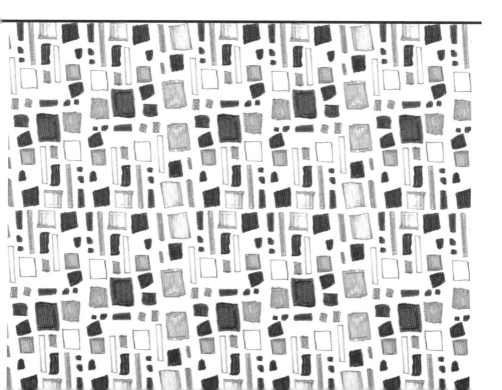

1
상대주의자가 쓴 역사가 오히려 객관적

최근 필자는 베어드(Charles A Beard)의 《기본 미국사(A Basic History of the States)》를 읽었다. 거기서 필자가 흥미와 매력을 갖게 된 것은 그의 미국사 자체보다 그가 역사를 서술해 가고 있는 방법이었다. 역사를 몇몇 낱개의 사건·사실을 설명하는 자세가 아니라 한 시대의 실상을 종합적인 견지에서 천착, 개진해 감으로써 어떤 구체적 사실의 암기를 요구하는 것이 아니라, 한 시대의 한 정황을 전체적으로 이해할 수 있게 하고 있다.

역사적 상대주의자(A historical relativist)로 지칭되고 있는 그가 오히려 역사의 한 시대의 정황을 보다 객관적으로 이해할 수 있게 하였다는 것은 상대성이론의 주창자인 아인슈타인이 그 이전에 객관적 진리를 발견했다고 주장했던 어떤 천체물리학자들보다도 더 가까운 우주의 끝을 보여 주고 있으며, 보다 더 치밀한 물질의 구조를 밝혀 주고 있다는 사실과 무엇인가 상통하는 바가 있다.

여기서 필자는 스스로 자신의 의견이 상대적인 것이라는 것을 깨닫고 있는 사람이야말로 보다 더 객관적 인식에 가까이 접근하며 보다 더 절대에 근접한 진실된 의견을 세울 수 있다는 것을 알았다. 이러한 의미에서 어쩌면 베어드의 역사적 상대주의를 옳게 이해하는 것이야말로 우리가 역사인식을 보다 객관적으로 하기 위한 노력이 될 수 있으며, 역사의 보다 참된 모습에 접근하는 길이 아닌가? 생각되어진다.

상대주의는 모든 사상과 지식 및 지성의 경향은 그 시대상황의 요구와 반영에 의해서 이룩된다는 것을 주장한다. 이런 의미에서 베어드의 '역사적 상대주의'도 그것이 일종의 사상이고 지식, 지성의 경향이라고 한다면, 그것 또한 같은 논리의 규제를 받게 될 것이다. 그러므로 우리는 베어드의 사상을 이해하기 위하여 먼저 그가 어떠한 역사적 배경에서 활약한 학자인가를 생각해 볼 필요를 느낀다.

우선 스코프(Athur Lloyd Skop)에 따르면, 베어드는 20세기 초 아메리카의 위기를 느끼고 그것을 극복하려는 의식 또는 사상을 가지고 있었던 사람이다.[1] 한마디로 베어드는 제1차 세계대전 후 발생한 대공황에서 아메리카의 체제가 붕괴하게 된 상태에 직면해서 이를 극복해야 된다는 시대적 사명감을 지니고 있었던 역사학자였다는 것이다.

그러나 베어드는 이 시대의 위기를 단순히 아메리카만의 정치, 외교, 경제상의 위기로 느낀 것이 아니고, 전 서구세계의 사회제제의 붕괴위기로 느꼈으며, 또 그 원인을 단순한 전쟁의 결과로 이해하지 아니하고, 당시까지 서구인들이 기반으로 삼고 있었던 사회철학과 역사해석의 실패에서 찾았다.[2]

그러므로 '그는 대 논쟁의 시대에, 즉 자연과학 및 사회과학에 있어서의 실증주의의 철학적 기초가 비지성적인 잡석으로 전락되고 지식사회학이 인간의 역사, 인간의 현재, 그리고 인간의 미래에 대해 의미 깊게 생각할 수 있는 능력으로서 생성되고 있는 때[3]에 주로 많은 저술을 했다.

때문에 베어드는 1930년대 이래, 역사인식의 상대주의적 이론을 옹호하기 시작하였다.[4] 이 같은 그의 이론에 영향을 준 것은 로빈슨의 뉴 히스토리로 대표되는 프래그머티즘적인 사론, 주관주의적 사학 사상을 보다 명백하게 공식화한 크로체, 그리고 양자이론의 불확정적 우주에서 관찰자의 정신에 존재하는 사실의 '실제적' 세계, 즉 현실성의 존재 위에서 예언되는 어떤 철학적 입장을 받아들이는 태도, 그리고 특히 당시 인기 있는 저서들을 저술한 많은 과학자들에 의해서다.[5]

로빈슨이나 크로체의 영향에 대해서는 앞장에서 수시로 언급된 것이고, 여기서 특히 관심을 두고자 하는 것은 당시의 자연과학 세계에 있어서 대두된 상대성이론이다. 로저스(Hugh. I. Rodegers)가 그의 논문에서[6] '주관성에 대한 강조는 역사서술과 제 과학에 있어서의 경험적 방법에 대한 공격을 가한 새 물리학의 중요한 공헌이었다.'고 지적하고 있는 바와 같이 아인슈타인이 1905년 26세의 약관의 나이로 발표한 조그마한 논문[7]에 의해서 일어난 20세기 지성계의 새 바람에 의해서 베어드의 역사적 상대주의도 큰 영향을 입고 있지 아니한가 하는 것이다.

이것을 17세기의 역사적 및 기타 제반 사회과학이 코페르니쿠스 이래 많은 자연과학자들, 이를테면 갈릴레이, 뉴턴 등의 영향으로 데카르트, F. 베이컨, T. 홉스 등 이른바 자연과학적 사회과학자들이 등장했고, 19세기에는 하베이(Harvey) 등의 생물학자들의 탁월한 발견에 따라 실증주의 및 실증주의적 제 학문이 성했던 것처럼, 20세기에는 아인슈타인의 천체물리학과 양자역학에서 밝혀진 상대성이론이 역사적 상대주의에 커다란 영향을 주고, 또 그런 경향의 뒷받침 내지는 추진제가 되지 않았나 생각된다. 물론 베어드가 구체적으로 아인슈타인에게 관심을 갖고 그의 논저를 읽었는지는 모를 일이다.

그러나 당 시대에 있어서 아인슈타인의 신우주론은, 특히 1919년 12월 6일 영국왕립학술원에서 뉴턴의 과학사상이 사망한 날로 선포할 정도로 센세이셔널한 것이고, 또 이 이론은 노아의 지적처럼[8] 대중화되어 있었으며, 일반 사회사상에 대한 적용의 문제가 논의되고 있었다는 점을 감안할 때, 베어드가 아인슈타인에 대해서 전혀 문외한이었던 것으로 생각하기는 어렵다. 특히 베어드는 1930년도 이전까지는 역사에 대한 지적전환을 일으켰다는 호프스태터(Hofstadter)의 말[9]과, 아인슈타인의 상대성이론이 대중화된 시기가 이때쯤이라고 하는 사실과 어떤 관계가 있음이 분명하다.

물리학적 상대주의의 영향이 아니라 해도, 실로 이 시대에는 상대주의의 개념이 이미 구미 사상계에 만연되어 있었으며, 이는 19세기 말을 풍미했던 실증주의 사상과 대결의 장을 열어 놓고 있었던 상태였다. 필자가 《신이상주의 역사이론》에서 자세히 밝힌 비코 - 크로체 - 콜링우드로 연결되는 사상체계가 그렇고, 또 독일에 있어서도 딜타이(Dilthey), 만하임(Karl Manheim)[10] 등이 그 대표적 예라 하겠다. 그리고 미국에서는 터너(Turner),[11] 로빈슨, 베커[12] 등을 열거할 수 있다.

따라서 베어드의 역사적 상대주의는 그 시대에 있어 유별난 사상이 아니고, 특히 미국에서 당시 실증주의적 역사학을 고집하고 있던 일련의 역사학자들과 이루고 있던 대결의 전열에 있어서 주장(主將)의 1인이었다고 하는 것뿐이다.

미국의 상대주의적 경향을 띤 대부분의 역사가들이 그런 것처럼 베어드의 역사적 상대주의는 특별히 크로체의 그것과 유사하다.[13] 그 역사사상을 개관하고, 그의 역사적 상대주의를 이해하고자 할 때, 발견할 수 있었던 것은 필자가 1985년 발표한 졸저《신이상주의 역사이론》에서 문제로 삼았던 비코, 크로체 그리고 콜링우드의 생각과 매우 가깝게 보이는 것들이다.

그중에서도 크로체의 경우는 많은 베어드 연구자들이 주장하고 있는 바대로 거의 동일하다고 할 만한 요소들이 많다. 노아의 주장을 따르면, 20세기에 미국 사학계에 불어 닥친 역사적 상대주의의 열풍은 오로지 크로체의《역사, 그 이론과 실제》에서 연유하는 것이며,[14] 베어드는 크로체를 찬양한 나머지 그를 미국으로 초청하기까지 하였고,[15] 그는 크로체의 입장에 대해서 완전한 동의를 보이기까지 하였다.[16]

그러므로 본고는 먼저 메일란드(Jack W. Meiland)에 의해서 제기된 역사적 상대주의라는 자멸논리에 대한 문제점을 제기하는 데서 단서를 잡아, 그것에 대한 반론을 입증하는 자세에서 실증주의적 역사학에 대한 베어드의 생각을 개진하고, 베어드의 이 같은 생각을 크로체와 콜링우드에 의해서 주장된 바, '모든 역사는 사상사', '모든 역사는 현재사'라는 주장과 일치하는 생각에 근거를 두고 있다는 점을 밝히고, 마지막으로 상대주의의 운명, 즉 자멸될 수밖에 없다는 운명을 극복하는 것은 비코의 역사 사상 중에서 발견되는 '이상을 향한 영구적 발전의 역사'의 개념을 이해하는 데서 가능한데, 베어드는 이 개념과 일치되는 개념으로 '실재로서의 전체사'의 개념을 제시함으로써 그 극복을 이미 시도했다는 것을 논증하고자 하는 것이다.

참고적으로 먼저 밝혀 두어야 할 것은 베어드의 역사적 상대주의를 나타내고 있는 대표적인 논문은 그가 1934년 미국역사학회(American Historical Association)의 회장 취임연설로 발표한 〈신앙행위로 쓰이어진 역사(Written History as an Act of Faith)〉와 〈고상한 꿈(That Noble Dream, 1935)〉이 있다. 그리고 저서로는 《The Nature of Social Sciences》가 있다.

2
역사적 상대주의의 자멸논리

　메일란드(Jack W. Meiland)는 1973년《역사와 이론(History and Theory)》에 기고한 논문 〈베어드의 역사적 상대주의(The Historical Relativism of Charles A. Beard)〉에서 다음과 같은[17] 베어드의 글을 인용하고 그것을 분석함으로써 역사적 상대주의자인 베어드는 상대주의의 자기부정을 통하여 자가당착에 빠진 것 같은 인상을 보여 주고 있다.

　　물리학과 생물학의 전제를 깨뜨려 버리고 역사서술에 있어서의 현대적 사고는 역사적 상대성의 공식—모든 쓰이어진 역사는 단순히 시대와 상황에 대해서 상대적인 것이고, 하나의 지나가고 있는 그림자, 하나의 환상을 만든다는 공식을 실증하는, 그것의 엔진을 가동시키고 있다. 현재적인 비판은 상대성의 사도(使徒)가 자기 자신의 두뇌의 자녀에 의해서 파괴될 운명에 놓여 있다는 것을 제시한다. 만약 모든 역사적 개념들이 단순히 지나가고 있는 제 사건에, 그리고 제 관념과 제 관심의 일시적 국면들에 대해서 상대적인 것이라면, 상대성의 개념은 그 자체가 상대적이다.

역사에 있어서 절대적인 것이 부정될 때, 상대성의 절대주의 또한 부정된다. 여기서 우리는 다음과 같은 문제를 연구하지 않으면 아니 된다. 어떠한 시대정신에 어떠한 계급, 그룹, 국가, 종족 또는 지역의 제 관념과 제 개념에 대해서, 그 상대성의 개념은 상대적인가? 역사의 실제(the actuality of history)가 미래로 전진해서 움직여 갈 때, 상대성의 개념 또한 지나갈 것이다.

마치 그 이전의 제 사건에 대한 제 개념과 제 관심이 지나갔던 것처럼. 이와 같이 바로 그 상대성의 원리에 따르면, 상대성에 대한 회의는 적당한 과정에서, 즉 변화하고 있는 제 상대성이라고 하는 언제나 넘실대고 있는 파도 밑에서 사라질 것이다. 만약 그가 이러한 운명을 곧 당하지 않는다면, 그 상대성의 사도는 확실히 그 자신의 논리에 의해서 처형될 것이다.

그가 말하는 바와 같이, 역사의 모든 개념은 시대와 상황에 대하여 상대적인(또는 상응하는) 것이다. 그러나 그 자신의 추리에 따라서 그는 다음과 같이 질문하지 않을 수 없다. 이러한 특수시대와 상황은 무엇에 대해서 상대적인가? 그리고 계속해서 시대와 상황의 경향은 점차적으로 희미해지지 않으면 안 된다. 그가 어떤 절대적인 것, 즉 모든 시대와 상황, 모든 상대적인 것들을 포괄하는 실재로서의 전체적 역사(the totality of history as actuality)에 직면할 때까지……

메일란드는 이상의 베어드의 말을 근거로 상대주의의 허점을 지적하였다. 그에 따르면 상대주의는 순수 논리학적인 입장에서 다음과 같이[18] 비판될 수 있다고 했다.

① 상대주의에 의하면 모든 이론적 구조들(All theoretical construc-tions)은 그것들이 이루어진 시대에 대해서 상대적이다.

② 상대주의 자체도 일종의 이론적 구조다. 특히 그것은 그러한 이론들의 이미 결과가 나온 인식론적 형태에 대한 주장일 뿐 아니라, 이론들과 사회, 문화적 요소들 간의 관계에 대한 이론이다.

③ 그러므로 상대주의 이론은 그 자체가 있게 된 시대, 또 시대들에 대해서 상대적이다.

④ 그러므로 만약 이론들이 그것들의 시대에 대해서 상대적이라고 하는 것에 기인하는 어떤 유형의 약점을 지니고 있다면, 그렇다면 그 상대주의 이론 자체도 이와 동일한 결함을 지니고 있다.

⑤ 특히 만약 이러한 이론들이 그러한 이유 때문에 부정되지 않으면 아니 된다고 한다면, 그렇다면 또한 '상대주의'라 불리는 이론도 그 이유 때문에 부정되지 않으면 아니 된다.

⑥ 이와 같이 권위 있는 상대주의자가 이론들에 오점을 찍는 방법은 그 이론들의 상대주의적 본질이 그것들을 그것들의 주제에 대한 절대적 진리가 아니라는 것을 보여 주는 것이다.

⑦ 그러므로 상대주의는 그것의 주제에 대해서 절대적 진리일 수 없다.

그런데 메일란드에 의하면, 베어드는 이 같은 상대주의의 자살적인 논리에 대해서는 반박이나 답변하려 하지 않았고, 대신에 상대주의에 대한 역사적 운명을 암시하였다. 그것은 다음과 같다.[19]

① 상대주의는 모든 역사적 개념들이 그것들의 시대에 대해서 상대

적이라고 주장한다.

② 상대주의는 그 자체가 일종의 역사적 개념(이론들과 사회, 문화적 요소들 간의 관계에 대한)이다.

③ 그러므로 상대주의 원리는 그것의 시대에 대해서 상대적이다.

④ 시대는 변한다.

⑤ 그러므로 상대주의라는 원리들이 변한다(예컨대 어떤 시대에 유행한 원리는 그 다음 시대에 사라질 것이다)고 주장한다.

⑥ 그러므로 상대주의자는 상대주의 자체는 우리가 어떤 시대에서 다음 시대로 지나갈 때 사라질 것이라고 믿지 않으면 아니 된다.

메일란드는 이상과 같은 상대주의의 역사적 운명의 단서를 다음과 같은 베어드의 말에서 찾았다.

> 역사의 실재가 미래로 진전하면, 상대성의 개념 또한 지나갈 것이다. 그것은 마치 제 시대에 대한 전시대의 제 개념과 제 해석이 지나가 버린 것처럼.[20]

위에서 논의된 바에 따르면, 순수 논리적인 이론의 전개를 통하여서건, 또는 역사적 추론을 통하여서건, 어찌했던 상대주의는 그 자체의 이론에 의해서 자살(self-vitiating)을 하지 않을 수 없는 운명에 처하게 되었다.

그렇다면 과연 상대주의, 특히 역사적 상대주의라고 하는 것은 이처럼 몇 마디의 논리적 추구(베어드의 역사적 운명론도 결국은 논리인데)에 의해서 간단히 접근할 수 있는 것인가? 아니면 그래도 상대주의는 그대로 살아서, 그 밖의 다른 관념들, 개념들, 나아가서 진리라고 하는 것까지 변화를, 또는 사망을 강요할 것인가? 여기에서 우리는 역사적 상대주의의 실제가 무엇인가? 특히 베어드의 역사적 상대주의의 정체와 그 뿌리가 무엇인가를 살펴보아야 할 필요를 느낀다.

3
실증주의적 역사학의 객관성에 대한 베어드의 비판

비코의 사상은 데카르트의 자연과학적 사고에 대한 반대를 통해서 문화과학 또는 인문과학적 사고를 형성시킨 것이고, 20세기의 크로체-콜링우드의 철학은 19세기의 실증주의 또는 실증주의적 역사학에 대한 반발의 결과로 이룩되었다.

위에서 언급했듯이 베어드의 역사사상은 크로체와 시대를 같이 하고 경향을 함께 하는 것이다. 그러므로 베어드의 생각이 크로체와 함께 반실증주의적 입장, 랑케에 대한 비판적 태도를 취하였다는 것은 이상할 것이 없다.[21] 그러므로 베어드는 어떻게 해서 역사학은 자연과학과 같지 아니하며, 왜 역사학에 자연과학적 방법을 적용하는 일이 불가능한가 하는 것을 논파하는 데서 그의 이론은 시작된다.

베어드에 따르면, 역사학은 다음과 같은 몇 가지 이유로 해서 자연과학과 구별되어야 하고, 그 때문에 자연과학적 방법의 적용은 불가하다.

첫째, 역사학은 그 연구의 자료가 되는 정보에 있어서 자연과학의 그것과 구별된다. 역사학에서 취급되고 있는 자료들은 자연과학의 자료들처럼 직접적 경험이 불가능한, 단지 과거에 있었던 사실들에 대한 불완전한 흔적들에 불과한 것이다. 그러므로 역사학에서 '실증'이라는 말은 그 말 자체가 허위적이다.[22] 문헌기록에 있다 해서 또는 유물, 유적이 발견되었다 해서 곧 그것이 실증된 것일 수는 없기 때문이다.

둘째, 자연과학은 그 지식이 단조롭고, 일반성을 지니고 있다. 예를 들어 화학에 관한 지식과 생각은 실험실 등 몇몇 특정한 장소에서 발견될 수 있고 확인될 수 있다. 그러나 역사학의 대상이 되는 인간사에 관한 현재의 지식과 생각은 전 세계 전국 방방곡곡에 퍼져있는 수백만의 서적과 서신들, 그리고 수백만의 사람들—유명 무명의 인물들—의 정신 속에서 발견되어질 수밖에 없는 것이다. 그러므로 자연과학의 경우에는 몇몇 사례에서 얻어진 일반성, 법칙성을 발견할 수도 있으나, 역사학에 있어서는 이것이 거의 불가능하다. 더욱이 역사에 사례를 있는 대로, 또는 있었던 대로, 모든 것을 수집, 정리해서 일반성과 법칙성을 확인하기란 매우 어려운 것이다.

설사 역사가들의 종합적인 정리와 기술이 있다 하더라도 그것은 여전히 역사의 많은 부분이 미지의 것이며, 또 기록의 희소 내지 미지로 인하여 우리에게 전달이 가능하지 않은 미지의 상태로 남아있게 된다.[23] 그러므로 자료의 수집과 총합에 따른 역사의 일반성, 법칙성을 파악한다는 것은 더욱 어려운 것이 된다.

셋째, 자연과학은 인간이 자연을 대상으로 하는 것인데 비하여 역사학은 인간이 인간사를 대상으로 하는 학문이라는 것이다. 자연은 스스로 생각도 않고 스스로 창조하지도 않으므로, 누가 그것을 대상으로 연구한다 하더라도 연구자는 냉담하게 즉 객관적인 마음 상태에서 관찰하고 조사하고 생각함으로써 비교적 객관적인, 좀 더 구체적으로 말하면, 그 시대와 그 시대의 문화수준이 허락하는 범주 안에서는 대부분의 사람들이 함께 이해하고 동의할 수 있는 결과를 추출해 낼 수 있다.

그러나 역사학에 있어서는, 그 역사가 자신이 그의 대상으로 삼고 있는 과거의 인물, 사상, 정치상황, 제도 등등과 이해득실 관계, 선호경향 등을 지니고 있기 때문에 동일한 장소에서 동일한 시간에 동일한 대상을 가지고 생각한다 하더라도 결론은 각각 다르게 나올 수밖에 없다는 것이다.

스미스(Preserved Smith)는 '인간의 움직임은 원자들이나 벌들의 움직임과 정확하게 동일하다. 그러므로 개별적인 상태에서는 예견이 불가능하나 집단적으로는 거의 정확하게 예견할 수 있다'고[24] 했으나, 여기서 우리가 생각해야 할 것은 이것을 관찰하는 연구자 자신도 그 집단 속에 소속되어 있는 일 개인에 불과하다는 사실이다. 하나의 원자나 한 마리의 일벌들이 그것들이 포함되어 있는 집단의 움직임에 대해서 정확하게 알지 못한 채 움직이고 있는 것처럼, 한 사람의 개인도 자신을 포함하고 있는 수십억, 수백억 개인들로 구성된 인류 집단의 시간상의 행렬로서의 역사를 정확하게 파악한다는 것은 고상한 꿈이나, 아니면 허무한 환상일 수밖에 없을 것이다. 원자나 벌의 집단의 움직임을 관찰하는 한 사람의 연구자와 벌의 관계는 신과 인간의 관계로 생각할 수 있지 않을까?

넷째, 자연과학의 대상으로서의 자연현상은 재현이 가능하다. 예를 들어, 수소 2분자와 산소 1분자의 결합으로 물이 생성된다고 하는 현상은 그것이 일단 화학자에 의해서 발견되고 나면, 언제 어디서나 그

재연이 가능하다. 그리고 천체물리학에서 천체망원경을 통하여 어떤 별이 일단 발견되면, 언제 어디서나 동일한 별을 천체망원경을 통해서 볼 수 있다. 즉 자연과학에서 얻어진 진리는 시공을 초월해서 동일한 진리일 수가 있다.

그러나 역사학에 있어서는 그렇지가 않다. 한번 시간이라고 하는 물길을 타고 과거라는 곳으로 흘러 가버린 사건·사실은 그것을 다시 현재의 현 위치에 가져다 놓고 확인할 수 없다. 그러므로 역사가는 위에서 언급한바 과거의 희미한 흔적인 자료를 그의 현재적 입장에서 현재적 사고와 감각으로 보고 그것을 통해서 과거의 사실을 이해해야 하는 것이다.

여기서 이해라 함은 결국 자기 나름대로의 해석일 수밖에 없다. 이렇게 해서 얻어진 역사에 대한 지식은 엄격하게 말해서 역사학자들, 역사가들마다 다를 수밖에 없는 것이다. 때문에 베어드는 'Wie es eigentlich gewesen(실제로 있었던 그대로)'을 주장하며 실증주의적 역사학, 객관적이고 불편부당의 역사서술을 고집한 랑케를 다음과 같이[25] 공격하였다.

> 비록 랑케가 역사이론의 성장에 있어서 많은 공헌을 하였고, '과거에 실제로 있었던 대로의 역사(History as it actually had been)'를 서술하고 있음을 주장하였지만, 그는 실제적으로 그것의 경험주의적 결론으로 향한 그 논리적 진행을 따르지 않았다. (중략) 그러나 그는 흔쾌히 신비 속에 감추어진 대로 역사를 쓸 것이며, 그것도 '과거에 실제로 있었던 대로'를 이미 기술되어 있는 문헌들에 대한 비판적 연

구를 통해서 불편부당한 입장에서, 그는 철학을 거부하였고, 실증적인 역사를 주장하였다. 그러나 그는 그 점에도 불구하고 일종의 범신론(Pantheismus)에 의해서 통제되었다.

한마디로 베어드에 따르면, 역사학은 자연과학과 전혀 같을 수 없는 것이다. 때문에 역사학에 자연과학적 또는 실증적 방법을 적용하여 '과거에 있었던 대로의 역사' 즉 객관적인 역사를 서술한다고 하는 것은 '고상한 꿈(That noble Dream)'에 불과한 것이다.[26]

그리고 베어드에게서는 역사란, 즉 쓰이어진 역사란 일종의 신앙 행위로 쓰이어진 역사임이 강조된다. 그래서 그는 '모든 역사학도는 그의 동료들이 그들의 자료를 선정하고 정리함에 있어서 그들의 선입견, 편견, 신념, 신앙, 일반적 교육, 그리고 경험, 특히 사회적, 경제적 경험에 의해서 영향을 받고 있다는 것을 알고 있다.'[27]고 했다. 그리고 그는 다시 '해석하고자 하는 욕망을 부정하는 것일지라도 그것은 일종의 무의식으로 행하는 철학적 주장'[28]이라고 함으로써 역사서술에 있어서의 철학의 배제를 부정하였다.[29]

4.
베어드의 현재주의(Presentism)

이와 같이, 베어드가 역사학에 있어서 객관성을 반대하고 역사서술을 일종의 신앙행위로 간주하였고 또 역사를 '과거에 대한 현재적 사고(Contemporary thought about the past)'라고 규정하였다는 것을 생각할 때, 우리는 이러한 베어드의 생각이 '진정한 역사는 사상사', '모든 역사는 현재사'라고 한 크로체-콜링우드의 생각과 매우 유사하다는 것을 느끼게 된다. 그것을 살펴보면 대개 다음과 같다.

첫째, 베어드는 '역사를 쓰는 모든 역사가는 각자 자기 시대의 산물이며 그의 작품은 그 시대정신과 그 나라, 종족, 그룹, 계급 및 당파의 입장을 반영하는 것'[30]이라 말하고 또 '역사학의 중심목표는 현재를 역사적으로 설명하는 것이다'라고 하였다. 또 '과거 실제로서의 역사는 인류가 지상에 태어나서 그의 긴 여정을 시작한 이래 행하고 말하고 느끼고 생각해 온 모든 것을 포괄하는 것으로서, 그것은 결국 실제 기록, 또는 특수 지식으로서의 역사가 아니라, 사상으로서의 역사'라고 역사를 이해하였다. 그뿐만 아니라, 그는 '현재란 단순히 밝혀진 과거(the developing past)이고 과거는 밝혀지지 않는 현재'라고 한 터너의 생각을 받아들여서 과거를 철저하게 현재에 종속시킨 현재주의자이기도 하다.

이와 같은 베어드의 생각은 그 표현방법이나 사용하는 용어의 차이는 있을 지라도 크로체-콜링우드의 '사상사', '현재사'의 개념과 크게 엇갈리지 않는 것으로 이해되어도 좋지 않을까 생각된다.

둘째, 베어드는 고난들(Quandaries)을 극복하기 위한 노력이 '사상사', '현재사'를 쓰게 한다는 생각을 세움으로써 크로체-콜링우드와 일치점을 보이고 있다. 역사적 현재주의에 있어서는 '사상사'와 '현재사'의 개념을 각각 나누어서 생각될 수 있는 것이 아니다.[31] 그 개념들은 동시, 동일 개념으로 이해되어야 한다. 모든 역사는 그것을 서술하는 역사가가 당면하고 있는 현재에 주어져 있는 제 과제를 의식하고 그것을 해결하려는 의도와 목적 즉 사상을 가지고 쓰이어진 현재의 표현으로서의 역사이기 때문이다.

크로체에 의하면, 한 시대의 역사가는 그가 당면하고 있는 역사적 상황하에서 발생하는 '현재 생에 대한 관심(the interest about life in the present)'에 근거해서 스스로 문제를 발견하고 그것을 해결하려는 노력의 일환으로 역사를 서술한다. 좀 더 구체적으로 말하면, 역사가는 그의 시대에 '현재 생에 대한 관심'을 갖고, 이 관심은 역사를 서술하고자 하는 의도, 목적, 방향, 즉 사상을 결정한다. 그러므로 여기서 쓰이어진 역사는 현재를 표현하는 현재사이며 의도, 목적, 방향 등 사상을 표현하는 사상사라는 것이다.[32]

콜링우드는 크로체의 '현재 생에 대한 관심' 대신에 어려움들이라는 용어를 써서 역사가의 의도, 목적, 방향 등 사상을 정하는 것은 그 시대가 당면한 '어려움들'이라 했다.[33] 이에 대해서 베어드는 '난관들'이라는 용어를 쓰고 있을 뿐, 그 내용은 별 차이가 없다. 즉 베어드는 '오늘날 우리의 생에서 당면하고 있는 난관들(Quandaries of our life today)'을 역사인식의 주요 동기로 생각하고 있으며, 또 그 난관들을 극복하기 위한 역사연구, 역사서술을 정당화하였다. 다음은 베어드가 '난관들'에 대해서 언급한 구절들이다.[34]

> 스미스씨가 언급한 그 낡은 참된 진리를 위협하고 있는 사람들 중에는 로빈슨이 있다. 그는 한때, 소위 객관적 역사라고 하는 것은 단순히 어떤 대상도 갖지 않은 역사(history without an object)라고 거침없이 선언하였으며, 역사인식은 우리가 오늘날의 생에서 당면하는 난관들(the quandaries of our life today : 필자 의역)에 빛을 투사해주는데 사용되는 것—재조정과 재구성을 쉽게 하는데 사용되는 것이라고 제청하였다.

그리고 베어드는 다시 다음과 같이 난관들을 극복하기 위해 노력하는 이들이 그 의지에 따라 지식을 탐구한다 하더라도 그것이 진리 아닌 것이 아닐 수 없다는 점을 강력히 주장하고 있다.[35]

> 옛 것을 지키는 학자들은 무엇보다도 객관적 진리의 탐구를 원하였다. 스미스씨가 이러한 경계선 다른 쪽(즉 객관적 진리의 탐구라 할 수 없는 쪽 : 필자 주)으로 밀어붙인 사람들은 진리탐구의 이상을 반대하였단 말인가? 오늘날 우리의 생활에서 당면하는 난관들을 극복하기 위해서 노력하고 있는 현대인들에게 유익한 지식을 탐구하고 있는 사람들은 그 지식이 지니는 진리성 여부에 대해서는 관심도 갖지 않

는다는 말인가? 그의 목적은 다를지 모른다. 그러나 확실히 그는 거짓을 탐구하지도 않고, 거짓된 역사를 서술한다는 것은 당면한 문제를 해결하는 데 도움이 될 수 있다고 믿지도 않는다.

이상의 인용문을 참고해서 베어드의 역사인식 및 역사서술에 대한 생각을 요약하면, 역사를 인식하고자 하는 사람, 역사를 서술하고자 하는 역사가는 누구나 자기 나름대로의 '오늘날의 생활'을 가지고 있고, 또 그 생활을 함에 있어서 그 나름대로의 난관들을 당면하고 있다. 인간은 누구를 막론하고 자기 앞에 닥쳐져 있는 난관을 극복하려는 정신의 본질로서의 의식을 가지고 있다.[36] 생존의 난관을 당면한 사람이 그의 생존을 위한 수단을 위해 취업하고 빈곤이라는 난관을 극복하려는 의지가 부를 추구하고 자유가 없음을 난관으로 느낀 사람이 자유를 위한 투쟁을 하는 것과 마찬가지로 국가적인 또는 민족적인 난관을 난관으로 생각하는 사람은 국가, 민족을 의식한 어떤 행위를 기도한다.

이때에 이들의 사물을 보는 눈, 감각, 그리고 사물을 생각하는 방향은 그 목적, 즉 그의 난관을 극복하겠다는 목적, 의도에 의해서 정해진다. 그리고 이러한 목적과 의도를 지닌 사람이 역사가일 때, 그의 역사인식과 역사서술에는 그것에 따른 색채가 가미되게 된다. 즉 역사가가 당면하고 있는 '오늘날 우리가 당면하고 있는 난관들'은 그의 역사인식의 내적 이유가 되는 것이다.[37] 그리고 이 같은 내적 이유는 결코 어떤 개인의 독자적인 것일 수만은 없다. 그것은 그 시대를 사는 대부분의 사람들이 공통적으로 지닐 수 있는 것이다. 그러므로 이 같은 내적 이유에 의해서 쓰이어진 역사는 또한 그 시대의 일반적 특성을, 또는 그 시대의 시대정신을 표현하고 있는 것이기도 하다.

5
베어드의 역사적 상대주의

　이상과 같은 베어드의 현재주의적 입장은 그를 이른바 역사적 상대주의자로 지칭하게 만들었다. 철학에 있어 대표적인 상대성이론의 주장자는 리차드 헐데인(Richard Burn Haldane, 1856~1928)이다. 그에 따르면,[38] 전체로서의 실재는 하나이다. 그러나 이 통일체에 대한 인식은 다양한 시점들, 예를 들면, 물리학자의 시점, 생물학자의 시점, 철학자의 시점들에서부터 접근되어진다. 그리고 각 시점은 그것이 채택하고 있는 범주들에 따라서, 진리의 어떤 부분적이고 상대적인 견해를 표현한다. 그리고 그것은 절대시되어서는 아니 된다.

　이것이 철학적 상대주의의 기본 입장이라고 한다면, 역사적 상대주의는 역사인식과 역사기술에 있어서의 객관성의 부정,[39] 그리고 진리는 역사상 매시대 또는 매단계마다 그 시대, 또 그 단계에 설명이 가능한 범주를 그 시대 인간의 인식능력 등에 따라서 달리 인식된다고 하는 비코의 입장을 의미한다 할 것이다.

　베어드는 위에서 논의한 바와 같이 역사인식과 그 서술에 있어서의 객관성을 부정하여 역사서술을 일종의 신앙행위라 하였고, 또 역사학도 그 자체의 역사를 가질 수밖에 없을 만큼 매시대의 특징을 표현하고 있음을 볼 때, 그를 역사적 상대주의자라고 지칭하는 데는 무리가 없다. 다음 인용문은 베어드가 그의 역사학의 역사의 성립 이유를 설명하는 것이다.[40]

> 쓰이어진 역사는 모든 다른 지적 산물들과 마찬가지로 그 자체의 긴 역사를 가지고 있다. 그 역사는 매세대마다 인류의 관심들과 지적 주안점들이 변화함에 따라서 새로운 형태와 새로운 내용을 취한다.

이것은 '매시대마다 역사는 다시, 또는 새롭게 쓰이어져야 한다.'는 의미의 '뉴 히스토리'를 쓴 로빈슨과 뜻을 같이 하는 것이라 생각할 수 있다. 이런 점에서 베어드는 자신의 사학사를 썼어야 했다. 크로체가 '역사, 그 이론과 실재'에서 콜링우드가 '역사학의 이상'에서 각각 사학사를 취급하고 있는 것과 같이. 그러나 베어드는 그의 75년에 걸친 생애에 있어서 초, 중반은 주로 실제의 역사서술과 그 연구에 몰두하였고, 역사이론에 눈을 뜨게 된 것, 특히 그의 역사적 상대주의의 이론을 분명히 하게 된 것이 1930년대 이후의 일이기 때문에 그의 독자적인 사학사를 쓰지 못했는지도 모른다. 아니면 그의 선배학자 로빈슨의 '뉴 히스토리'로 그 필요성을 충당했는지도 모른다.

노아(Ellen Nore)에 의하면, 베어드는 로빈슨의 해석과 사실 사이의 구별점을 탐색하고 있었다는 데서 상대주의자로 전환하는 계기를 갖게 되었다고 했다.[41] 그렇다면 후자의 추측이 맞을 것이고, 베어드의 역사적 상대주의는 로빈슨과 밀접한 관계를 갖고 있는 것이 확실하다.

베어드는 앞에서 언급한 바와 같이 자신의 사학사는 쓴 바 없지만, 사학사의 한 단편이라 할 수 있는 글은 발견할 수 있다. 즉 사학사가 일반적 사상사나 지성사에서 볼 수 있는 것처럼 변증법적 과정에 따라 전개되어 가고 있음을, 즉 전시대에 문제시되었던 사항에 대한 반작용으로 새로운 역사학 형태나 내용이 규정되어진다는 것을 다음과 같이 기술하고 있다.[42]

> 공식(formula) 자체가 과거에 대한 사고의 지나가고 있는 국면이었다. 그것의 제작자인 랑케, 그는 독일 보수주의자로 프랑스 혁명의 격동과 압박 후에 집필을 하였는데, 그는 혁명적인 선전을 위해서 쓰이어진 역사에 대해서 싫증을 느끼고 있었다. 그는 평화를 원하였다. 그가 소속되어 있었던 독일의 지배계층은 1815년의 화해로 숨통을 돌리고 있었는데, 이 때 그들은 그들의 지위를 공고하게 하기 위해서 평화를 원하였다. 냉정하게, 사실적으로, 그리고 표면적으로는 그 시대의 감정에 의해서 교전되지 아니하고 쓰이어진 역사는 혼란이 일어나는 것을 원치 않는 사람들의 주장을 가장 잘 도와주었다.

여하튼 베어드의 눈에는 객관적 역사서술을 고집한 랑케의 주장이나 그의 역사도 그 시대의 산물, 즉 사학사의 맥락의 그 단계에서도 필연적으로 나타날 수밖에 없었던 한 경향이며, 그 시대의 특징 또는 그 시대의 시대정신의 표출로 보였다.

이제 우리는 역사적 상대주의의 본질이 무엇인가를 정리해야 할 단계이다.

첫째, 역사적 상대주의는 모든 상대주의의 기본 원리가 그렇듯이, 인간의 인식능력은 한계성을 지니고 있어서 그것으로 인식된 모든 진리는 절대적 진리, 또는 진리 그 전체일 수 없다는 대전제하에 선다.

둘째, 역사적 상대주의는 그 상대성이 역사적 조건에 의해서 규정된다는 특징을 지닌다. 즉 역사학에 있어서 진리, 참된 역사에 대한 인식은 그것을 인식하는 자가 위치해 있는 역사의 단계 또는 시대의 제 조건에 의해서 제한되며, 여기에서 이루어진 역사서술은 그 시대의 이 같은 제 조건과 특징을 함유하고 있거나 표현하고 있는 것이다.

그러나 여기에서 집고 넘어가야 할 것이 있다. 이러한 상대성 또는 한계성 그리고 시대적 특징의 표현이 역사가나 역사학자의 자의적이고 허위적 또는 궤변적 작위에 의해서 만들어지는 것이 아니라, 그들은 성실과 최선, 최고의 능력을 다해서 그들이 생각하기에는 객관적이라고, 또 절대적이라고 생각되는 것을 인식하고 서술해 놓아도 결국에는 그것이 상대적이고 주관적인 한계를 벗어나지 못했다는 것이다. 그것은 역사라고 하는 것, 자체가 완성된 것이 아니라, 미완성 상태에서 계속 완전한 또는 절대적인 완성상태로 이행되어 가고 있는 과정 중에 있는 것이고, 역사인식, 역사서술을 포함한 인간의 행위는 그 과정을 추진시켜 가는 하수인이기 때문이다.

셋째, 역사적 상대주의는 단지 역사의 인식과 그 서술의 문제에 있어서만 적용되는 것이 아니다. 그것은 철학적 상대주의를 필두로 하는 모든 과학, 즉 모든 분야의 인식의 문제에 적용된다. 비코의 주장처럼[43] 역사의 과정자체가 진리의 자기표상 과정이고 그 표상은 역사의 매단계에서 인간의 인식작용에 의해서 이루어져 가고 있는 것이라고 할 때, 모든 인식은 역사적이고 상대적일 수밖에 없다. 그리고 여기서 '역사적'이라고 하는 용어는 '상대적'이라는 용어와 동의어일수 있다.

6
역사적 상대주의의 자멸논리의 극복

　이상에서 설명된 역사적 상대주의 이론은 '제7장 2 역사적 상대주의의 자멸논리'에서 제기된 바, 자멸되지 않을 수 없다는 자가당착적인 딜레마에 빠지게 된다. 그것은 순수 논리적 차원에서도 그렇고, 역사적 상대주의 이론 자체에 의해서도 그렇게 될 수밖에 없는 것이다. 역사적 상대주의 이론을 그 자체에 적용시켜 본다면, 결국 현재의 역사적 상대주의는 차후 어떤 학설에 의해서 절대주의로 대치되지 않으면 아니 된다. 그리고 이 이론을 좀 더 연장시키면 절대주의는 다시 상대주의로 전환되지 않을 수 없다는 전망을 갖게 된다. 그리고 그 다음에는 다시 절대주의가 그것을 대치시킬 것이다.

　그리고 이러한 순환적 변천은 역사, 이를테면 과학사, 철학사, 사학사 등의 모든 학문연구의 역사를 가능케 하는 요소다. 그뿐만 아니라 이러한 지속적 변천이 없다면, 즉 역사상 어느 시기에 어떤 학문에 있어 절대적 진리가 발견되어, 그 이상의 진리가 발견될 여지가 없다고 한다면, 그 학문의 연구는 그 위치에서 종결되어 버리고 말 것이다.

　이처럼 메일란드의 교묘한 논리적 추궁에 따른 상대주의의 자살론 자체도 결국은 스스로 상대주의임을 입증해주고 있는 것이다. 이렇게 된 데에는 그 소멸론 자체가 안고 있는 다음과 같은 몇 가지 문제가 있기 때문이다.

첫째는 상대주의가 자살하지 않을 수 없도록 이끌어간 논리라고 하는 것, 그 자체가 상대적인 것이라는 것을 망각한 상태에서 그 이론을 전개했다고 하는 것이다. 상대주의적 입장에서 보면, 논리학 자체가 어떤 진리에 접근하는 절대적인 방법일 수가 없다는 주장이 성립된다. 다시 말해서 논리라고 하는 것이 절대적 존재인 신에 의해서 만들어진 절대 진리의 틀이라면 몰라도, 그것이 어쩔 수 없이 어느 시대에 어느 곳에서 인간에 의해서 만들어진 것이라면, 그것 자체가 시대성과 공간성, 그리고 인간능력의 제한성을 지닌 상대적인 틀, 또는 진리의 용기에 불과한 것이다.

그런데 이 용기에다 역사적 상대주의라는 하나의 진리를 담아보고 그것이 그곳에 들어가 차지 않는다고 해서 그 소멸, 또는 그 자살을 선언해 버리는 것은 그 자체가 논리에 맞지 않는 일이다. 때문에 역사적 상대주의는 이와 같은 용기, 즉 형식주의와 형식논리를 철저하게 배격하는 데서 그 출발점을 찾는다.[44] 그리하여 베어드는 역사적 상대주의적인 역사학의 흐름이 시작되면서 '랑케의 역사의 형식은 폐기되고 또 그것은 고대 유물 전시장으로 내던졌다'고 했다. 그러므로 랑케 사학에 대한 거부운동은 다른 면으로 형식주의, 형식논리로부터의 탈피운동이라고도 할 수 있을 것이다.[45]

둘째로 상대주의라는 규정적 용어에 문제가 있다. 상대주의는 대칭적으로 절대적 진리의 부정, 나아가서는 일체의 절대적 진리는 없고, 진리란 언제나 상대적으로 변하는 것이라고 하는 단정적 규정에 문제가 있다.

이른바 상대주의자라고 하는 사상가들의 이론은 절대적 진리를 근본적으로 부정하는 데서 출발한 것이 아니라는 점을 우리는 유의해야 한다. 비코의 상대주의는 무한한 접근의 대상으로서의 절대적 진리를 전제로 한 것이고, 헤겔의 역사철학은 절대정신을 실현하는 과정으로서의 역사의 발전을 설명한 것이다.

그러므로 여기서 우리가 분명히 해야 할 것은 진리를 우선, 그 자체대로 존재하고 있는 진리와 인간에 의해서 인식된 진리의 구별이며, 그중 이른바 '상대적'이라는 한정어를 붙여야 되는 진리는 후자의 것이라는 점이다. 그러므로 베어드도 그의 역사적 상대주의에서 주요문제로 삼은 것은 '어떤 쓰이어진 역사(any written history)'인 것이다.[46]

그러므로 베어드의 이 '쓰이어진 역사'란 그 씀의 대상으로서의 '자체대로 존재하고 있는 역사'를 전제로 하는 것이다. 실제로 베어드는 '모든 시대와 모든 상황, 모든 상대적인 것들을 포괄하는 실재로서의 전체사'를 상정함으로써 그것을 뒷받침해 주고 있다.[47]

이 같은 입장은 상대주의자라고 지목되고 있는 대부분의 경우에서 공통되는 것이다. 우선 양자역학을 통해서 소우주, 천체물리학을 통해서 대우주의 신비를 파헤치고 있는 아인슈타인의 상대성이론도 아직 인간에 의하여 밝혀질 수 없는 우주의 끝을 전제하고 인간에 의해서 밝혀지고 인식되어진 우주의 상대적 인식을 이야기 하고 있다.[48]

그리고 베어드 이외의 또 한 사람의 역사적 상대주의자로 주목되고 있는 딜타이도 '형이상학적으로 생각되는 역사과정'을 상정하고 그것을 '영구적으로 구체화되어 가고 있는 궁극적인 어떤 존재', '영구적으로 구체화되어 가고 있는 모든 것들의 총체'라고 하였다.[49] 또 멘델바움(M. Mendelbaum)에 의하면 일체의 외연적 존재를 거부하고 있는 크로체[50]도 절대자에 호소함으로써 완전한 상대주의에서 탈피하려 노력하며 '참된 인식은 그것을 근원, 즉 절대적이고 영구적인 역사적 존재(the absolute immanent historical One)에 관련시킴으로써만 이해될 수 있다'고 하였다.[51]

이상과 같이 타칭 자칭 상대주의자로 지목되고 있는 사상가들은 실제에 있어서 '절대적 진리', '실재로서의 역사전체' 등 어떤 초월적이고 객관적이고 절대적인 존재를 전제하고 있으며 그들의 상대주의란, 그러한 존재와 인간의 관계에 있어서의 필연적으로 있을 수밖에 없는 상대성을 의미하는 것이다. 특히 역사적 상대주의란(실제에 있어 일반 상대주의도 마찬가지이겠지만) 각 시대의 각 개인의 진리에 대한 인식의 불완전함을 자인하고 지속적으로 그 절대적, 객관적 진리에로 무한히 접근해 가고자 하는 자세다.

이렇게 볼 때, 오히려 역사적 상대주의는, 일시적으로, 발명된 지식을 결정적인 것으로, 즉 영구불변의 진리로 고집하는 자세에 비하여 보다 더 진지하게 참된 진리를 인정하고 그것을 보다 더 객관적으로 인식하고자 하는 자세다. 이런 점에서 역사적 상대주의는 그것의 자살론이나 소멸론에 앞서서 우선 긍적적인 입장에서 사물과 진리에 대한 진지한 인식의 태도로 인정되어야 할 것이다.

그러면 베어드에게 있어서 그의 역사적 상대주의의 자기소멸을 극복하는 근거로 제시된 절대적 존재로서의 역사, 그 자신의 용어로서의 '실재로서의 전체사(The totality of history as actuality)'란 어떤 것인가? 필자의 작은 연구의 결과를 놓고 볼 때, 베어드의 이에 대한 생각은 위에서 언급한 바, 크로체, 딜타이 등의 사상가들의 생각과 예를 같이 하는 것으로, 그 근원은 멀리 비코의 '이상을 향한 영구적 발전의 역사(Ideal Eternal History)'의 개념에 두고 있는 것으로 여겨진다.

비코에 의하면, 역사란 한마디로 진리의 자기표상 과정이다. 즉 신적 존재로서의 진리는 시간의 경과로 조성되는 역사의 매단계에서 그 단계에 적합한 형태, 형식, 특성을 지니고 스스로 표상되고 있다. 그리고 이 진리는 스스로를 표상하는 방법으로 섭리를 통해서 각 시대를 사는 인간들의 정신으로 하여금 그 시대, 또는 그 시대의 역사적 상황에 상응하는 형태, 형식, 특성 또는 한계를 지닌 지식으로 표현된다. 이러한 과정은 역사상에 있어서 진리의 자기표상이 가장 미숙한 상태인 원시적 단계(이 단계는 진리가 신화로 표현되는 시적 단계다)에서 출발하여 형이상학적 단계를 거쳐 경험과학의 단계로 진전되어 나아갔다.[52]

비코 자신은 언급하지 않고 있으나, 이 같은 비코의 역사 전개 과정을 연장시켜 이해해 본다면, 우리는 역사의 마지막 단계는 진리 그 자체가 완전히 표상되어, 그것이 완전한 객관적이고 절대적인 모습으로 표상되는 단계라고 추정할 수 있다. 베어드의 선배로서 그의 역사이론에 강력한 영향력을 행사하고 있는 로빈슨은 그렇게 된 경로가 어떤 것인지는 여기서 밝힐 수 없으나, 이상과 같은 비코적인 역사이론과 매우 유사한 윤곽의 생각을 피력하고 있다.

로빈슨에 의하면, 역사란 '인류가 처음으로 지구상에 나타난 이래 행하여 오고, 생각하여 온 모든 것의 자취와 흔적을 포괄하는 것'[53]으로 '과거 인류 생활에 대한 지식의 총체'[54]라고 규정함으로써 비코의 '이상을 향한 영구적 발전의 역사'에 해당되는 선험적 존재로서의 역사과정을 전제하고 그것을 '제아무리 천재라고 하는 인간도 전체적인 역사에 대한 신적인 인식은 불가능하다'[55]고 해서 그의 상대주의적 입장을 밝혔다.

이것을 좀 더 구체적으로 설명하면, 과거 인류의 생활을 구성하고 있는 제반요소는 정치, 경제, 전쟁, 예술, 법률, 종교, 과학, 문학 등으로 구분될 수 있는 것들이고, 역사가 이 모든 분야에 대한 지식의 총체라고 한다면, 결국 역사는 인류생활의 총체이며, 그 현현(顯現)이다. 이것을 재론하면, 역사는 어떤 구체적 사실들만을 뜻하는 것이 아니라, 그것들의 결집으로 이루어진 어떤 본체를 의미하는 것이다. 이를 역으로 말하면, 역사는 어떤 동적인 실체, 또는 하나의 프로세스를 형태로 지닌 어떤 실체로, 이것은 시간의 경과 과정 위에 인간의 행위를 통한 사건·사실의 유발을 통해서 각 시대별로 그 기대에 적합한 자신의 본질을 표상하고 있으며 그 표상이 각 방면의 지식으로 표출되는 것이다. 이 지식의 표출작업을 행하는 것이 역사가 또는 이 분야의 사회과학자, 인문과학자들인 것이다.

이 문제에 있어서 베어드는 로빈슨과 거의 같은 의견을 보이고 있다. 그는 앞에서 언급한 대로 '실재로서의 전체사'라는 용어를 많이 쓰고 있는데, 여기서 '실재로서의 역사'란 인간이 그의 기나긴 역정을 시작한 이래 지구상에 태어난 모든 인류들에 의해서 행하여지고 이야기되고 느껴지고 생각되어진 모든 것을 포함하는 것[56]을 의미한다. 그리고 마르셀(David W. Marcell)에 따르면, 베어드에게서 사회란 본질적으로 유기적이며 전진적인 것이며, 그 속에 포함된 다양한 제요소는 영구적이고 동적이며, 교차적인 상호작용을 하는 것이다.[57] 그리고 베어드는 다음과 같이 말하고 있다.[58]

> 역사의 구조를 이루고 있는 제 사회과학의 자료들을 형성하고 있는 인간생활의 현현은 공간적 폭은 물론, 시간적 길이에 입각해서 생각되지 않으면 아니 된다.

이와 같은 베어드의 '실재로서의 전체사'는 자연과학적인 역사학의 한 학파가 생각하고 있는 어떤 유기체적인 체계로서의 역사를 의미한다고 생각될 수도 있다. 그러나 자연과학적인 역사학자, 예를 들면, 슈팽글러(Spengler)와 같은 이들은 이러한 유기체적인 역사는 생, 성, 경쟁, 몰락의 결정적인 과정을 지니고 있다고 주장하는 데 대해서 베어드는 회의적이었다. 왜냐하면 이러한 결정적 과정의 진면목이 밝혀지려면, 그것을 규정하고 있는 수많은 사건, 사실들이 천천히 밝혀져야 하는데, 그것에 대한 기록이 소수이기 때문에 그것들은 영원히 미지의 상태에 있기 때문이다.

그러므로 베어드에게 있어서 '실재로서의 전체사'는 존재할 수 있는 가정이지만, 그것의 실체에 대한 인식은 인류의 영원한 과제일 뿐이다. 그리고 이것은 '관찰자의 정신의 밖에 존재하는 것으로 다만 주관적 해석행위를 통해서만 가지적인 것'[59]이다. 그리고 마르셀이 이해한 베어드의 생각에 따르면, 이것은 발전적인 것이고, 그 발전은 문명의 형태를 통해서 이루어진다.[60] 즉 베어드에게서 문명은 '좋은 생활의 지속적인 개선을 위한 준비를 포괄하는 것으로, 그 문명은 한 세트의 물질적인 목표들과 상황들 이상의 어떤 것으로 나타내는 것으로 그것은 제 이상과 선택의 사려 깊은 주장을 통하여, 개인과 사회를 위한 복지와 자유가 영구적으로 새로워지는 수준을 이룩하고 있는 과정을 의미한다.[61]

여하튼 베어드는 본체로서의 역사를 인정했다. '실재로서의 전체사'가 바로 그것이다. 그리고 이 본체로서의 역사는 전진적으로 발전해가고 있다.[62] 이와 같이 본체로서의 역사가 실존하고 그것이 시간의 경과에 따라 변천, 발전되어 가는 것이 확실하다고 할 때, 오늘 우리가 가지고 있는 지식, 그리고 오늘 우리가 서술하고 있는 역사도 내일에는 변경될 지식이고, 또 다시 써야 할 역사라는 상대주의적 사고가 정당할 수밖에 없다. 왜냐하면 여기서는 어떠한 지식이라 할지라도 그 역사적 과정에 있어서의 그것이 점하고 있는 위치에 관련되어서 이해되고 평가되지 않을 수 없기 때문이다.[63]

이를 역으로 말하면, 역사의 발전과정 중 어느 시점에 이르러 그 본체로서의 역사가 스스로 완전한 자기표상을 이루어서 그것이 객관적이고 절대적인 자기모습을 풀어내게 되는 날에는 역사의 발전은 종결되는 것이고, 또 그 역사 속에 생존하는 인류는 어떠한 난관(quandaries of our life today)도 당면하지 않게 될 것이라는 말이 된다.

이러한 역사발전의 목표를, 베어드는 '선한 삶'이 실현되는 시기로 보았고, 이것을 문명의 목표 및 척도로 생각하였다. 그리고 역사는 이 목표를 향하여 가는 선한 삶의 지속적인 정정(the good lifes conditional revision)의 과정으로 보았다. 여기서 선한 삶이 완전에 이른다는 것은 곧 난관들이 전혀 없어지는 단계를 의미한다. 한마디로 베어드는 그 나름대로의 유토피아를 설정하고 있는 것이다.[64] 이 유토피아가 실현될 때, 모든 특수한 형태 및 진리는 그 속에 함께 하게 된다.[65]

　요컨대 역사발전에 있어서, 또는 역사과정상에 있어서 모든 진리, 모든 역사가 상대적인 것이고, 역사발전이 상대적인 과정을 벗어나서, 즉 역사의 발전이 종결되는 상태에 있어서는 모든 진리, 모든 역사는 절대적인 것이 된다.[66] 이것을 베어드는 다음과 같이 말하고 있다.[67]

　만약에 어떤 역사에 대한 과학이 완성된다면, 그것은 마치 천체역학에 대한 과학과 같이, 역사상 미래에 대한 예측할 수 있는 예언이 가능케 될 것이다. 그것은 역사적으로 발생하는 일들의 전체를 어떤 단일 분야 안으로 몰아넣을 것이고, 이미 이룩되었고 또 이룩될 모든 명백한 선택들이 포함된 역사의 마지막 목표로 향한 미래의 과정을 공개적으로 표현할 것이다.[68] 그것은 전지전능일 것이다. 그것의 창조자는 신에 대해서 신학자들이 지니는 바와 같은 속성을 지닐 것이다. 미래가 한 번에 자신을 표상한다면 인류도 자신의 운명을 기다리는 이외에 할 일을 갖지 못할 것이다.

7
역사학과 자연과학의 연계성

본 장에서 필자는 대체로 다음과 같은 내용을 논하였다.

첫째, 베어드는 비코나 크로체 등의 신이상주의 역사사상가들[69]과 맥락은 같이 하면서, 랑케로 상징되는 실증주의적 역사학의 역사연구 및 그 서술에 있어서의 객관성에 대한 반대이론을 제기한 사람이라는 것.

둘째, 이 같은 베어드의 주장은 결국 크로체와 콜링우드가 논파한 바 있는 현재주의, 이를테면, 모든 역사는 현재사이며 사상의 역사라는 생각과 일치되는 것이라는 것.

셋째, 이러한 생각은 결국 역사적 상대주의로 특징 지워지는 역사적 인식의 태도로 연결되는 것이고, 이에 따르면 역사상에서 표상되는 모든 진리는, 역사과정의 종착점에 도달하지 않는 한 상대적일 수밖에 없다는 것.

넷째, 이 역사적 상대주의는 논리적으로나 또는 자기이론에 비추어 볼 때, 자멸하지 않을 수 없는 자가당착적인 이론이라는 비판이 있을 수 있겠으나, 그렇다고 그 비판에 의해서 상대성이 절대성으로 전환되는 것이 아니고, 결국 인위적인 '상대성'이라는 용어나 '절대성'

이라는 용어에 집착할 것이 아니라, 역사 자체를 비코의 '이상을 향한 영구적인 발전의 역사(Eternal Ideal History)'라는 본체가 그 스스로 자기를 표상해 가는 과정으로 이해하고 그 과정 중에서 인간에 의해 인식된 일체의 지식은 완전하고 객관적이고 절대적일 수는 없고, 그것이 그렇게 되는 것은 본체로서의 역사가 자신을 완전히 표상하게 되는 역사과정의 최후의 단계에 도달했을 뿐이라는 것 등이었다.

이상과 같은 것에 대한 논의에 있어 우리가 부가적으로 이해해야 할 것은 역사학 및 역사적 제 과학과 자연과학과의 연계성에 관한 문제다.

본론에서 우리는 역사학은 자연과학적 방법으로 완전하게 이룩할 수 없다는 점을 누우이 밝혔으나 사학사나 사상사의 맥락에서 볼 때, 그 방법론상에 있어서 그 양대 분야의 입장은 매우 밀접한 연관관계를 지니고 있다고 하는 것이다. 간단히 그 예를 들면, 데카르트나 F. 베이컨에 그 효시를 두고 있는 17~18세기 유럽 사상계에 있어서의 자연과학적 성향은 코페르니쿠스의 우주론의 전환, 뉴턴의 프린키피아의 영향하에서 이룩된 것이고, 19세기의 실증주의 및 실증주의적 역사관이 자연과학의 급진적 발전과 무관하지 않은 것과 마찬가지로, 20세기에 있어서 역사적 상대주의는 1905년에 발표된 아인슈타인의 양자역학 및 천체물리학에서 제시된 상대성 원리와 시대적 연계성을 지니고 있다는 것은 우연이 아닌 듯 싶다. 다음은 이에 대한 노아의 언급이다.[70]

역사적 발전의 제법칙에 근거를 두고 있는 실증주의적 인식이론에 반대되는 것으로서의 주관주의적 역사인식의 이론에 대한 지지는 1900년 이후 자연과학들, 특히 물리학에 있어서 놀라운 변화에서 유래한다. 1920년에는 발전과정에 있어 양자이론에 포함되어 있는 고전적 물리학에 대해서 관련된 사항들이 잘 알려지고 있었고 210년간 과학자들에 의해서 쓰이어진 많은 저서들이 알버트 아인슈타인의 '신물리학(New Physics)'을 설명하여 대중화시켰다.

이 인용문을 보고, 베어드가 1930년 이후에 특히 역사적 상대주의에 입각한 역사이론을 전개했다고 할 때, 베어드의 머릿속에 아인슈타인의 '신물리학'에 대한 생각이 들어갔다는 것은 명백하다. 다음의 인용문은 이를 더욱 확실히 해주는 글이다.[71]

원자의 우주를 보고, 그것이 코페르니쿠스의 우주가 아니라고 하는 것을 발견한, 위대한 이론물리학자들, 철학자들, 과학자들은 점차적으로 '객관성'에 대해서, 특히 그 용어의 상식적인 의미에 대해서 회의적으로 되었다.

이와 같이 베어드의 역사적 상대주의가 이론물리학에서의 상대성원리의 영향을 받았을 것이 분명하지만, 역사적 상대주의 자체가 아인슈타인의 영향하에서 성립되었다고 할 수는 없다. 그것은 베어드 이전에, 그것도 훨씬 먼 이전, 비코가 그리고 가까운 이전 시기에 크로체가 이미 상대주의적 사고를 개발해 냈기 때문이다.

그러므로 생각하기에 따라서는 오히려 역사적 상대주의가 물리학적 상대주의 이론형성에 영향을 주었을 수도 있다.[72] 왜냐하면 자연과학의 연구도 일종의 인간의 행위로 역사를, 특히 자연과학의 역사를 형성하는 것일진대, 만약 어느 물리학자가 그 자연과학의 역사를 냉철하게 이해할 수 있었다면, '패러다임'을 주장한 토마스 쿤(T. S. Kuhn)이 그렇게 한 것처럼[73] 자연과학자들이 소위 자연과학적 진리, 절대불변의 진리라고 해서 발견, 발명해 놓은 결과들이 시간이 경과되고 보면, 즉 역사 위에서 보면 결국 개선, 부정되어야 할 상대적 진리였다는 것을 깨달을 수 있었을 터이기 때문이다. 이러한 역사이해의 자세를 19세기 말 또는 20세기 초기의 자연과학자들이 크로체나 그 밖의 상대주의자들로부터 간접적으로나마 배울 수 있었을 것이다.(그러나 어디까지나 필자의 추리에 불과하다.)

다음으로 우리가 짚고 넘어가야 할 것은 역사적 상대주의에 대한 비판적 자세가 없지 않다고 하는 것이다. 물론 우리가 쉽게 생각할 수 있는 것처럼 그 비판은 없지 않은 정도가 아니라 많이 있을 것이다.[74] 그러나 필자의 연구가 그것들을 다 섭렵할 수 있는 단계에 이르지 못했으므로 편의상 멘델바움이 제시하고 있는 몇 개의 비판점을 중심으로 약간의 논의를 하는 것으로 결론을 장식하기로 한다.

멘델바움은 다음과 같이 '객관적'이라는 말의 의미를 희석시킴으로써 역사적 설명의 객관성의 타당성을 주장하고 있다.[75]

> 이 경우에 모든 역사적 설명은, 그것이 어떤 가치관에 입각해있다 하더라도 그것이 모든 다른 역사가들에 의해서 '진실한' 것으로 인정될 것이라는 의미해서 '객관적'인 것이 될 것이다.

여기서 구태여 '객관적'이라는 용어를 인정한다면, 그것은 상대적 범주 안에서의 객관적이라는 의미로 이해되어야 할 것이다. 왜냐하면 우리가 지금까지 논의해 온 객관성의 문제는 다수인에 의해서 동의될 수 있느냐 없느냐에 따른 것이 아니라, 그것이 영구불변의 진리이냐 아니냐 하는 것, 다시 말하면 시간이 변천되어도 마찬가지로 그렇게 다중이 동의할 수 있느냐 없으냐, 그리고 공간적으로 이전시켜 놓아도 그 진리성이 변함이 없느냐 하는 것이 문제였기 때문이다. 한마디로 우리는 역사적 상대주의란 역사의 변천에 따라 진리의 모습이 달라진다는 주장이라는 점을 유념해야 될 것이다.

멘델바움은 짐멜(Georg Simmel)의 생각을 빌어 다음과 같이 상대주의에 대한 반론을 제기하고 있다.[76]

> 역사적 이해의 특수 범주들을 밝힘으로써 짐멜은 다음과 같은 것을 제시하기를 희망하고 있다. 비록 역사의 인식이 역사를 명경지수(明鏡止水)에 비추어 보듯이 보는 것은 아닐지라도, 그렇다고 그것이 쓰이어진 시대의 입각점에 대해서 상대적인 것은 아니다. 그의 견해에 따르면, 그것이 상대적인 경우는 모든 쓰이어진 역사의 근거가 되고 있는 보편적이고 필연적인 제 범주에 대해서 뿐이다.

이것도 위에서 우리가 논의한 역사적 상대주의에 대한 비판으로서는 빈약함을 면치 못한다. 왜냐하면 인간의 모든 사고, 모든 인식행위는 그 나름대로의 범주의 설정이 없이는 불가능한 것이고, 제 범주는 인류의 역사가 진전되어가고 그것을 통해서 인간의 지식이 누적 발전되어 감에 따라 새로워지고 증대, 확대되어 갈 수밖에 없는 것이다. 때문에 역사적 상대주의 이론의 골자가 되는 것은 바로 역사발전에 따른 범주들의 변천에 따라 인간의 인식능력의 심화, 인식범위의 확대, 인식정도의 세밀화, 즉 무한대의 진리 및 무한소의 진리에로 향한 무한한 접근을 위한 과정을 인정하고, 그 과정에서 인간이 발견, 발명한 진리가 과거의 것보다 미래의 것이 보다 더 절대 진리에 근접될 것이라는 점을 인정하는 데 있는 것이라는 점을 우리는 더 깊이 이해해 두어야 한다.

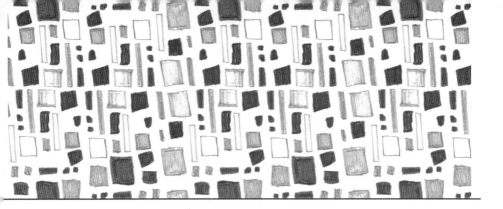

제8장

포스트모더니즘 시대의 역사학

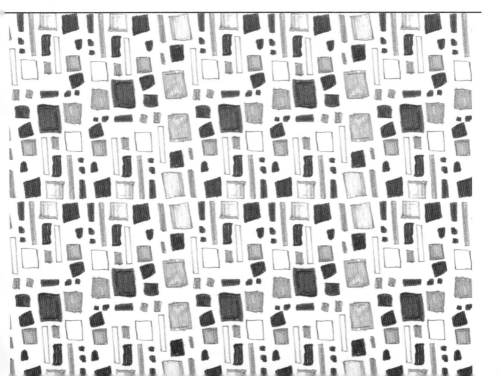

1
시대 조류에 맞는 역사학

필자는 최근 만주 집안현 광개토왕릉을 다녀왔다. 거기서 뜻하지 않게 출입을 저지당하는 수모를 겪었다. 이유를 알고 본즉, 최근 한국 사람들이 그곳에 가서 '고구려의 고토회복'을 운위하면서 중국인과 작은 갈등을 빚었고, 그로부터 중국 당국이 한국인의 접근을 금지시켰다는 것이다. 여기서 문제가 된 것은 중국인들은 고구려사를 중국사의 일부로 이해하고 있다는 것이다. 이처럼 한국인과 중국인의 주장이 상치될 때 이를 해결할 수 있는 방법은 무엇인가?

혹자는 말할 것이다. 만약 역사학이 자연과학과 같은 과학이라면 이 문제는 쉽게 해결될 수 있지 않겠는가 하고. 실증적 자료를 제시하고 이를 근거로 논증할 수 있고, 이로써 중국인조차도 반론을 제기할 수 없을 정도로 명석판명(明晳判明)한 진리를 제시할 수 있다면 이는 쉽게 해결될 수 있음이 분명하다.

그러나 문제는 바로 역사학이 그처럼 과학적일 수 있는가 하는 것이다. 19세기 역사가들이 역사를 일종의 과학으로 생각하려 하였던 것은 사실이다. 그러나 실제로 그러한 역사를 서술한 사람은 없었고, 또 그것은 처음부터 불가능한 주장이었다. 그러면 역사학은 무엇인가? 과학에 포함되지 않는다면, 그것은 예술에 속하는 것인가? 아니면 그대로 역사학으로 남아 독자적인 영역을 지키고 있어야 하는 것인가? 그렇다면 역사학이 과학이나 예술과 달리 무엇을 독자적으로 할 수 있는가?

이른바 포스트모더니즘의 역사학자라 일컬어지는 하이든 화이트(Hayden White)는 몇 편의 논문[1]을 통해서 이 문제를 진지하게 생각하고 있다. 여기에 암시되고 있는 것은 19세기 이래로 역사학은 과학이고자 했다가 과학으로부터 배척되었고, 예술이고자 했다가 예술가들에게 또한 외면당하여 왔다는 것이다. 이 양자의 중간자로서 또는 매개자로서 자처하여 왔으나 그 또한 실패하였다는 것이다. 드디어는 포스트모더니즘에 이르러서는 과거의 무화(無化)와 역사의 해체를 강요당하는 입장에까지 이르렀다는 것이다.

역사학이 이처럼 현대의 지성인들에게 수모를 당하게 된 이면에는 그것의 과학성과 실용성의 문제가 자리하고 있다. 만약 역사학이 과학일 수 있다면, 그것은 정치학이나 사회학이 갖는 실용성을 가지게 된다. 예를 들어서 고구려에 대한 정확한 과학적 근거를 제시하여 한국사의 정통성을 고구려에서 찾을 수 있다면, 외교, 군사 문제에 있어 중대한 결과를 얻어낼 수 있을 것이다. 만약 역사가 일종의 예술이라고 한다면, 인간의 정신, 정서 생활에 근거한 창조적 삶에 유효성을 지닐 것이며, 역사가 철학과 동일하며 일종의 사상이라면 역사학은 의식운동의 모티브를 제공할 것이다. 그런데 만약 역사학이 과학일 수도 없고, 예술일 수도 없다면, 역사가들이 아무리 그것에 열성을 기울여도 쓸데없는 도로(徒勞)라는 것이다.

역사연구가 불필요한 도로라고 한다면 그것은 포기되어야 한다. 그러나 역사의 실존 자체마저 부정할 수는 없지 아니한가? 그렇다면 역사는 연구되어야 한다. 다만 문제는 그것을 어떻게 현실 세계와 연결시켜 실용성을 도모할 것이며, 대중과의 관계성을 회복할 것인가이다. 이에 대해서 하이든 화이트는 역사학의 현재화(Contemporarization)를 주창한다.[2] 즉 역사학의 과학화와 더불어 예술화를 시도하여, 연구방법에 있어서는 최대한 과학화를, 표현방법에 있어서는 최대한으로 예술화를 지향해야 한다는 것이다. 이를테면 현재의 예술사조가 인상주의, 표현주의, 초현실주의 등으로 대표된다면 역사학도 그러한 경향을 취하여 표현되어야 할 것이며, 현대과학이 정신분석학이나, 인공두뇌공학, 게임이론 등을 동원하는 단계에 이르렀으면 역사학에도 이러한 것들이 동원되어야 한다는 것이다.

이러한 화이트의 생각에는 오늘날 유행하고 있는 포스트모더니즘을 역사학에 도입하여야 한다는 의도도 포함되어 있다. 따라서 이 글은 궁극적으로 역사학이 해야 할 일이 무엇인가를 밝히는 것을 목표로 하되, 포스트모더니즘에 대한 일반적 이해를 전제로 역사학의 문제점을 짚어 나갈 것이다.

2
포스트모더니즘과 과학으로서의 역사학

역사학은 과학이어야 한다는 랑케의 주장은 많은 비평가와 사상가들에 의하여 도전을 받아 왔다. 그 대표적인 것이 크로체-콜링우드로 연결되는 신이상주의 역사학자들이며, 미국의 신사학파와 프랑스의 아날 학파라 할 것이다.

여기서 문제로 되었던 것은 인식론에 있어서의 역사의 객관성(절대성)과 상대성의 문제, 그 활용에 있어서의 실용성과 비실용성의 문제다. 즉 역사학의 과학성을 주장함에는 역사 및 그것을 구성하고 있는 사건, 사실의 객관적 인식이 선행되어야 하는데, 비판자들은 한결같이 그것의 불가능성을 내세우고 있다. 그리고 과학성은 법칙성이나 반복성을 의미하여 그것은 곧 역사적 사례나 보편사의 파악을 현실 생활에 활용할 수 있음을 전제한다. 그런데 비판자들은 역사의 법칙성이나 반복성을 부정한다. 이에 근거하여 역사학의 실용성은 부정되고 있다.

이러한 비판의 맥락을 같이 하고 있는 포스트모더니즘은 역사학의 실용성과 인식론에 있어 상대주의를 그 중심에 세웠다. 상대주에 있어서는 이데올로기의 해체, 이와 부수된 보편사의 해체, 전통적인 윤리, 도덕규범의 해체, 국가사회의 해체를 통한 새로운 중세사회의 도래에 대한 예견이 나오게 되었다. 실용성의 문제에 있어서는 진리란 현재의 필요의 산물이라는 등식이 성립된다.

우리는 움베르토 에코의 '푸코의 추'에서 포스트모더니즘이 지닌 상대주의에 대한 설명을 찾아볼 수 있다. '푸코의 추'는 추와 그것을 매달고 있는 지축으로 되어 있다. 그중 추에서 보면 모든 것(가령 지구 태양계, 성운과 블랙홀, 광막한 우주의 무수한 식구들)은 움직이지만 그 추를 매달고 있는 지축은 절대부동의, 절대불변의 존재다. 그것은 물체도 아니고 모양도, 무게도, 질량도, 질감도 가지고 있지 않으며, 보이지도 들리지도 만져지지도 않고, 차지하는 시공도 없으며, 영혼도, 지성도, 상상력도, 의견도, 숫자도, 질소도, 치수도 아닌, 찬란한 수수께끼를 드러내 보이고 있었다. 그것은 빛도 어둠도 오류도 진리도 아니었다. 그것은 기하학적인 점이다.[3]

이러한 지축에 매달린 푸코의 추는 '지축과는 반대의 현상'이다. 그것은 물체로서, 모양도 무게도 질량도 가지고 있으며, 보이기도 하고 만져지기도 하며 차지하는 시공도 있다. 그러나 그것은 흔들림에 따라서 언제나 달라진다. 우리가 진리라고 부르고 있는 것들은 흔들리고 있는 추의 이러한 모습을 보고 나름대로 판단한 것들이다.

'푸코의 추'의 지축과 추의 관계는 이미 오래 전부터 논의되어 온 문제다. 그리스 철학에서 피지스(Physis)와 노모스(Nomos)의 관계가 그것이고,[4] 성서에서 하느님이 천지를 창조하고 아담에게 그 이름을 붙이라 했음에, 하느님이 만든 사물 자체와 아담이 붙인 이름의 의미의 문제가 그것이다.[5] 이것은 근대에 이르러 데카르트의 '생각한다. 고로 존재한다.(Cogito ergo sum)'라는 명제와 비코의 '진리는 발견된 것과 동일하다(Verum ipsum factum)'라는 명제와의 관계로 논의되었다.[6]

이러한 논의에서 서양의 근대문명을 지배해 온 것은 데카르트적인 생각이었다. 비코가 데카르트에 대해서 비판의 포문을 열어 데카르트 철학에 근거한 17~18세기의 일반적 사조 즉 절대적 의미의 이성지상주의에 대한 반론을 제기하였고,[7] 언어학자 하만[8]과 철학자 헤르더가 그의 사상을 이어받았지만, 이 시대는 데카르트 철학에 뿌리를 둔 이성주의와 과학주의에 의해서 지배되어 왔다.

계몽주의로 이름을 붙인 17~18세기의 이성만능사상은 인간의 오만을 표출하는 것이었다. 작은 인간의 이성으로 우주적인 대(大)이성을 포착하였다고 생각하는 오만, 자연에 대한 작은 이해를 마치 인간이 자연의 모든 비밀을 알아버렸다고 생각하는 오만, 자기 앞에 펼쳐진 역사에 대한 자기 다름대로의 짧은 전망을 가지고, 역사의 종말까지의 과정을 모두 포착하였다고 생각하려는 오만……. 계몽주의는 이러한 오만을 근거로 나름대로 인간의 삶의 목적, 역사발전의 목표를 설정하여 인간들에게 그에 추종할 것을 강요하는 전제성을 발휘하였다.

물론 위에서 언급한 바, 하만이나 헤르더에 의하여 낭만주의가 등장하여, 한때 이를 견제한 시기가 없었던 것은 아니다. 그러나 이는 곧 실증주의의 등장으로 패권은 신(新)계몽주의로 넘어갔으며[9] 그 지배력은 더욱 더 강화되었다.

그 결과 19세기 이래 인간의 이성만능주의와 과학만능주의는 인류의 모든 생활을 지배하게 되었고, 이는 제1·2차 세계대전을 전후하여 그 절정에 이르렀다. 여기서 사회과학은 인류의 미래적 파라다이스를 전제로 하는 이데올로기(민족주의, 사회주의, 공산주의 등)를 창출하여 이를 모든 인류의 의식 속에 주입시키려 하였고, 과학기술의 발달을 통해서 가공할 핵무기와 우주정복을 위한 비행체를 만들었으며, 괄목할 만한 교통수단과 전자, 통신기기를 발명하여 지구를 하나의 작은 촌락으로 만들어 놓았다.

과학기술의 발전으로 인한 인류생활의 변화는 가히 '빅뱅'이라 할 만한 것이다. 그러나 그것은 동시에 많은 문제를 잉태한 것이다. 그 결과 인간은 인간성을 상실당하고, 거대한 메커니즘의 한 부속품으로 전락하였다. 현대인에게서 자율성이나 독자성은 찾아 볼 수 없게 되고 인간은 다만 생존만을 위해서, 사회의 일원으로서 존재하기 위해서 살아야 하는 처지에 놓이게 된 것이다.

그리하여 근대는 편리와 풍요는 있으되 훈훈한 인간적인 정은 없으며, 합리적 질서는 있으되 도덕이나 윤리의식은 사라져 버린, 그리고 남녀 간의 자유로운 성관계는 성행하여도 진솔한 사랑은 없는, 그러한 것들을 특징으로 하는 사회를 이루어 놓은 것이다. 한마디로 인간은 스스로 창출해 놓은 근대문명과 근대사회로부터 소외를 당하게 된 것이다.

그래도 1980년대까지, 몇몇 인간들은 나름대로의 이념(이데올로기)과 사상을 논의하고, 그것을 위해서 죽어야 되겠다는 매우(?) 낭만적인 생각을 가질 수 있었다. 그러나 이 마저도 소비에트 사회의 붕괴,

동구사회의 해체로 물거품이 되어 버리고, 이제 인간들은 오로지 과학기술과 자본주의적 시장경제체제가 만들어 놓은 사회적 메커니즘 속에서 생존하는 것 이외에는 삶의 의미가 없어지게 된 것이다.

이와 더불어 지식사회는 '기술과 기능중심'이라는 거대한 메커니즘에 의해서 붕괴되는 위기에 놓이고 특히 인간자체를 연구하고 인간다운 삶을 지향하는 학문으로서의 인문과학은 소멸의 위기를 당면하게 되었다.

이러한 상황에 인간에 대한 인간의 자기반성과 미래세계에 대한 의구가 이른바 포스트모더니즘이라는 하나의 풍조로 나타나게 된 것이 아닌가 생각된다. 오늘의 현상을 가져다 준 장본인으로서의 17~18세기적인 인간의 자기오만에 대한 반성에서 비롯된 것이 아닌가 생각된다.[10]

그러므로 포스트모더니즘이 데카르트에 대항했던 비코의 사상을 중요시하고, 근대문명과 그것을 있게 한 서양적 가치기준의 혁파를 주창하며 신의 죽음을 고한 니체에게 그 뿌리를 두고 있다.

||

그러면 이러한 포스트모더니즘에 있어서 역사학은 무엇인가? 그 답은 한마디로, 역사학이 만약에 일종의 과학이어야 한다면 역사학은 존재할 수 없다고 하는 것이다. 이 말은 곧 포스트모더니즘은 비코의 사상을 그 뿌리로 하여 19세기 실증주의적 역사학에 대하여 비판적인 입장을 고수해 온 크로체-콜링우드의 신이상주의와 맥을 같이 하

고 있다고[11] 하는 것이며, 동시에 계몽주의가 절대시하는 인간성에 의문을 던짐으로써 이성의 객관적 인식능력을 전제로 하는 실증주의적 역사학에 대해서 의문을 던졌던 신사학과 궤를 같이 하고 있다는 것을 의미한다.[12] 그리고 역사학의 과학성을 비판하고 있는 아날 학파와도 같은 소리를 내고 있다는 것이다.[13]

포스트모더니즘이 이들과 같은 맥락 위에 있게 되었다고 하는 것은 그것이 인식론에 있어서 상대주의적 입장에 서 있다는 것, 그리고 실용성의 문제에 있어서 현재에 초점을 맞추고 있다는 것이다.

그러나 과거의 문제와 역사학에 대해서 포스트모더니즘은 위의 어떤 학파들보다도 더 철저하게 부정적이다. 크로체는 비단 랑케식의 과학적 역사학을 비판하고 '진정한 역사는 현재사'라든가 '역사학은 철학과 동일한 것'이라든가 하는 말들로써 역사학의 상대성과 사상성을 강조하고 있다 하더라도, 역사학의 해체를 주장하지는 않았다. 오히려 그는 모든 학문을 역사학에 귀속시키려는 적극적 자세를 취하였다. 찰스 베어드도 크로체보다 더한 역사적 상대주의를 주장하였고, 랑케의 'Wie es eigentlich gewesen(실제로 있었던 그대로)'을 '고상한 꿈'으로 비아냥거렸지만, 결코 역사학의 해체나 역사학의 무용론을 주장하지는 않았다.[14] 이에 비하여 포스트모더니즘은 과거의 무화(無化)와 역사학의 해체를 주장하고 있는 것이다.

하이든 화이트는 아날 학파의 주장을 빌어서 그의 포스트모던적인 역사이론을 설명하고 있는데, 그에 따르면 역사학이 스스로 과학적인 지식을 제공한다고 믿는 것은 기만적인 망상에 불과한 것이다. 그리고 역사학이 이야기의 형식을 벗어날 수 없고, 이야기식의 역사라는 것은 결국 신화와 다를 것이 없게 된다. 신화가 신화인 것은 거기에 표현된 사건, 사실들이 실재적이지도 과학적이지도 못하다고 하는 것,[15] 이를테면 데카르트의 주장대로 명석판명(明晳判明)한 진리도, 베이컨이 설정하고 있는 4개의 우상[16]을 철폐한 진실도 될 수 없는, 다만 인간이 만들어 놓은 이야기, 일종의 문학이라고 하는 것을 뜻한다.

이와 같이 역사학이 과학이 아니라, 다만 인간의 상상력에 기초한 이야기로 이루어진 것이라고 한다면,[17] 역사가 신화와 다를 것이 없다고[18] 하는 것을 하이든 화이트는 아날 학파의 주장을 빌어서 설명하고 있다.[19]

포스트모더니스트로 알려진 이들은[20] 일보 전진하여 역사를 국가나 사회가 인민들을 예속시키기 위해서 만들어놓은 일종의 '이데올로기'로 생각하였다.[21] 신화가 단순한 이야기꺼리로만 역할을 하고 만다면 별 문제가 없을 것이다. 그러나 이것이 지배자나 지배계층의 나름대로의 목적의식을 담고 있어서 대중을 어느 특수한 목적으로 이끌어가기 위한 수단이 '기만적인 망상'으로 전용될 때, 즉 이데올로기로 작용할 때, 그 피해는 막대한 것일 수밖에 없다.

이처럼 역사학이 일종의 과학일 수도 없고 그것이 제공하는 지식이 과학적인 것도 아니라면, 역사학의 실용성은 없어진다. 그러기에 에코는 역사를 박물관에 비유하였다.[22]

> 박물관에는 많은 과거의 유물들이 진열되어 있다. 그것들은 과거에는 그 쓰임새가 높았으나 현재에는 아무런 실용성도 없는 골동품일 뿐이다. 그런데 역사가들은 이러한 것들에 매달려 고정된 진리인양

착각하고 있으며 고집하고 있는 것이다. 역사학이란 바로 이처럼, '절대적 진리'도 아닌, 단지 각 시대의 인간들의 필요에 따라 '만들어진' 것에 불과한, 그렇기 때문에 시대가 지나면 낡아서 아무런 생명력도 없고 쓰임새도 없는 골동품을 가지고 담론을 벌리는 것이다.[23] 그리고 역사라는 것을 써내어, 그것을 이데올로기로 활용, 인민들을 거기에 예속시키기까지 하고 있는 것이다.[24]

이처럼 포스트모더니즘에 따르면, 역사는 진리도 아니며 실용성도 없는 것으로, 과거를 담보로 현재의 인민들을 구속하고 있는 '자유의 적'이다. 언젠가 있었을 것이라고 하는 단 한 가지 이유만으로 현재에 인민의 자유를 구속하고 있는 것이 과거이며 역사라고 한다면 이들은 마땅히 파기되어야 할 것이다.

또 포스트모더니즘에 따르면, 자유의 적으로서의 역사는 미래로 지향해 가는 인간의 상상력을 차단하고 새로운 것을 창조하고 새로운 일을 벌이려고 하는 이들의 의기를 저상시킴으로 오히려 역사의 발전을 저해한다. 포스트모더니즘은 니체의 주장을 많이 따르고 있는데, 니체는 《역사의 사용과 오용(The Use and Abuse of History, 1874)》에서, 예술적인 상상과 역사적인 상상의 대립적 입장에 대해서 예민하게 생각하였다. 그리고 그는 '역사라는 하렘' 안에 있는 '내시'들이 활개치고 있는 곳에서는 어디서나 예술은 필연적으로 파멸될 수밖에 없다고 주장하였다.

니체는 다시 썼다. '제어되지 아니한 역사 감각은 그것의 논리적 극단으로 밀고 가, 미래를 뿌리째 뽑아 버린다. 왜냐하면, 그것은 환상을 파괴하고 우리가 살 수 있는 유일한 분위기 속에 기존해 있는 사물들을 약탈해 가기 때문이다'라고. 또 니체는 '역사학은 인간에게 있어서 쇠약해 가는 엿보기 취향을 촉진시키고, 역사학은 인간으로서 행할 가치가 있는 모든 것들은 이미 다 이루어져 있다고 암시함으로써, 인간들로 하여금, 새롭게 할 것이 없는 세계에 뒤늦게 태어난 지각생들인 것처럼 느끼게 한다. 그렇게 함으로써 특수한 인간에게 모순된 세계를 혁파하도록 주어진 영웅적인 노력을 하는 충동을 훼손시켜 버린다.'고.

니체는 결론으로 이같이 말한다. '만약 인간의 삶 자체가, 기억력에 기초를 둔, 그릇된 도덕성이 인간을 유도해 들이고 있는 그러한 악습들의 무의미한 배양 속에서 죽지 않으려 한다면, 역사는 값비싸고 불필요한 오성의 사치이므로 철저하게 증오되지 않으면 아니 된다고.'[25]

이러한 과거로부터의 탈피, 역사의 해체에 대한 요구는 현재 유럽인들에게는 크로체의 말과 같이 '현재 생에 대한 관심'의 표현이다. 제2차 세계대전 이후 유럽인들, 특히 프랑스인들과 독일인들은 과거로부터 탈출하지 않으면 아니 되는 상황에 처하게 되었다. 만약 현재의 독일인들이 19세기 독일인들이 그랬던 것처럼, 과거사에 집착하여 그것으로 민족주의, 국가주의를 고취하는 데 열성을 기울인다면 어떻게 될 것인가?

그들은 유럽 공동체와 유로화(貨)의 체제를 형성함에 참가할 수가 없을 것이다. 미국이라든가 중국이라든가 나아가서 아프리카라든가 하는 등의 대륙적인 국가들과의 경쟁체제에 접어들고 있는 판국에 만약 독일이 전통적 민족주의를 내세워 새로운 유럽질서에 참여를 반대하고 영국이 또 그렇게 한다고 한다면, 그 결과는 뻔하다. 삼류국가로 전락하고 말든가 경제적 고립, 약소국가가 감당해야 하는 민족적 고통과 수모를 당해야 하는 것이다.

이제 19세기의 민족주의는 독일민족을 위한 것이 아니라, 독일민족을 세계사의 흐름으로부터 탈락시키는 관념이다. 여기서 그들(유럽인들)에게 주어진 현재 삶의 과제를 해결하기 위해서 필요한 것은 자신들의 과거나 역사에 집착하는 것이 아니라, 앞으로 전개될 미래사의 시점에서의 현재를 포착하고 현재에 입각한 새로운 사상의 정립이다. 여기서 그들은 과거의 무화, 역사의 해체를 주장하는 니체의 주장에 귀를 기울이게 된 것이다. 그들에게서 '신은 죽은 것'이다. 아니 그들 스스로 그들의 신을 죽여야만 하게 된 것이다.

신의 죽음은 이러한 정치이데올로기의 문제에 국한되어서 나타난 것은 아니다. 국경을 초월해서 전개되고 있는 경제활동, 중세시대나 19세기에는 상상도 할 수 없는 과학문명, 기계·기술의 발전, 교통통신 수단의 발달로 말미암은 사회체제의 변혁, 그 속에서 전개되고 있는 전통적인 윤리, 도덕규범의 해체 등은 현재인으로 하여금 과거로부터의 탈출을, 역사나 그로 인한 이데올로기의 해체를 요구하고 있는 것이다. 그런데 역사라는 것이 아직도 과거지향성에서 벗어나지 못하여 현재의 인민들의 자유를 구속하고 있다면, 그것은 해체되어 마땅할 것이다.

3

역사학이 설 땅은 어디에?

　　그러면 여기서 역사학이 설 땅은 어디인가? 역사학의 무화를 주장
할 수도 있고 과거로부터의 탈피를 요구할 수는 있다 하더라도, 인간
의 역사 자체가 없어질 수 있는가? '푸코의 추'가 아무리 그 흔들림에
따라 상대적이라 하더라도 그것을 매달고 있는 지축은 있어야 하는
것이기 때문이다. 다만 문제는 지금까지 역사가들이 인식해 온 역사
가 오늘의 상황아래서 그릇된 것이고 무용지물이었다는 의미이지, 역
사연구자체가 불필요하다는 것은 아니다. 한마디로 역사자체가 없어
질 수는 없는데, 문제는 그것을 어떠한 방법으로 어떤 목적으로 연구
하고 서술해야 하는가 하는 것이다.

　　역사학의 방법론과 그 실용성에 대한 부정적 평가는 20세기에 들
어서면서 점증되었다. 그 이유는 19세기적인 민족주의나 이데올로기
의 요구에 따른 역사학의 필요성이 쇠잔되어 가는 데도 원인이 있겠
으나, 20세기에 들어서는 인간과 사회에 관련한 학문들이 분파적으
로 연구되어 종래에 철학과 역사학만으로 족하던 분야에 대한 연구
가, 자연과학적인 방법론을 앞세운 사회과학들의 발달로 대체되기 시

작하였기 때문이기도 하다. 이들 사회과학자들에게는 역사학이 비과학적인 것으로 비쳐졌다. 그들이 보기에 역사학은 방법론적으로 너무나 유연성을 지니고 있으며, 예측의 애매성을 지니고 있어서 그것을 과학의 범주에 포함시키기는 어려운 것으로 생각하였다.

이에 대해서 역사가들은 역사학이 지니는 수평적 사고와 시간성을 앞세워, 수직적이고 공간성에 그칠 수밖에 없는 자연과학적 방법론에 대항하여 '역사는 현재와 과거의 대화'라든가 '과거는 현재의 뿌리'라든가 하는 말로써 역사적 지식이 사회과학에 선행되어야 하는 당위성을 강조함으로써 그 위치를 지키려 하였다. 그리고 콜링우드와 같은 사람은 역사적 사고를 반성적 사고라고 하여 역사학을 통해서 훈련된 사고방식을 가짐으로써 참된 지식, 인식에 도달할 수 있음을 강조하여 역사학의 중요성을 강조하기도 하였다.[26]

그리고 어떤 이는 '역사학은 순수과학의 신분을 요구하지 않는다', '역사학은 분석적 방법에 못지않게 직관적 방법을 의존해 왔다. 그러므로 역사적 판단들은 수학적 학문들이나 실험적 학문들에서만 고유하게 적용되는 비판기준으로 가치평가가 이루어져서는 아니 된다'는 등의 말로 그 입장을 옹호해 왔다.

그 뿐 아니라, 역사학자들은 역사학은 순수과학은 될 수 없지만, 일면 과학적이면서 동시에 예술적 요소를 지니고 있음을 주장하였다. 그리하여 역사학에서 비로소 예술과 과학은 조화롭게 만나 통합될 수 있으며, 역사학이야말로 극단적으로 대립될 수밖에 없는 순수과학 세계의 세계관과 예술세계의 세계관을 연결시키는 특수 과제를 수행할 수 있다고 주장하였다. 순수과학의 분석적 방법과 예술의 직관적

방법을 동시에 활용해서…….[27]

그러나 이 같은 역사학의 자기옹호론은 문학과 사회과학 및 예술이 발달함에 따라서 그 효력이 떨어지게 되었다. 오히려 역사가가 되었으면 하고 바라던 '예술과 과학의 바람직한 중계자'라는 입장과는 반대로 이들 양자를 양면의 적으로 갖게 되었다는 견해가 비역사가들에 의해서 확대되어 가고 있는 실정이다.

다시 말해서, 과학이나 예술은 그것들이 발달함에 따라서 나름대로의 치밀한 과학이 과학인, 예술이 예술인 가치기준을 만들어가고 있는데, 이러한 가치기준에 비쳐볼 때, 역사학은 과학일 수도 예술일 수도 없다는 것이다. 예컨대 역사학이 과학과 예술의 중계자이려면 역사학자는 과학자이어야 하고 동시에 예술가이어야 한다. 그런데 현실적으로 이는 불가능하다. 그러므로 역사학자는 과학자의 일, 즉 인간사와 사회의 법칙을 발견하고 그것의 활용을 도모하는 일은 사회과학자에게 맡겨야 하고, 과거 사건·사실들을 오늘에 되살려서 예술화 시켜 사람들을 즐겁게 하는 일은 역사소설가에게 넘겨야 한다.

역사가가 세계관에 있어서 분석적 방법과 직관적 방법을 동시에 동원, 양자의 세계관을 연결시킨다고 하나, 20세기의 예술가는 20세기의 과학적 세계관에 도달하지 않으면 아니 되게 되었고 그 반대도 마찬가지다. 이런 시점에 역사가가 따로 끼어들 틈은 없다.

이는 20세기는 19세기에는 꿈조차 꿀 수 없었던 물질적 세계의 지배권이 강성하여져, '우리의 근대세계에 있어서 과학적인 사고에 비교될 만한 제2의 세력은 존재하지 않는다.' '오늘날, 과학은 모든 우리 인간행위의 정점이며 극치로서, 인류역사의 마지막 장으로서, 그리고 인간 철학의 가장 중요한 주제로서 인정되고 있다'라는 캐시러(Ernst Cassirer)의 진술들과 마찬가지로 20세기 과학의 위세는 거의 절대의 지경에 이르러 있기 때문이다.

그런데 이러한 과학을 앞세워 인간의 사회의 문제를 이해하려는 사회과학자들은 전통적 역사가들의 역사학에 대한 생각의 파괴를 진정한 사회과학 건설의 전제조건으로 주장하고 나선 것이다. 즉 사회과학이 병든 사회를 계몽하여 발전된 사회로 이끌어 가는 역할을 하기 위해서는 전통적인 역사학의 해체가 요구된다는 것이다. 그 이유는 '전통적인 역사학이 외래의 세계관과 이미 가치가 없어진 신화의 수집자들에 대해서는 집착하고 있으면서, 캐시러가 언급한대로, 매일 매일 확신을 발견하게 되는 그 일반적 세계의 확립을 위해서 공헌하고 있는 과학에 대해서는 관심을 더 이상 같지 않고 있다'라는 데 있다.

그뿐만 아니라, 과학자는, '세계를 지배하고자 하는 파우스트의 욕망, 순수하게 물질적 과정의 비밀을 파헤치려는 욕망과 같은 과학이외의 것들로부터 위탁받은 것들을 위하여 몰두하고 있는데, 이때마다 역사가는 성벽 안에 숨어 있으면서 정신을 존중한다는 점을 내세워 경건한 태도를 위장하여 창조적인 개인에 대한 정신의 요구를 묵살하여 왔다'는 것이다.

이상과 같이 역사학은 과학으로부터 배척을 받고 있는가 하면, 예술세계에 있어서도 발붙일 데를 찾지 못하고 있다. 과학자가 방법론이나 인식의 실패에 있어서 역사가를 비난하고 있다면, 예술가들은 감각이나 의지의 실패를 들어서 역사가를 고발한다.

문학자인 엘리어트(G. Eliot)에 따르면, 역사학자란 '그 자신의 지성적인 노력의 산물들을 현재에 접목시킬 능력을 가지고 있지 못한' 자이며, '자기 앞에 켜져 있는 작은 촛불에 현혹되어서 창문이 없다고 하는 사실을 잊고 있으며, 다른 사람들의 태양숭배에 대한 개념에 대해서만 언급하면서 태양 빛 자체에 대해서는 무관심한' 자이다.[28]

입센은 역사학자에 경멸을 다음과 같이 상징하고 있다. 역사학자란 '현재의 문제들은 도외시한 채, 과거에만 집착하고 있는' 자, '이미 죽은 자와 지금 죽어가고 있는 자에 대해서 몰두되어 있으면서, 자기 부인의 뱃속에서 자라나고 있는 아기에 대해서는 무관심한 남편'이다.[29]

앙드레 지드의 작품《배덕자》에 따르면, '과거의 역사는 움직일 수 없는, 즉 죽음의 부동성이며, 모든 역사의 사실들은 박물관의 유물들, 아니 오히려 식물표본 상자의 식물들 같은 것이다. 그것들은 영구히 말라 있어서 그것들이 한 때 수액을 지니고 있어서 태양과 더불어 생명력을 발휘한 적이 있었다는 것 자체를 잊기가 쉽다.' 이러한 것들을 많이 알고 있다는 의미의 유식이란 혐오를 받아야 마땅하다. 이러한 지식을 위한 한사람의 전문가로서의 역사가란 무의미한 존재라는 것이다.[30]

이상은 제1차 세계대전이 일어나기 10여 년 전, 역사의식과 역사가에 대한 적개심이 서유럽의 모든 나라의 지성인들 사이에서 널리 유행하였음[31]을 알려주는 예들이다. 어찌해서 역사와 역사학 그리고 역사가가 이 시대의 지성인들로부터 이처럼 혹독한 대접을 받아야 했는가? 그것은 한마디로 역사학이 당시 지성인들이 원하던 일을 하지 못했다는 데 그 원인이 있다.

랑케의 영향을 받은 프로이센 학파의 역사학자들은 이른바 민족사학을 앞세워 제1차 세계대전을 일으킴에 있어서 첨병의 역할을 담당하였고, 전쟁이 발발하였을 때도 역사가들은 어느 누구도 전쟁을 막아보겠다고 나서지도 않았고, 그것을 위한 어떠한 역할도 한 바가 없었다. 다만 전쟁은 '그냥 발생했을 뿐'이라는 것을 읊조리는 앵무새 역할밖에는 한 것이 없었다. 오히려 그들은 민족사학이니, 정신사관이니 유물사관이니 하는 것들을 내세워 국가나 어느 진영의 이데올로기의 합리화를 촉진시키는 시녀노릇을 하여 전쟁과 분쟁의 정당성을 부여하는 죄악을 저지르기까지 하였다.

제1차 세계대전의 결과 역사학은 그 실용성의 측면에서 더욱 더 불필요한 도로로 간주되게 되었다. 역사학의 존재이유는 그것이 사례를 통하여 가르치는 철학이라는 점에서, 삶을 위한 어떤 종류의 교훈을 제공하는 것으로 간주되어 왔는데, 그것은 전쟁이 다가오고 있을 때, 인간들에게 대비시킨 것은 아무 것도 없었기 때문이다. 즉 역사학은 인간들에게 전쟁 중에 그들로부터 무엇을 기대될 수 있을까 하는 것을 가르치지 못하였다.[32]

역사학이 이와 같이 앞으로 일어날 일에 대해서 무력하고, 현재의 체제를 유지하기 위한 권력자의 시녀로서 또는 이데올로기의 하수인으로 밖에는 역할하지 못하게 된 원인은 무엇인가? 한마디로 이는 역사학이 지닌 방법론적인 한계 때문이다. 즉 역사는 역사가가 어떤 의도를 가지고 쓰더라도 그에 필요한 모든 자료를 제공해줄 수 있다는 점이다.

한마디로 역사는 그것을 쓰고자 하는 자에게 모든 자료를 다 제공하여 주었고, 뿐만이 아니라 그것을 아무렇게나 해석을 하여도 무방하게 했다. 야심적인 정치 권력자가 그의 정치적 야심을 실현하기 위해서, 그의 거짓을 호도해서 인민들을 기만하려 할 때 그에 필요한 명분과 이유를 만들어 바치는 권력의 시녀 역할을 하였다. 이래서 역사학은 19세기 문명의 추진력을 제공하였는지는 모르나, 동시에 스스로 그 보복을 받게 되었다.

그러므로 20세기의 지식인들은 인간을 역사의식의 전제로부터 해방시키지 않으면 안 된다는 생각을 하게 되었다. 인간들이 현재에 당면한 문제들을 창조적으로 해결할 수 있기 위해서는 역사적 감각으로부터 인간의 지성을 해방시키지 않으면 아니 된다는 것을 의미한다. 이러한 해방운동에 있어서 지성인으로서의 역사가는 어떻게 참여할 수 있는지, 그 참여가 역사자체의 파괴를 수반하는 것인지 아닌지가 문제로 된다.

다시 말해서 포스트모더니즘이 과거의 무화(無化)와 역사의 해체를 주장하는 것은 우리가 일반적으로 생각하고 있듯이 돌출적인 자의 돌출적인 생각에서 나온 것이 아니라, 현대를 살아가고 있는 양심 있는 지성인들의 심도 깊은 사려의 결과라는 것이다.

따라서 과거의 무화와 역사학의 해체를 주장하는 소리가 높더라도 과거는 없어질 수 없고, 역사학은 존재하지 않을 수 없는 것이라면, 문제는 어떻게 해서 지금까지의 과거에 대한 잘못된 인식과 역사학의 그릇된 연구방법 및 목적을 시정하는가 하는 것이다. 때문에 우리시대에 있어서 역사가에게 주어진 과제는 과거를 제대로 인식하고 역사학의 방법과 목적을 새롭게 하는 일이다.

이를 위해서 역사학자들은 우선 현재에 유행하고 있는 과거에 대한 저항을 정당화해야 한다. 그리고 현재의 과학이나 예술과 보조를 같이 하여 역사적 연구를 현재의 지적 사회가 목표하고 목적하는 바에 일치되도록 만들겠다는 의지를 기초로 해서 연구의 가치를 재확립해야 한다.[33] 다시 말해서, 역사의 부담으로부터 현재를 해방시키는 일에 역사가들 자신들이 긍정적으로 참여하여 여기서 얻어진 새로운 방법으로 역사연구를 변형시켜야 된다는 말이다. 이를 위해서 역사학은 다음과 같은 일을 해야 한다.

첫째, 그것은 이제 포스트모더니즘이 제기하고 있는 근대사회의 문제점들을 해결함에 있어서 역사학도 일익을 담당해야 한다는 것이다. 역사학 스스로가 해체의 앞장을 서서 과거를 청산하고 새로운 방법을 모색하여야 한다는 것이다. 그리하여 역사발전의 발뒤꿈치를 잡고 있는 상태에서 벗어나 역사발전을 전진적으로 추진시키는 입장으로 환골탈태의 전환을 해야 된다는 것이다.

19세기의 역사학 그 자체가 이미 박물관의 유물로 전시되어 있을 뿐인데, 그것을 지금에 활용하고 있으며, 활용하려고 한다는 것은 컴퓨터를 앞에 놓고 낡은 타자기를 두드리고 있는 것이나 다름이 없는 일이다. 이를 위해서 해야 할 일은 우선 '과거 그 자체를 위해서'라는 역사학의 19세기적 목적을 버려야 한다. 과거 그 자체를 위해서가 아니라, 우리시대에 주어진 특수한 문제의 해결을 위하여, 현재에 대한 전망을 제공함으로, 우리의 현재생활을 위해 공헌하는 역사학이 되어야 할 것이다.[34]

예를 들면, 20세기가 지나서 21세기로 진입하고 있는 현재에 19세기식의 역사학을 고집하여 민족주의나 사회주의 등의 정치이데올로기의 시녀로서 남아 있던가, 어느 시대, 어느 장소에서 발생한 극히 국부적인 사건·사실에만 집착되어 시간을 허비하고 있는 한, 역사학이 설 땅은 없다. 이제 역사학은 이러한 이데올로기들로부터 과감하게 탈피하여 새로운 독자적 위치를 마련하여야 하며, 현재를 사는 많은 사람들에게 유익한 봉사를 하는 학문으로서 자리매김을 해야 한다.

둘째, 역사학은 다른 지적 학문의 발달과 보조를 같이 하여 스스로의 변환의 용단을 내려야 한다는 것이다. 이러한 일들을 위해서는 역사가는 이제 지식사회에서 다른 분야의 지식들과 담을 쌓고 유아독존적으로 생존할 수 없다는 현실을 직시해야 할 것이다. 역사가들은 근대 과학과 예술이 이룩해 놓은 업적들, 분석과 표현기술들을 받아들이고자 하는 의지를 갖지 않으면 아니 된다. 구체적 예를 들면, 로빈슨이나 E. 반스가 제시하고 있듯이,[35] 역사학은 현재에 발전되어 있는 모든 사회과학 지식들을 동원하여 활용하지 않으면 아니 된다.

셋째, 역사학은 이제 실제로 가능하지도 않은 역사의 객관적 인식에 대한 환상을 떨쳐버려야 한다는 것이다. 크로체나 신사학파의 역사가들이 주장하고 있는 대로 '모든 역사는 현재의 역사'라는 사실을 긍정적으로 인식하고, 화이트의 말과 같이 '창조적 왜곡'을 스스로 용인하여야 한다. 창조적 왜곡이라 함은 현재에 우리가 당면하고 있는 문제를 해결하려는 진지성을 가지고, 현재의 상황에 따른 상이한 정서와 지성적 방향에 입각하여 과거를 보는 정신에 의한 왜곡을 의미

하는 것이다.[36]

　여기서 역사학은 비로소 한가한 지식인들의 나태한 시간 때우기의 대상이 아니라 현재의 삶을 위한, 또는 현재사회의 개선과 진보를 위한 실용성을 지니게 된다. 실용을 위한 '역사의 창조적 왜곡', 이것은 역사학이 '역사를 위한 역사'에서 탈피, 창조적 기능을 다하게 됨을 의미하는 것이다. 화이트는 이러한 역사를 하나의 은유로 보고 있는 것이다. 우리가 인식하고 표현해 놓은 역사는 그 자체가 객관적인 역사 그 자체일 수는 없다. 그것은 역사가가 만들어 놓은 신화일 수도, 우화일 수도, 또는 일종의 이데올로기일 수도 있다. 그러나 그것은 그것이 만들어진 시대, 즉 '현재'의 관심과 문제 및 그 해결을 제시하고 있는 하나의 은유라는 것이다.[37]

　넷째, 역사가는 현재의 문화적인 담론에 있어서 자신의 시대의 과학과 예술을 위해 협조하는 역할, 즉 그가 연구해서 선택해 얻는 자료들을 과학과 예술이 요구할 때에 진지하게 제공해야 한다.[38] 왜냐하면, 현재에 주어진 문제를 해결하는 일은 역사학의 전매특허가 아니기 때문이다. 그 시대의 과학들도, 그 시대의 예술들도 다 마찬가지로 그 일을 담당하여야 한다. 그러므로 역사학이 자신의 분야에서 얻어진 결실들을 다른 분야에 제공하는 일은 그 자체가 현재를 위하여 기여하는 것이다.

4

역사학의 알레고리와 메타포

지금까지 논의된 사안들을 돌이켜 생각해 볼 때 우리는 다음의 몇 가지 결론에 도달할 수 있다.

첫째는 역사학의 신화성, 또는 알레고리나 메타포로서의 기능을 인정하여야 한다는 것이다. 민족주의 운동을 위해서 쓴 역사책이 있었고, 있을 수 있다. 여기서 역사는 민족주의 운동을 위한 알레고리, 메타포다. 여기서 주체는 민족운동이다. 역사가 아니다. 역사는 주체를 위해 봉사하는 알레고리, 메타포일 뿐이다. 민중운동을 위해서 역사를 썼고 또 쓸 수 있다. 이른바 사회경제사가 그것이다. 여기서도 역사는 민중운동을 위한 알레고리, 메타포, 이데올로기였다. 여기서 목적하는 것은 역사의 진실을 밝히는 것이 아니라 민중을 사회경제적인 질곡으로부터 해방시키는 일이다.

단재 신채호는 민족주의자였다. 그는 민족의식을 안시성 싸움에서 승리를 거둔 양만춘의 쾌거와 을지문덕 장군의 살수대첩 등을 통해서 표현하였다. 단재의 이를 위한 평생작업은 민족의 긍지를 높여 항일투쟁을 하고자 하는 목적을 위한 것이었다. 그가 이에 관련한 역사적 사실들을 채집하려고 만주 벌판을 헤맨 것은 그러한 목적에 필요한 수단을 찾기 위함이었다. 여기서 찾아진 역사적 사실들은 신화요, 알레고리, 메타포일 뿐이다. 그 역사적 사실이 실재하는 것이 아니었다 하더라도 그것이 신화로서, 알레고리로서, 메타포로서 기능한 것은 매우 중요하고 큰 것이다. 어느 시인의 열렬한 애국시 한 편과 마찬가지로 값있는 것이다.

고구려사는 우리의 영혼 속에 가득 찬 신화일 수 있다. 이 신화를 통해서 고구려에 대한 우리의 신앙이 성립되었고, 우리는 그 신앙을 근거로 긍지를 느끼며 정신적 삶을 살아 왔으며 또 살아 갈 것이다.

그러나 신화나 이데올로기 및 메타포는 그 주체가 변함에 따라 변화한다. 과학에 있어서도 가설이나 패러다임이 바뀌면 그에 따른 모든 결론들이 바뀌어야 하듯이……. 시대가 변천하고 이에 따라 세상이 달라져서, 민족주의가 무의미한 헛구호로 되고, 민중주의나 공산주의 등의 이데올로기가 해체되지 않으면 안 되는 상황에서 민족사학이라든가 사회경제사라든가 하는 역사학은 새로운 주체를 찾아서 스스로를 변화시켜야 한다.

한쪽으로 길게 흔들려서 올라갈 만큼 올라간 '푸코의 추'는 되내려와서 다른 쪽 방향으로 흔들려 올라가야 하는 것이다. 그 방향이 어디인가 하는 것은 우리가 찾아내어야 할 과제이다. 이 과제는 현재 우리의 '생의 관심'이 무엇이냐에 따라서 방향 지워져야 할 것이다.

우리의 현재와 모든 과거의 상황들이 극단적으로 상이하다고 하는 것을 느끼고 있는 사람에게 '과거 그 자체를 목적으로 하는' 과거에 대한 연구는 생각 없는 장애물로, 그리고 모든 과거의 이사(異事)의 신비 속에 있는 현재의 세계와 접전하려는 시도에 대한 의식적인 저항으로 나타날 뿐이다. 우리가 매일 살고 있는 세계에서, 과거를 '그 자체를 목적으로' 연구하는 사람들은 현재의 문제들로부터 순수하게 개인적인 과거 속으로 느껴 들어가려는 어떤 골동품 애호가나 아니면 일종의 문화적 시체성애자, 즉 죽은, 그리고 죽어가고 있는 자에게서 그가 살아 있는 자에게서 발견할 수 없는 어떤 가치를 발견하려는 사람으로 나타나고 있음에 틀림이 없다. 현재의 역사가는 과거에 대한 연구의 가치를 확보하지 않으면 아니 된다. 과거 그 자체를 위해서가 아니라, 우리 자신의 시대에 주어진 특수한 문제들을 해결함에 있어서 공헌하는 현재에 대한 전망을 제공하는 방법으로서…….[39]

둘째는 그럼에도 불구하고 학문하는 사람은 결코 '진리 그 자체'에 대한 접근을 포기할 수는 없다고 하는 것이다. 물론 '진리 그 자체'에 대한 연구를 포기한다면, 새로운 시대가 전개되었을 때, 그 시대에 맞는 새로운 신화나 알레고리, 메타포를 생산해 낼 수가 없기 때문이다.

신화나 알레고리, 메타포는 '진리 그 자체'가 아니고, 진리의 일부분, 일면을 보여 주고 있는 것이라는 한계성을 지니고 있는 한, 그것들은 시대의 변천에 따라 폐기되어야 한다. 그리고 새로운 진리, 새로운 신화를 만들어 내어야 하는데, 이는 학자들의 진리 그 자체를 찾고자 하는 진지한 탐구심을 기초로 해서만 가능한 것이다.

'푸코의 추'가 흔들림으로 해서 그 위치에 따라 각각 다른 진리의 모습을 보여 주고 있다 하더라도 학문을 하는 사람은 그 추를 매달고 있는 지축의 정체를 알기 위해 지속적인 노력을 하지 않으면 아니 된다. 이처럼 학자의 이상은 '푸코의 추'의 지축에 도달하는 것이다. 그것은 구체적이고 상대적인 것들을 총합적으로, 동시에 파악할 경우에 이루어진다.

이 도달(到達)이 도달(道達)이다. 즉 도달의 경지는 도의 이룸이며 각(覺)을 이룸이다. 이 도나 각은 '말없음'의 상태에서만 그 경지를 유지할 수 있다. 말(Narrative)로서 표기(記票)되는 순간, 그것은 상대적인 것으로 되어 버린다. 혹자가 포스트모더니즘을 노장(老莊)의 도의 개념과 일치시키고 있는 것은 이 때문이 아닌가 생각된다.[40]

후주

제1장 역사적 상대주의의 뿌리와 그 발전과정

1 W. K. C. Guthrie 《A History of Greek Philosophy》 pp.56~57

2 위의 책, p.4

3 W. Dilthey 《Weltanschuung und Analyse der Menschen seit Renaissance und Reformation, Goetingen; Vandenhoeck und Ruprecht》 1970, p.7

4 위의 책, p.7

5 W. K. C. Guthrie, 앞의 책, p.4

6 W. K. C. Guthrie, 앞의 책, p.47

7 엘레아 학파에 속하는 헤라클레이토스는 "바닷물은 가장 순수하기도 하고 동시에 가장 혼탁하기도 하다. 왜냐하면 그것은 물고기들에게는 마실 수 있어서 유익한 것이지만, 사람은 마실 수가 없을 뿐만 아니라, 마시면 죽기까지 하는 것이기 때문이다."라고 함으로써 이미 상대주의적 사고를 천명하고 있었다.

  그리고 에우리피데스는 극중 한 인물의 입을 빌어서, "만약 그 행위자에게 수치스럽게 생각되지 않는다면 무슨 행위가 수치스럽다는 것이요?"라고 말함으로써 수치스럽다는 것과 자랑스럽다는 것은 결코 객관적인 기준에 따라 판단되는 것이 아니라, 행위자의 개인적인 심리적 상태의 표현에 불과한 것임을 암시하고 있으며, 또 아리스토파네스는 "만약 청중에게 수치스럽게 생각되지 않는다면 무슨 행위가 수치스럽다는 것이요?"라고 말함으로써 수치라는 것은 객관적인 어떤 것이 아니라 청중의 느낌이라는 개인적 심리적 현상의 표현으로 간주하고 있다. 위의 책, p.165

8 위의 책, p.166

9 위의 책, p.166

10 Plato 《Protagoras》 333e~334c

11 투키디데스에 따르면, 정의(Justice or right) 등과 같은 개념은 보편적 기준에 따른 것이 아니라, 강자의 관심과 이해(interest)의 표현에 불과하였다. 다음은 투키디데스와 Thrasymachus가 이를 설명한 글이다. "정의라고 하는 것은 강자의 이해라는 점에서 자기 세력 강화와 타인의 권리부정의 원리로 된다." W. K. C. Guthrie, 앞의 책

12 위의 책, p.170

13 위의 책, p.171에 Aristotle 《Metaph》 1062b 13, 인용의 재인용.

14 위의 책, p.186

15 Donald Philip Verene 《Two Sources of Philosophical Memory》 Vico versus Hegel. Patricia Cook edit: Philosophical Imagination and Cultural Memory(Duke University Press Durham and London 1993), p.40 재인용.

16 기독교가 지배적이던 서구역사에 있어서의 중세는 기독교적 절대주의가 세상을 지배하고 있었다. 그것은 하나님의 말씀을 대신하는 성서, 그리고 그것을 임의적으로 주석하고 해석하면서도 사물(Physis)과 말(Nomos)의 일치, 또는 유사성을 고집하는 성직자들의 절대주의적 지배를 의미하는 것이었다. 이를 푸코의 '에피스테메'와 연결시켜 김욱동은 다음과 같은 말로써 설명하고 있다. 김영한 외 《서양의 지적 운동》 p.665
"서구역사에서 대략 17세기 중엽까지 계속된 전고전주의 에피스테메에서는 유사성의 개념이 가장 지배적인 범주로 작용하였다. 이 시대에서는 말과 사물이 갈등을 일으키지 않고 서로 나란히 공존하여 있던 시기였다. 이 당시 원전 텍스트에 대한 주석이나 해석은 한결같이 유사성의 관점에서 수행되었으며, 상징의 활동을 조직하고 사물을 표상하는 일도 한결같이 유사성에 입각하여 이루어졌다."

17 Isaiah Berlin 《The Counter-Enlightenment》, Dictionary of the History of Ideas, p.100

18 위의 책, p.101

19 위의 책, p.101a

20 위의 책, p.101

21 James Harvey Robinson 《The New History》 The macmillan Company, 1922, p.40

22 이수윤 《역사철학》 p.186

23 R.G. Collingwood 《The Idea of History》, 이상현역 《역사학의 이상》(박문각 1990년), p.95

24 David Hume 《The Human Nature》 The Great Books, p.302

25 위의 책, p.302

26 위의 책, p.303

27 Shirley Robin Letwin 《Certainty since the seventeenth century》 Dictionary of the History of Ideas, vol.I. p.312

28 위의 책, p.312

29 R. G. Collingwood, 앞의 책, p.196

30 D. H. Monro 《Relativism in ethics》 Dictionary of History of Ideas, vol.IV, p.70

31 Shirley Robin Letwin, 앞의 책. p.312

32 Collingwood, 앞의 책. p.99, pp.196~197

33 위의 책, pp.182~185, 참조.

34 Isaiah Berlin, 앞의 책, p.101b

35 위의 책, p.101b 참조.

36 위의 책, p.102b

37 위의 책, p.102a

38 필자는 1985년 《신이상주의 역사이론》이라는 제목의 책을 통해서 비코의 이론을 발표한 바 있다. 독자는 이점을 유의해서 참고해주기 바란다.

39 이상현, 《신이상주의 역사이론》, 대완도서, 1985, p.46

40 이상현, 《역사철학과 그 역사》 박문각, 1991, p.147

41 이상현, 《신이상주의 역사이론》 대완도서, 1985, p.48

42 Isaiah Berlin, 앞의 책, p.105a

43 이상현, 《역사철학과 그 역사》 박문각 1991, p.248

44 Isaiah Berlin, 앞의 책, p.295b

45 위의 책, p.103a

46 위의 책, p.103a

47 위의 책, p.103a

48 그러기에 참된 종교 행위는 힌두교나 불교의 선종처럼, 각자가 자기 자신의 신, 묵념의 대상을 설정하고 정진해 가는 방법을 취하는 것이어야 한다.

49 Isaiah Berlin, 앞의 책, p.103a

50 Giorcio Tonelli 《Genius from the Renaissance to 1770》 Dictionary of the History of Ideas, vol.II, p.295b

51 Isaiah Berlin, 앞의 책, p.104b

52 위의 책, p.103a

53 이 점을 콜링우드의 re-enactment와 유사하다. Isaiah Berlin 《The Counter Enlightenment》 Dictionary of the History of Ideas, vol.II, p.103a

54 위의 책, p.103a

55 Patrick Gardner 《Theories of History》The Free Press Collier Macmillan Publishers, London, pp.51~58, Condorcet/ The progress of the Human Mind 참조.

56 이상현《역사철학과 그 역사》박문각, 1991, pp.261~264참조

57 Isaiah Berlin, 앞의 책, p.106

제2장 미국 신사학파의 역사이론

1 이 논문에서 취급할 인물들 중 칼 베커는 컬럼비아 대학과 관계가 없다. 그
  는 1896년 University of Wisconsin을 졸업하고 1907년 박사 학위를 받았다.
  1899년 Pennsylvania State College에서, 1901에는 Dartmouth에서 역사를 강의
  하였다. 1902년에는 University of Kansas로 가서 1916년 까지 거기에 있었으며,
  Minnesota 대학의 역사학 교수로서 1년을 지낸 뒤 그는 Cornell University의 유
  럽근대사 교수가 되었다.

2 Georg G. Iggers《The Image of Ranke in America and German Historical Thought》
  Hitory and Theory, vol.2, p.23

3 물론 로빈슨의 신사학파의 이론과 베커나 베어드의 이론이 일치하는 것은 아
  니다. 그러므로 후의 양자를 신사학파로 보아야 하는가 아니면 이 두 사람을 역
  사적 상대주의자로 구별해야 하는 가는 논의가 있을 수 있다. 신사학파와 역사
  적 상대주의의 관계를 Iggers는 다음과 같이 설명하고 있다. "It is difficult to draw
  a clear line of distinction between the relativists and the new historians. In a sense,
  both Carl Becker and Charles Beard belong in the tradition of the 《New History》
  with broad, social approach to history. In a basic way, the seeds of relativism were
  planted in the 《New History》, which viewed historical cognition as a continuing and
  socially conditioned process. Already Turner wrote that 'each age writes history of
  the anew with reference to the conditions uppermost in its own time' Perhaps the
  most fundamental difference between the relativists and the new historians is the
  scepticism of Becker and that of Beard(in the last decade of his life) regarding the
  possibility of even approximate objective knowledge." 때문에 이 논문에서는 베커
  와 베어드를 신사학파에 소속되는 것으로 보고 그들의 역사적 상대주의는 신사
  학에 대한 생각이 발전도어서 이루어진 것으로 간주해서 그 발전과정을 하나의
  잠정적 과제의 하나로 취급하고자 하였다. Georg G. Iggers 《The Image of Ranke

in American and German Historical Thought》 History and Theory, vol 2, 1962~3, p.25

4 The 《New History》 and the relativist revolts began with the blasts of Robinson and Becker against the dictum Wie es eigentlich gewesen. G.G. Igers 《The Image of Ranke in American and German Historical thought》 History and Theory, vol.2, p.18

5 이것이 1909년 영역판으로 출간된 크로체의 《Aesthetic》에서 역사적 상대주의에 대한 아이디어를 빌려 온 것인가 아닌가가 논쟁거리로 되었다. Hayden White, Croce and Becker 《A Note on the Evidence of Influence》 Hitory and Theory, vol.10, 1971. 1~4, pp.222~227

6 The demand for a so-called "new history", which took into account all of the activities of man as a social being and embodied "the past in terms of present social interests" was much of an undercurrent two decades before the publication, in 1912, J. H. Robinson's famous collection of essay by that name. Already 891, Frederick Tuner had written that "history is all the remains that have come down to us", not just documents, and the term "new history" had itself been born in the 1890's.

7 로빈슨의 《The New History》에 대한 생각의 선행자로서는 American Historical Association의 회원이었던 Henry Charles Lea, Andrew Dickson White, Moses Coit Tyler, 그리고 Edward Eggleston 등이 있다. 그중에서도 Eggleston은 새로운 종류의 역사를 썼을 뿐만 아니라, 그의 그 회의 의장 취임연설의 제목을 "The New History"라 했다.

8 Nore, Ellen 《Charles Beard—An Intellectual Histories and Historians》 Princeton University Press, 1966. p.70

9 G. G. Iggers 《The Image of Ranke in American and German Historical thought》 History and Theory, vol.2, p.17

10 Richard B. Morris 《Encyclopedia of American History》 p.673

11 로빈슨은 이 문제를 이렇게 구체적으로 말하고 있다. "실제로 정치와 군사적 문제들에 대하여 균형이 깨어진 편애를 보이는 것을 정당화시키고자 하는 시도가 있었다. 우리는 미스터 프리맨이 '역사는 과거의 정치다.' 라고 한 말을 무감각적으로 들어 왔다. 랑케에게 있어서는 역사학의 목적이 국가의 기원과 본질에 대한 생각을 명백히 하는 것이었다. 다른 독일의 학자는 수천 년 동안 국가 즉 정치적 유기체가 역사연구의 주요한 그리고 지배적인 테마였다는 것을 지적하고, 그는 다시 마땅히 그러해야 한다고 주장하고 있다. (중략) 실질적인 문제는 정

치사에 대한 우리의 편견이 우리들로 하여금 단순히 독자들을 어리둥절하게 만들고, 지금까지 무시되어 왔으나, 매우 중요한 이슈들에 할애해야 할 귀중한 지면을 점하고 있는 왕조사나 군사사의 자질구레하고 사소한 것들을 포함하도록 유도하여 왔다는 것이다. (중략) 인간은 전사나 신민, 그 이상이며 또 군주적 지배자 그 이상의 존재다. 국가가 결코 인간의 유일한 관심의 대상일 수는 없다." J.H. Robinson 《The New History》The Macmillan Company, 1922, p.8

12 이 질문은 그 후 Isaiah Berlin도 그의 논문 〈History and Theory—The Concept of Scientific History〉 History and Theory, vol.1, 1960~1961에서 논문의 서론에서 제기하고 있는 것이다.

13 로빈슨은 이 문제를 다음과 같이 말하고 있다. "이미 지적한 바와 같이 인류의 문제를 다루는 모든 사람들이 역사는 물리학 화학 생리학, 심지어 인류학이 일종의 과학이라는 의미에서 과학이 될 수 없다는 것을 이해하는 것이 중요하다. 현상의 복잡성은 소름이 끼치는 정도이다. 그리고 우리들은 그것들을 직접적으로 관찰할 수 있는 방법이 없다. 우리들이 지니고 있는 사실들을 인공적으로 분석하고 실험할 수 있는 방법에 대해서는 아무것도 말할 것이 없다. 우리들은 지구상에 인류가 존재하게 된 이래의 기나긴 기간 동안의 인류의 역사에서 발생한 것들에 대해서 전혀 아무것도 아는 것이 없다. 그리고 인쇄술이 발명된 이후에 발생한 일들에 대한 자료들만 하더라도 어떤 의미로는 충분하다. 자연과학연구에 훈련되어 있는 작가들은 일반적으로 그 역사가가 필연적으로 작업하지 않으면 아니 되는 상황과 조건을 전적으로 오해하여 왔다." J. H. Robinson, 앞의 책 p.61

14 로빈슨은 이 점을 다음과 같이 말하고 있다. "르네상스는 완전히 잘못 이해되어 왔다. 그것은 부르크하르트와 Symonds가 그 전시대에 관해서 무지하였기 때문이다. 반대로 중세의 문화는 4세기의 Weltanschauung을 진지하게 연구하지 않은 사람에게는 미스터리로 남아 있게 마련이다."

15 이 말은 볼링부로크 경(Lord Bolingbroke)이 1737년경 쓴 역사연구에 대한 편지 (Letter on the study of History)에서 쓴 말이다. Robinson, 앞의 책, pp.34~35

16 Carl Becker 《Detachment and Writing of History》 ed. Phil L. Synder, Coenell University Press, 1958, pp.62~63

17 위의 책, pp.62~63

18 하느님은 천지를 창조하고 아담은 그 피조물에 대해서 이름을 붙였는데, 그 이름들이 하느님의 창조의도, 창조된 것들의 실제적인 내용을 그대로 표현하고 있

는 것인가 아닌가 하는 것은 늘 문제로 남아 있는 것이었다. 고대 그리스 철학에서는 'Physis'와 'Nomos'에 대한 문제를 중심으로 논란이 있었다. Physis는 있는 그 자체대로의 사물이고, 'Nomos'는 그것을 인간이 인식하여 이름을 붙이고, 또 그것을 근거로 인간의 삶을 제한하는 제반 법제와 관습을 만들었다고 하는 것이다. 그러므로 여기서 부각되었던 논의의 초점은 주로 선악의 문제, 미추의 문제, 진위의 문제 그리고 인간에 의해서 만들어진 윤리도덕이나 제반 법제가 진리를 표상하고 있는 것인가 아닌가 하는 문제 등이었다.

인간의 능력을 과신한 나머지 Nomos가 Physis와 일치한다고 주장하는 이들은 사물에 대한 객관적 인식을 주장하고, 인간능력의 한계성을 인정하는 이들은 인식의 상대성, 따라서 인간에 의해서 이룩된 제 Nomos적인 것들의 가치의 상대성을 주장한다.

19 Elen Nore, 앞의 책, pp.155~156

20 Robert Allen Skotheim 《American Intellectual Historians and Historians》 Princeto University Press, 1966, p.76

21 G.G. Iggers 《The Image of Ranke in American and German Historical Thought》 History and Theory, vol.2, 1962~3, p.25

22 C. Becker, 앞의 책, p.822

23 Lee Benson 《Turner and Beard》 The Free Press, New York, 1960, p.101

24 Charles A. Beard 《The "New Physics" and Historical Relativity》 The Historian Aug 1968, vol.304. p.546

25 이것은 그의 Ph D. 학위 논문 〈A New Determinate of Dimensions〉

26 Ellen Nore, 앞의 책, p.853

27 Richard Hofstadter 《The Progressive Historians》 Vintage Books Edition, 1970, pp.304~305

28 Ellen Nore, 앞의 책, p.154

29 Marwick A. 《The Nature of History》 Macmillan, New York, 1970, p.196

30 위의 책, p.80

31 위의 책, pp.169~170, 다음의 문장 참조. The past is a kind of screen upon which each generation projects its vision of the future, and so long as hope springs in the human breast the 《new history》 will be a recurring phenomenon.

32 Beard 《Charles A. Written History as on Art of Faith》 American Historical Review, vol.XXIXI, 1934, p.220

33 Ellen Nore, 앞의 책, p.33

34 James Harvey Robinson 《The New History》The Macmillan Copamy, 1922, pp.83~84

35 이상현《역사철학과 그 역사》p.135

36 Hayden V. White, Croce and Becker, A Note on the Evidence of Influence, History and Theory, vol.10, 1971 1~4, p.222

제3장 신사학파의 보편사론

1 H. E. Barns 《The New History and the Social Studies》New York The Century Co. 1925(차후 Barns의 New History로 약칭), p.16

2 Barnes 《New History》p.31

3 Barnes 《New History》p.204

4 J. H. Robinson 《New History》The Macmillan Company, 1922, p.1

5 ① All his most basic notions, such as the world spirit, reason, freedom, receive their meaning and significance with a historial context.

② The vision was most extraordinary. History is seen as the march of freedom through the world. The march of freedom is interpreted as what the World Spirit wants. as it seeks to realize itself. And in its effort to realize itself, it employs peoples, world-historical peoples to do its work: G.W.F Hegel 《The Philosophy of History》 (C.J. Friedrich; Introduction to Dover Edition), pp.1~43

③ 이러한 보편사는 헤겔에게서 가장 대표적으로 시도되었다. 그에게서는 세계 사를 하나의 전체로서 파악하고자 하는 시도가 거대하게 제시되었다. 그는《역 사철학강의》에서 고대동방, 그리스-로마 기독교, 게르만 민족들, 아시아의 역 사들을 취급하면서 전체 역사를 세계사 정신이 온 세계에서 변증법적 단계들 을 통해 스스로 발전해가는 과정으로 해석했다. 세계사란 '자유의 의식에 있어 서의 진보'이며 세계사정신은 이성을 근거로 하여 자유를 실현시켜 나가며, 따 라서 세계사의 목표는 자유이다. 세계사정신이란 그에게는 '우주의 질서(Der Logos des Kosmos)'이다. K. Loewith 《Vom Sinn der Geschichte》in Der Sinn der

Geschichte, Hrsg. v, L, Reinischen, 1974. S. 36, 이상신 《보편사적 세계사를 위한 한 시도》(서양사론, 제46호), p.56, 재인용.

6 그(마르크스)의 이론에서는 물질생활의 양식이 사회적, 정치적, 정신적 생활을 결정하는 것이다. 그리고 역사진행은 생산관계들의 법칙적 교체 속에 결정된다. 그 교체는 '필연적'인 것이며, 이 과정에서는 각 단계들에서의 대립적인 계급들 사이에 투쟁이 전개된다. 이 연속적인 투쟁들의 최종적인 단계는 프롤레타리아의 승리에 의해서 도달되며, 그것은 '계급 없는 사회'이다. 결국 그에게서는 역사 현실이 경제적 생산조건을 통해서 일어나는 계급투쟁들의 역사이다. 이상신, 앞의 글, p.58

7 이를 반스는 다음과 같이 로빈슨의 말을 빌려 설명한다. In and objectve sense history is, to use the words of Professor James Harvey Robinson, "all we know about everything man has ever done, or thought, or felt." H.E. Barnes, 《A History of Historical Writing》(Dover Publications, Inc. New York, 1962), p.3

8 이 때문에 신사학파는 정치사만을 강조한 랑케 학파의 역사학을 비판하고 있는 것이다.

9 Augustine 《Confession》 최민순 역, B.X.L.C, 14

10 G.J. Whirow 《Time in History》 Oxford University Press, 1988, p.147

11 Barnes 《New History》 p.17

12 위의 책, p.17

13 반스는 신사학파의 이러한 입장의 배경을 다음과 같이 말하고 있다. "As the Christian Epic and the National State, with its various problem and processes, stood behind the conventional history of the last century, so the new history has developed out of the Weltanschuung provided by the rise of modern natural science and critical thought." H. E. Barnes 《The History and Prospects of the Social Sciences》 New York Alfred. A. Knopf Mcmxxy. p.31

14 H. E. Barnes 《An Intellectual and Cultural History of the Westen World》 Dover Publications Inc., New York 1965. p.41

15 H. E. Barnes 《A History of Historical Writing》 Dover Publications, Inc., New York, 1962, p.3

16 이 점을 반스는 근대인들도 신석기시대인들과 마찬가지로 미신에 사로잡혀 있다는 말로 표현하고 있다.

17 헤겔의 시대구분; The Orient knew and knows only that one is free, the Greek and

Roman world that some are free; the Germanic world knew that all are free.

18 ① 원시공산사회 ② 노예경제사회 ③ 농노제사회 ④ 부르주아사회 ⑤ 프롤레타리아 사회

19 J. H. Robinson《Outline Syllabus of the History of the Western European Mind》 p.35

20 Barnes《New History》 p.14

21 이 세계정신은 세계사 속에서 자기 목적을 실현시켜 나가고 있다는 점에서, 기독교적 역사 속의 신의 의지와 비슷한 목표와 과제를 수행하고 있으며, 따라서 신의 정신과 비슷한 것이라고 볼 수 있겠다. R. Writtam《Das Interesse an der Geschichte》, Goetingen, #, Aull. 1968, 126; 이상신《보편사적 세계사를 위한 한 시도》〈서양사론〉 제46호 p.57 재인용.

22 이 때문에 신사학파에서는 역사학자는 지리 환경문제를 연구해야 한다는 것을 강력히 주장한다. 반스는 그의《The New History and The Social Studies》에서 지리학과 역사학의 관계를 41쪽에서 75쪽에 걸친 무려 34쪽에 해당되는 분량을 할애하여 설명하고 있다.

23 이 때문에 반스는 역사학자는 심리학 특히 사회심리학을 연구하지 않으면 아니 된다고 주장하면서 그의《The New History and The Social Studies》에서 '심리학과 역사학(Psychology and History)'의 문제를 756쪽에서 268쪽에 이르는 무려 192쪽이라는 많은 지면을 할애하여 설명하고 있다.

24 이점에 있어서 신사학파는 마르크스적인 사회경제사에 접근하고 있다.

25 Barnes《New History》 p.77

26 목적을 추구하는 원동력으로서의 생의 에너지

27 "모든 인간의 최선의 가치로 규정될 수 있는 용어로서는 사기(morale)를 들 수 있다. … 이것을 최상의 생동력(Maximum of vitality)과 풍만한 삶(life abounding)을 의하며 창조적 진화의 물결 속에서 중심을 이루고 있음을 의미한다. 그리고 그것은 모든 제재(checks)와 구속, 그리고 억제의 최소화와 파괴, 그리고 회피를 의미한다. 이러한 신비스러운 발전의 촉진력을 엔텔레치(entelechy,아리스토텔레스), 삶의 의지(will to live, 쇼펜하우어), 삶의 약동(elan vital, 베르그송), 삶의 에너지(horme), 리비도(libido, 프로이드), 니수스(nisus) 등의 용어로 표현된다. 이것이 어떤 용어로 표현되던 이것들은 삶의 품격을 고양시키며 인간 영혼자체(man-soul itself) 안에서 정신, 사회, 언어, 신화, 신들, 종교―간단히 말해서 모든 인간의 제도들과 과학을 진화시켜 나아간다. 그런데 이러한 추진력은 때로는 강하고 때로는 약하다. 그리고 개인적으로도 어떤 자는 높으며, 어떤 자는 낮다.

그러나 그것이 있으면 사기를 만들며, 없으면 사기를 파괴한다. 우주상에서 이 위대한 힘의 진퇴의 이야기가 모든 종류의 진솔한 역사를 구성하는 것이다. … 모든 개인적 상황과 제도, 그리고 모든 종족, 국가,계급이나 단체는 이 사기에 의해서 떠오르든가 조락하게 되든가 하는 정도가 등급 지워진다. Barnes 《New History》 p.97, G.S. Hall, Adolescence, vol.II, pp.1~2로부터 인용문.

28 Barnes 《New History》 p.117

29 위의 책, p.118

30 위의 책, p.118

31 위의 책, 117~118, McDougall, An Introduction to Social Psychology, p.301 인용문.

32 위의 책, p.130

33 위의 책, p.133

34 위의 책, p.134

35 위의 책, pp.87~88

36 위의 책, p.118

37 B. Croce 《History as Story of Liberty》 Meridian books, N.Y. 1955, p.57

38 이상현 《신이상주의 역사 이론》 대완도서, 1985, p.195

39 W. Trotter 《Sociological Review》 pp.246~247에서 인용문.

40 Thomas Carlyle 《History and Hero》 박상익 역, 도서출판 소나무, 1998

41 Barnes 《New History》 p.135

42 역사적으로 기독교를 정립한 사도 바울, 이슬람교를 창건한 마호메트, 볼셰비키 혁명을 일으킨 레닌이 간질병환자였다는 사실이나, 마르크스나 히틀러가 조급한 성격의 과격한 논쟁가였다는 등등의 사례는 수없이 많다.

43 Barnes 《New History》 p.106

44 J.M Baldwin 《Social and Ethical Interpretation》 p.180, Cf, pp.99~193

45 Barnes 《New History》 p.106

46 H. E. Barnes 《The New or Synthetic History》 p.31

제4장 로빈슨의 역사사상

1 반스는 역사학이 무익한 학과로 되게 된 둘째의 이유를 "과거에 대한 학과목을 이해하거나 개발하는데 있어서 인간들이 지니고 있는 능력의 상대성 때문이다." 라고 하여 컬럼비아 역사학과의 특징이 역사적 상대주의에 있음을 말하고 있다.

2 로빈슨의 《New History》(The Macmillan Company, 1922, 차후, NH로 약칭)는 프란시스 베이컨의 《Novum Organum》, 비코의 《Scienza Nuova》 등에 비교되는 의미로 사용된 책이름이 아닌가 생각된다.

3 NH. p.43 참조.

4 NH. p.61

5 이상현 《역사철학과 그 역사》 박문각, 1991, pp.458~459 참조.

6 NH. p.1

7 NH. p.78

8 이러한 역사의 지속성에 대한 생각은 매시대의 아이디어는 신의 시각에서 볼 때에 평등한 것이다. 모든 시대는 '자유롭고 평등하게 탄생하였기 때문이다'라고 한 랑케의 역사주의에 대한 정면의 공격에서 도출된 생각이다. Arthur Marwick 《The nature of History》 Macmillan, 1970, p.196 참조.

9 NH. p.65

10 NH. p.64

11 이는 비코가 역사의 과정을 진리가 인간의 진리인식행위를 통하여 스스로 현현되어 가는 과정으로 본 것과 유사한 생각이다. 이상현 《신이상주의 역사이론》 pp.63~93 참조.

12 NH. p.64

13 NH. p.64

14 이상현 《역사철학과 그 역사》, VI. 아우구스티누스의 역사학, pp.127~145 참조.

15 위의 책, V. 헤겔의 역사철학 강의, pp.264~280 참조.

16 NH. p.8

17 NH. pp.1~2

18 우리는 실제로 역사에서 흔히 볼 수 있다. 경제적 파탄이 정치상에 중대한 변화를 초래하고 정치적 개혁이 경제의 발전을 수반하게 되는 것을, 그리고 또 사회

적 윤리적 타락이 경제적 파멸을 초래하고 사회 윤리적 건전화가 경제의 발전을 이끌어 가고 있음을.

19 小阪修平《哲學史旅行》방준필 역, 상민, 1990, p.38

20 위의 책, p.38

21 NH. p.73

22 NH. p.73

23 NH. p.74

24 간단히 말해서 새로운 건축 자료가 나오면 새로운 건축을 해야 하기 때문이다.

25 NH. pp.70~71

26 NH. pp.24~25

27 이상현《신이상주의 역사이론》pp.135~146, pp.237~240 참조.

28 위의 책, pp.141~144, pp.240~244 참조.

29 NH. pp.66~67

30 필자는 신화나 전설이 어떻게 해서 성립되었는가 하는 것, 그리고 그것을 어떻게 역사적으로 이해 해석하여야 하는가 하는 문제를 〈신화와 역사〉라는 논문을 통하여 밝힌바 있다. 참조하기 바란다. 이상현《역사철학과 그 역사》박문각, 1991, pp.13~35

31 NH. pp.83~84

32 NH. pp.99~100

33 로빈슨과 같은 경향을 지닌 미국의 역사학자 Harry E. Barnes는 이를 인류의 전 역사를 시계판에 표시된 12시간 중에서 불과 13초에 불과한 것이라 지적하고 이 1초의 초점이 움직인 궤도를 보고 시계의 판이 어떻게 생겼는가를 파악한다는 것을 불가능하다는 생각을 표시하고 있다. An Intellectual and Cultural History of the Western World. Dover Publications. Inc., New York. vol.One

34 Artur Marwick《The Nature of History》Macmillan, 1970, p.78

35 E. Barnes《History and Social Intelligence》p.29

36 Timothy Paul Donovan《Historical Thought in America》University of Oklahoma Press, 1973, p.50 참조.

37 위의 책, p.49

38 실증주의적 역사학자가 지녀야 할 눈은 모든 사실들을 상호연관성 없이 단독적이고 개별적인 것으로 보고, 하나하나의 사실들을 주도면밀하게 탐구하는 것이어야 한다. 그러므로 이들에게 있어서는 보편사에 대한 이상이란 헛된 몽상으로

일축되게 되며, 그들의 연구목표는 하나의 사실에 대한 정확한 전공논문을 작성하는 일이다. 이상현《신이상주의 역사이론》p.108

39 It is a duty he can avoid only by ceasing to be a historian in the fullest sense of the word. The fundamental distinction between the chronicler and the writer of history lies precisely in the refusal of the former to ask any questions of his materials to arrange them in anything more than a chronological sequence, or to convey any sense of direction to the motion of history. Timothy Paul Donovan, 앞의 책, p.48

40 Robert Allen《Skotheim, American Intellectual Historians and Historians》Princeton University Press, 1966, p.72

41 Carl Becker《Detachment and Writing of History》ed. Phil L. Synder, Cornell University Press, 1958, pp.35~36

제5장 로빈슨의 역사교육론

1 랑케는 "영원은 개별 속에 깃들어 있다."고 강조하고 개별성이야말로 자신의 역사학의《종교적 기반》이라고 선언하였다. 그는 개별적 사물이 그 자체로서 완성된 것이며 독자적인 존재의의를 자체 안에 갖고 있다고 믿었다. 이러한 개체의 독자성을 그는 "어떤 것도 전적으로 타를 위해서 존재하는 것은 없다."라고 표현하면서 이어 "어떤 것도 전적으로 타의 존재속에 포섭될 수 있는 것은 없다"고 강조하였다. Georg Iggers and Konrad von Moltke, The Theory and Practice of History, 1973, p.57

2 NH. p.36

3 NH. p.37

4 Robert Allen, Skotheim, American Intellectual Historians and Historians, Princeton University, 1966, p.67

5 다음은 이에 관한 로빈슨의 말이다. 볼링불록 경(Lord Bolingbroke)은 그가 1737년경 쓴 역사연구에 대한 편지에서 다음과 같이 말하고 있다. "우리들을 보다 나은 인간, 보다 나은 시민으로 만들지 못하는 어떤 연구에 대한 신청은 기껏

해야 허울 좋고 영리한 나태일 뿐이다. 그리고 우리가 그것으로 얻은 지식은 칭찬할만한 무지, 그 이상은 아니다. 이 칭찬할 만한 무지는 나의 의견으로는 일반적인 사람들, 심지어는 가장 유식한 사람들일지라도 역사 연구로부터 거두어들이는 수익의 모두다. 그리고 적어도 나에게는 역사연구는 우리로 하여금 사적이고 공적인 훈련을 하도록 하는 가장 적합한 것으로 생각한다." NH. pp.34~35

6 Noble, D. W. Historians against History, University of Minnesota Press, 1965, pp.58~59

7 NH. p.35

8 Ellen Nore, Charles Beard, An Intellectual Biography, South Illinois University Press, 1983, p.35

9 NH. p.36

10 NH. p.17

11 Ellen Nore, 앞의 책, p.34

12 NH. p.19

13 NH. p.8

14 Marwick A. 《The nature of History》 Macmillan, New York, 1970, p.196

15 Robert Allen 《Skotheim; American Intellectual Historians and Historians》 Princeton University Press, 1966, p.80

16 위의 책, p.80

17 위의 책, p.80

18 위의 책, p.71

19 위의 책, p.70

20 로빈슨은 1907년 베어드와 공동작업을 통하여 《The Development of Modern Europe》이라는 교과서를 출판하였다. 이때에 그 집필자들은 그 책의 서문에서 그들의 집필 목적은 단순히 또 하나의 교과서를 쓰는 것이 아니라 New History 를 쓰자고 하는 것이라 하였다. 그리고 그것은 먼저 현재에 초점을 맞추고, 다음에 현재 사회에서 적용하고 있는 가장 의미 깊은 요소들의 발전과정을 추적하기 위하여 과거로 되돌아가는 방법을 씀으로써, 기존의 역사적 어프로치와 그 방법을 달리하였다고 하였다. 이는 로빈슨의 New History의 근거를 이룩하고 있는 생각의 일부에는 그 나름대로의 현재사의 개념이 도사리고 있음을 나타내고 있는 것이다.

기존의 역사적 어프로치와 그 방법을 달리한다 함은 랑케적인 실증주의적 역사학의 방법과 그들의 방법을 구별 짓는 것이고, 현재를 초점으로 하여 과거를 추적한다 함은 현재사의개념을 표출하고 있는 것이다.

21 Robert Allen《Skotheim; American Intellectual Historians and Historians》Princeton University Press, 1966, p.72

22 실제로 로빈슨은 그의 역사교육에서 이점에 크게 신경을 썼다. 다음은 Ellen Nore가 그린 로빈슨의 태도다. "점점 로빈슨은 그 학생들이 자기들의 생각을 생각하기를 원하는 것이 아니라, 오히려 그들 자신에 대해서 질문을 하기를 원하였다는 것, 그리고 그는 학생들이 단순히 과거에 대해서 질문을 하기를 원하는 것이 아니라, 인류의 현재 상태에 대해서, 그리고 어떠한 인간의 지성이 그 현재의 상태를 더 좋게 만들 수 있는가 하는 것에 대해서, 생각하기를 원한다는 생각을 일으키게 하였다. Ellen Nore, 앞의 책, p.33

23 NH. pp.68~69

24 Robert Allen《Skotheim; American Intellectual Historians and Historians》Princeton University Press, 1966, p.72

25 NH. pp.2~3

26 NH. p.87

27 NH. p.86

28 이상현《신이상주의 역사이론》박문각, 1992, pp.133~137 참조.

29 NH. p.29

30 이상현《신이상주의 역사이론》박문각, 1992, pp.222~223 참조.

31 J. H. Robinson《The Mind in the Making》pp.42~43

32 윌듀란트《철학이야기》pp.308~309

33 다음은 쇼펜하우어의 "의지"를 설명하고 있는 부분이다. 참고하기 바란다. "식량, 배우자 또는 자식을 얻으려는 인간의 격렬한 투쟁을 생각해보라. 이것이 반성의 결과인가? 분명히 그렇지 않다. 원인은 살려고 하고, 풍부하게 살려고 하는 반의식적인 의지에 있다. 외견상으로는 앞에서 사람들을 끌고 가는 것이 있는 듯하지만 사실은 뒤에서 밀어내고 있다."《의지의 표상으로의 세계》(3권)

"그들은 그들의 인식하는 것에 의해 인도되고 있다고 생각하지만 사실은 그들이 느끼는 것에 의해 쫓기고 있다. 이성은 외무장관에 지나지 않는다. 자연은 개인의 의지에 이바지하도록 지성을 만들어 놓았다. 그러므로 지성은 오직 사물이 의지의 동기가 되는 한에서만 사물을 인식하게 되어 있고, 사물의 근본을 캐거나 사물의 참된 존재를 파악하게 되어 있지는 않다."《의지의 표상으로의 세계》

(2권)

"의지는 정신의 영원불변의 유일한 요소다. 목적의 지속성을 통해 의식에 통일성을 부여하고 마치 기초 저음처럼 수반됨으로써 의식의 모든 표상과 사상을 결합하는 것은 의지이다.", 같은 책(2권) 의지는 사상의 중추이다.

34 NH. pp.70~71

35 NH. pp.2~3

36 Ellen Nore, 앞의 책, pp.155~156

37 R. A. Skotheim, 앞의 책, p.76

38 이상현《신이상주의 역사이론》p.51 참조.

39 위의 책, pp.56~57

40 위의 책, p.86

41 R.A. Skotheim, 앞의 책, p.70

42 Arthur Marwick《The Nature of History》Macmillan, 1970, p.78

43 Becker C.《Detachment and Writing of History》Ed. Phil L. Snyder; Cornell University Press, 1958, pp.62~63

44 로빈슨은 이 점을 다음과 같이 말하고 있다. "우리는 역사의 연구를 통하여 짧은 시간에 다른 사람들의 덕으로 우리들의 위험부담을 안지 않고 넓은 경험의 영역을 즐길 수가 있다. 역사는 우리로 하여금 우리 이전에 살았던 사람들과 삶을 같이 할 수 있게 하여준다. 우리 자신들의 개인적인 경험은 이중적으로 결함을 지니고 있다. 우리는 시작을 보기에는 너무 늦게 태어났으며, 우리는 많은 사물들의 끝을 보기에는 너무 빨리 죽는다. 역사는 이러한 결점들은 여러 가지로 보충해 준다." NH. p.36

제6장 칼 베커의 역사사상

1 다른 외국 학자들 가운데도 선생과 같은 생각을 지닌 분이 있겠으나, 선생을 거명하는 것은 우선 우리나라 사학계에서 선생께서 선도적으로 역사이론에 대한 관심을 가지셨던 분이라는 점과 이제는 우리도 남의 나라 학자들을 거명하는데서 벗어나 가급적 우리의 관심을 우리 안으로 돌려보았으면 하는 생각에서다.

2 양병우《역사론초》지식산업사, 1987, pp 37~38

3 H. E. Barnes《A History of Historical Writing》Dover Publication, Inc. New York 차후 A History 로 약칭.

4 C. Becker《Detachment and the Writing of History》Essay and Letters of Carl L. Becker. Ed. Phil L. Snyder, Cornell University Press, 차후 Detachment로 약칭, pp.5-6

5 Detachment, p.8

6 Detachment, pp.5~5

7 Cushing Strout, The Pragmatic Revolt in American History, Carl Becker and Charles Beard, Greenwood Press, Publishers Westport, Coneticut, p.4
그리고 베커의 학자적 생활태도를 좀 더 알기 위해서는 David W. Noble의 Historians against History, University of Minnesota Press. 1965, pp.76~97을 참조하라.

8 찰스 베어드는 페비안 협회의 영향으로 혁신주의자로서 소양을 쌓았다. 처음 그는 컬럼비아 대학에서 교수로 재임하면서 13년동안 "미합중국 헌법의 경제적 해석"을 출간, 헌법 제정자들의 경제적 동기를 지적함으로 학계에 일대 파문을 일으켰다. 17년 학원 자유의 문제와 대립하여 대학을 버리고 그 이후 시정의 학자로서 생애를 보내었다. 그의 사색의 규격은 시대에 따라서 변하여 후년에는 역사의 복합성을 강하게 주장하게 되었지만 혁신주의자로서의 성격은 불변하였다. 20세기의 볼테르라고 불리었으며, 폭넓은 학식이 찬양을 받았다.

9 이상현《신이상주의 역사이론》박문각, pp.266~267 참조.

10 Detachment, p.8

11 위의 책, p.8

12 위의 책, pp.8~9

13 위의 책, p.9~10

14 위의 책, p.10

15 위의 책, pp.5~6

16 T. P. Donovan, Historical Thought in America, p.116 "A fact is not a fact because it is a raw piece of information, whatever tha might mean, but because it is a recognizable part of a scheme of interpretation into which is fits."

17 이상현《신이상주의 역사이론》pp.240~258 참조.

18 베커의 평생 가장 대표적 저작은《The Heavenly City of Eighteenth Century

Philosophers》이다.

19 Detachment, p.xvi

20 위의 책, pp.xv~xvi

21 위의 책 p.xii

22 위의 책, p.xii

23 이상현《신이상주의 역사이론》pp.140~146 참조.

24 Detachment, pp.xii~xiii

25 C. Becker, Everyman His Own Historian, F.S. Crafts and Co., New York 1935, p.76
    차후 Everyman으로 약칭.

26 위의 책, pp.160~170

27 위의 책, p.240

28 이상현《역사철학과 그 역사》pp.375~376 참조.

29 Augustinus《Confession》최민순 역, BXI C 20.

30 Hegel《The Philosophy of History》Dover Publication, NC. New York. 1958

31 Everyman, pp.240~242

32 위의 책, pp.169~170 ,다음의 문장 참조. The past is a kind of screen upon which
    each generation projects its vision of the future, and so long as hope springs in the
    human breast the "new history" will be a recurring phenomenon.

33 Augustinus, Confession, 최민순 역, BXI. 20

34 Everyman, p.117

35 이를 베커는 다음과 같은 명문으로 표현하고 있다. There is nothing you cannot
    find in the past … except the truth; a truth you can indeed find; any number of truth
    are there ready to be picked out, and perfectly indifferent to the process, Such facts as
    the mind is predisposed to select as interesting or important will come out and "speak
    for themselves" Everyman, p.169

36 H. E. Barnes A History of Historical Writing, Dover Publication. inc. New York.
    pp.267~268

37 Everyman, p.117

38 H. E. Barnes, 앞의 책, pp.267~268

39 Detachment, xv~xvi

40 Everyman, p.233

41 위의 책, p.237

42 위의 책, 같은 페이지.

43 이상현《신이상주의 역사이론》박문각, 1992, p.238 참조.

44 Everyman(The Vital Past), p.20

45 Timothy Paul Donovan, Historical Thought in America, University of Oklahoma Press, 1973, p.114

46 위의 책, pp.135~136

47 이상현〈Charles A. Beard와 역사적 상대주의에 대한 일고〉세종대학 논문집 15집, 1988, 참조.

48 H.E. Barnes, 앞의 책, p.268 참조.

제7장 베어드의 역사적 상대주의

1 Authur Lloyd Primacy of Domestics ; Eckart Kehr The Intellectual development of Charles Beard《 History and Theory 1974, No. 2.》 p.130에서 다음과 같이 말하고 있다. "Kehr and Beard were heirs of a crisis in practice and theory that facilitated and in a sense, necessitated a re-examination of the roots and conduct of foreign policy. Both historians had been profoundly affection by the aftermath of the First World War.

2 David W. Marcell; Charles Beard; Civilzation and the Revolt against Empiricism. p.65

3 Ellen Nore; Charles A. Beard's Act of Faith, Contest and Contest. Journal of American History 1966. pp.850~851

4 베어드는 그의 학문 연구경력에 있어서 황혼기에 역사적 연구에 있어서의 객관성의 가능성에 대해서 회의적으로 되었다. Whitaker T. Deimnger 《The Skepticism and Historical Faith of Charles》 A. Beard, Journal of the History of Ideas. 1954, vol.xv. p.573

5 Ellen Nore . 앞의 책, p.859

6 Charles A. Beard 《The "new Physics" and Hitorical Relativism》 The Historian Aug, 1968, vol.No. 4, p.546

7 이것은 그의 Ph.D. 학위논문 〈A New Determination of Dimension〉이다.

8 Ellen Nore, 앞의 책,《원자의 우주(The Univers of the Atom)》를 보고, 그리고 그
   것은 코페르니쿠스의 우주가 아니었다는 것을 발견한 뒤에 위대한 이론문리학
   자, 철학자, 과학자들은 점점 더 상시적인 의미의 용어로서의 '객관성'에 대해서
   회의적이었다. p.853

9 Hofstadter《Ptogressive Historians》Vintage Books Edition 1970, pp.304~305

10 이 두 사람에 대해서는 M. Mendelbaum의《The problems of historical Knowledge》
   를 참조 바람.

11 Lee Benson의《Turner and Beard-American Historical Writing Reconsidered》, The
   Free Press, A Corporation, 1960을 참조 바람.

12 이 두 사람에 대해서는 Robert Allen Skotheim《American Intellectual Histories and
   Historians》Princeton University Press, 1966, pp.66~123 참조.

13 Beard는 1930년대에 B. Croce에 의해서 갚은 영향을 받았다. Charles Crowe; The
   Emergence of Progressive History, History of Ideas, 1968, p.114 참조.

14 Ellen Nore, 앞의 책, p.855

15 Beard는 American Historical Association의 회장으로서 크로체에게 1933년에 초
   청하였다.《Written History as an Act of Faith》의 말미에 그 진문을 싣고 있다.
   pp.229~231

16 Ellen nore, 앞의 책, p.857

17 Beard《Written History as an Act of Faith》차후 Written History로 약칭. American
   Historical Review, vol.39, Jan. 1934. No. 2, p.225. 그리고 Jack W. Meiland; The
   Historical Relativism of Charles A. Beard《History and Theory》1973, p.406

18 Jack W. Meiland; 앞의 책, p.407

19 위의 책, 407

20 위의 책, 406

21 실제로 베어드는 그이 대표적 역사이론에 대한 논문이요, 그의 역사적 상대주의
   의 선언문이라 할 수 있는《Written History》는 크로체의 사상을 수용하고 랑케
   의 사학을 비판하는 데서 시작된다.《Written History》pp.219~221

22 J. H. Robinson《The New History》The Macmillan Company 1922, p.45, 여기서
   로빈슨은 특히 정보에 대한 근원이 역사가의 것은 자연과학의 제 분야의 그
   것에 비하여 열등하다는 것을 역설하고 있다. 베어드는 1907년 로빈슨과 The
   development of Modern Europe을 공저할 정도로 선후배로서 밀접한 관계를 맺
   고 있었다. Richard B. Morris《Encyclopedia of American History》p.673

23 Beard 《Written History》 p.146

24 Ellen Nore, 앞의 책, p.855

25 Beard 《That Noble Dream, American Historical Research》, 차후 Noble Dream으로 약칭. vol No. 1, 1934, p.77

26 그러나 여기서 우리가 알고 있어야 할 것은 베어드가 소위 과학적 방법론의 역사학에 대한 통용을 전적으로 부인한 것은 아니라는 사실이다. 그는 과학적 방법이 역사학 연구에 크게 공헌하였음을 인정하였고, 또 앞으로도 역사적 사실, 인물, 상황들, 운동들에 대한 정확한 지식을 얻는데, 적용될 수 있는 유일한 방법은 과학적 방법이라고 주장하고 있다. 그러므로 베어드가 "고상한 꿈"으로 매도한 것은 그러한 과학적 방법을 활용한다 하더라도 절대적 또는 객관적인 지식을 얻고 또 역사를 실제로 있었던 대로 인식하는 일이 불가능하다는 것이다. Beard 《Written History》 p.226

27 Beard 《Written History》 p.220

28 Beard 《Time》 Technology and the Creative spirit in political Science; American Political Science, Review XXI (Feb. 1927), p.7

29 이런 베어드의 입장을 Maurice Mandelbaum 은 다음과 같이 설명하고 있다. "베어드로부터 취해진 실례를 이용하면, 랑케의 작품들은 객관적 진리를 포함하고 있지 아니하다. 즉 그것들 속에 포함되어 있는 모든 "진리"는 랑케가 그것을 쓰던 시대의 심리학적 사회학적 그리고 기타 제 조건에 의해서 제한되고 있다. 그리고 베어드에 따르면, 랑케의 작품들 속에 포함되어 있는 '진리'는 우리가 랑케의 시대의 정신적 범사라고 불릴 수 있는 것을 설명할 때에만 이해될 수 있다. Maurice Mandelbaum 《The Problem of Historical Knowledge》 p.19

30 Beard 《Written History》 p.220

31 이상현 《신이상주의 역사이론》 pp.135~140 참조.

32 위의 책, pp.141~144

33 위의 책, p.229

34 Beard 《That Noble Dream》 p.75

35 위의 책, p.75

36 이것을 헤겔은 인간정신의 본질로 보고 있으며 크로체는 이것을 자유의 의식으로 이해하였다.

37 이상현, 앞의 책, p.144

38 Haladne 은 《The Pathway to Reality》(1903~4)와 《The Reign of Relativity》(1921)

와 두 권의 저서를 내었다. 그중 후자는 그의 상대성이론을 개진하고 있다.
Frederick Copleston; A History of Philosophy, The Newman Press, 1966, vol.VII,
p.223

39 M. Mendelbaum은 이것을 "어떠한 역사적 저술이라 할지라도 과거의 본질(the
nature of the past)을 직접적으로 포착할 수 없고 그것에 대한 전체적 진리를 말
할 수 없으며, 그것을 실제로 있었던 그대로의 정밀화를 그릴 수 없다."는 입장
을 의미한다고 했다.
Harry J. Marks, Ground under our Feet Beard's Relativism, History and Ideas, vol.
XIv, No. 4, Oct 1953, p.628

40 Ch. A. Beard's Act of faith; Context and Content, Journal of American History, 1966,
p.851

41 Ellen Nore; Charles A. Beard's Act of Faith, 앞의 책, p.852 참조

42 Beard 《Written History》 p.221

43 이상현, 앞의 책, pp.47~93 참조.

44 ① 베어드가 참여하고 있던 New school for Social Research에서 사회과학에 있어
서의 형식주의—추리영역, 형식논리 등—를 배격하였다. 차하순 《역사적 상대
주의와 현대사의 전망》(역사학보, 제80집)과 Lewis A. Coer; Master of Sociological
Thought, 1971, p.290
② 베어드에 의하면, 지적 형식(intellectual formula)은 자연과학으로부터 차용
한 것이며, 그것은 사고로서의 역사의 제 작용을 속박하였으며, 또 왜곡하였다.
《Written History》 p.222

45 ① M. White는 그의 저서 《Social Thought in America》의 부제를 〈The Revolt
Against Formalism〉이라 했고, 거기서 베어드를 Anti-formalism의 대표자들 중
한 사람으로 취급하였다.
② M. White도 Formalism을 정확하게 규정하기는 어렵다는 것을 인정하고 있다.
일반적으로 Formalism은 철학적 합리주의의 전통이다. 그런데 이 전통은 역사
의 성장과 쇠망(historical growth and decay)을 지배하고 있는 제 법칙을 구성하
는 것을 목표로 하는 과학적 역사학의 선험적 논리와 그 변형(The Variant)을 포
함하고 있다. David W. Marcell; Charles Beard; 《Civilization and the Revolt against
Empiricism》 American Quartery 21, 1969, p.65

46 Beard 《Written History》 p.221 그리고 p.225

47 J. W. Mailand가 베어드의 역사적 상대주의의 자살을 주장하기 위해 인용하고

있는 베어드의 글, Written History, p.225 및 본고 II의 마지막 부분이 "모든 상대적인 것들 포괄하는 시재로서의 역사전체에 직면할 때까지…"라는 말로 되어 있음을 크게 유의해야 한다.

48 Lincoln Barnett 《The Universe and Dr. Einstein》, 정병휴 역 《아인슈타인 박사의 우주관》 박영문고, pp.18~23 참조.

49 Maurice Mandelbaum; The Problem of Historical Knowledge, p.91 참조.

50 필자는 졸저 《신이상주의 역사이론》에서 크로체가 역사학에 있어 일체의 외연적 존재의 작용을 거부하고 내재적 요건만을 강조하고 있으나 그러면서도 은연중에 또는 자기 자신도 의식하지 못한 가운데 비코의 역사발전과정을 전제로 하는 그의 이론을 전개시키고 있음과 절대적 존재로서의 역사실체를 상정하고 있음을 밝힌 바 있다. 위의 책, pp.171~178 참조.

51 Maurice Mandelbaum 《The Problem of Historical Knowledge》 p.91 참조.

52 이상현, 위의 책, pp.52~57 참조.

53 J. H. Robinson The New History, The Macmillan Company 1922, p.1

54 위의 책, p.1

55 위의 책, p.1

56 Ellen Nore, 앞의 책, p.858

57 David W. Marcell, Charles Beard, Civilization and the Revolt against Empiricism, America Quartery 21, 1966, p.76

58 Beard 《The Natur of Social Science》, Arno Press, A New York Times Company, 1974, pp.5~6

59 Ellen Nore, 앞의 책, p.858

60 베어드는 문명의 개념(the Idea of Civilization)에 대해서 중요성을 부여하고 있다. 특히 그는 "The American Spirit"의 초점을 여기에 두고 썼다. R. A. Skotheim 《American Intellectual Historians and Historians》, Princeton University Press. 1966, pp.105~106 참조.

61 David W. Marcell, 위의 책, 21 1969, p.76

62 베어드 자신은 'Written History as an act of Faith'의 결론으로 다음과 같이 이 문제를 피력하고 있다. "역사는 혼돈이다. 그리고 그것을 달리 해석하는 모든 시도는 환상이다. 역사는 일종의 원을 따라 돌아간다. 역사는 그것이 직선이든 순환이든, 일종의 선을 따라, 그리고 어떤 방향을 향하여 움직인다." Beard의 앞의 책, pp.228~229

63 이러한 견해는 크로체 딜타이 그리고 만하임에게 있어서 마찬가지로 나타나고 있다. M. Mandelbaum, 앞의 책, p.94 참조.

64 David W. Marcel, 앞의 책, pp.74~79 참조.

65 이점에 있어 베어드는 크로체와 구별된다. 즉 크로체에 의하면, 역사발전이 완성에 이르면 모든 특수한 형태, 즉 개인행위, 제도, 작업, 사고는 운명적으로 파멸될 것이다. 그리고 최종적으로 진리 그 자체도 파멸될 것이라고 했는데, 베어드는 이를 부정하였다. Ellen Nore, 앞의 책, p.858

66 M. Mandelbaum에 따르면, 딜타이와 크로체도 이와 마찬가지로 궁극적으로 절대적인 자기 모습으로 현현시킬 역사과정 그 자체를 상정함으로서 그의 역사적 상대주의를 극복하였다. M. Mandelbaum 《The Problem of Historical Knowledge》 pp.91~93

67 Written History, p.224

68 베어드는 원칙적으로 콜링우드의 역사주의에 동의를 표하면서도 다만 이 문제, 즉 Omniscience에 대해서는 콜링우드가 미흡했음을 지적하고 있다. 다음은 그것에 대한 Paul F. Bourke의 글이다. "Beard concluded that Collingwood had not achieved this break—through and ended with question; why, then, go on working at history if despite the efforts of recent theorists—no break through to Omniscience had been achieved?" Paul F. Bourke; A Note on Historicism; Beard, Meinecke and Collingwood 《American Quarterly 21, 1969》 p.66

69 필자의 졸고《신이상주의 역사이론》에 논의한 바 있는 것.

70 Ellen Nore, 앞의 책, pp.853~854

71 위의 책, p.853

72 베어드의 역사적 상대주의는 Simkovitch와 Charles W. Coke의 상대주의로 연결된다. 그리고 이러한 상대주의는 그 후에도 아인슈타인과 그의 추종자들에 의해서 주장되는 물리학적 상대주의(Physical Relativism)와 더불어 이해되고 발전되어 왔다. Ellen Nore, 앞의 책, p.860

73 T.S. Kuhn 《The Structure of Scientific Revolution》; 김명자 역 《과학혁명의 구조》 참조, 이 책에서 T.S. Kuhn은 자연과학자들이 발견 발명한 진리들이 점차 신화 또는 진리 아닌 것으로 전환되고 있음을 밝혀주고 있다.

74 상대주의를 비판하고 이를 극복하려 한 사람으로는 Simmel, Richert, Scheler 그리고 Troelsch 등이 대표적이다. M. Mendelbaum은 이들의 주장을 중심으로 상대주의에 대한 답변으로서의 《The Problem of Historical Knowledge》를 썼다.

75 M. Mandelbaum 《The Problem of Historical Knowledge》 p.98

76 위의 책, pp.102~103

제8장 포스트모더니즘 시대의 역사학

1 여기서 중심으로 삼은 논문은 〈The Question of Narrative in Contemporary;
   Historical Theory History and Theory XXIII-No. 11 960~961〉와 〈The Burden of
   A History; History and Theory 5. 1966. 1~4〉 pp.111~134 등 2편이다.

2 Hayden White, The Burden of Hitory, History and Theory 5. 1966, 1~4

3 움베르토 에코 《푸코의 추》(상), 이윤기 옮김, 열린책들, 1992, pp.13~14

4 이러한 상대주의에 대한 논의가 역사상에 정식으로 등장하게 된 것은 고전 그
   리스시대다. 이 책의 제1장에서 언급한 바 있는 Physis와 Nomos의 문제와 "있
   음"과 "되어짐", "안정과 유전", 실재와 현상간의 선택(a choice between being and
   becoming, stability and flux, reality and appearance)의 문제가 심각하게 생각되는
   입장에 있었기 때문이다. W.K.C. Gutrie 《A History of Greek Philosophy》 p.47 참
   조

5 성서에는 이에 대한 구절이 다음과 같이 표기되어 있다. "들짐승과 공중의 새를
   하나하나 진흙으로 빚어 만드시고, 아담에게 데려다 주시고는 그가 무슨 이름을
   붙이는가 보고 계셨다. 아담이 동물 하나하나에 붙여 준 것이 그대로 그 동물들
   의 이름이 되었다." 〈창세기〉 2장 19절.

6 이상현 《이상주의 역사이론》 대완도서출판사, 1985, pp.33~62

7 위의 책, pp.34~52

8 언어학자인 하만의 사상은 "모든 진리는 특수적인 것이며, 결코 일반적인 것일
   수는 없다."고 하는 테제에 대한 확신에서 출발한다. 즉 그에 따르면 이성은 어
   떤 사물의 존재를 입증하는 데는 무기력하다. 그리고 그것은 어떤 자료들을 어
   떤 패턴—실제적으로 어느 것도 이 패턴에 맞아 떨어지는 것은 없는데— 으로
   등급화 시키고 배열하는 인습적인 일을 위한 도구에 불과한 것이다. 그리고 이
   해(understanding)한다는 것은 인간들 간의 또는 인간과 신과의 교통한다는 것
   을 의미한다. 그에게 있어서 우주는 그 자체가 일종의 언어라는 것이다. 사물

들과 식물들과 동물들은 그들 자체가 신이 그의 피조물들의 교통하는 상징들인 것이다. 만물은 믿음 위에 있다. 믿음은 감각과 마찬가지로 실재를 인지하는 기관(器官)이다. 성서를 읽는 것은 신의 목소리를 듣는 것이다. 그 신은 인간에게 이해하는 은총을 베풀어 언어로 말하고 있는 것이다. Isaiah Berlin《The Counter—Enlightenment Dictionary of the History of Ideas》p.103a 참조.

9 막스 호르크 하이머는 실증주의를 계몽주의의 마지막 산물로 규명하였다.

10 움베르토 에코는 다음과 같이 17~18세기의 이성이 중심이 되었던 과학의 시대의 이성의 오만을 설명하고 있다. "박물관(역사)의 전시실이 오만한 이성의 시대를 비웃으면서 그 이전의 잡다한 신비주의를 속삭이고 있기 때문이었다. 결국, 이성이 오류라고 하던, 야코포 벨보의 말은 옳았던 것이다."《푸코의 추》pp.25~26, 여기서 에코는 포스트모더니즘이 17~18세기에 유럽세계를 형성한 주요한 기풍 즉 이성의 시대를 벗어나서 감성과 신비주의의 새로운 시대로의 진입을 의미함을 표현해 주고 있다. 그리고 '그 이전의 잡다한 신비주의'란 오늘의 시대가 중세시대의 복귀를 의미하는지도 모른다. 단, 포스트모더니즘이 중세적인 미래를 예견하는 것이라고 하는 것이라면….

11 이진우 엮음《포스트모더니즘의 철학적 이해》서광사, 1993, 제1장 계몽의 변증법. p.40 참조.

12 랑케가 'Wie es eigentlich gewesen'이라는 명구를 세상에 내놓으면서 역사학을 하나의 과학으로 세우고자 하였을 때, 크로체나 콜링우드 그리고 미국의 신사학파의 여러 학자들은 이를 비판하였다. 실례를 들면, 크로체와 콜링우드는 모든 역사는 사상사(또는 철학)이며 현재의 역사라 했고, 칼 베커는 객관적인 역사에 도달하는 일은 하나의 이상일 뿐이라 했으며, 찰스 베어드는 랑케의 그 명구를 '고상한 꿈'이라 비아냥거렸다.

13 아날 학파는 이들과 유사하게 다음과 같은 말로써 역사의 과학성을 비판하였다. "역사학의 기본적 형태일 수밖에 없는 '이야기(narative)'라는 것이 애매모호한 것이다. 왜냐하면 역사학은 '무엇이 발생하였나'를 이해하기보다는 '무엇이 발생하였나에 대한 이야기'를 이해하는 것(comprehends not less what has happened, than the narrative of what has happened)이기 때문이다."

아날 학파에 따르면, 이야기식 역사는 단순히 과거 정치의 역사, 그것도 고유한 과학적인 방법에 의존하는 것이 아니라, 소설적인 표현에 의존하는 문학적이고 단기간, "드라마적인 갈등과 위기를 중시해서 서술하는 정치의 역사"일 뿐이다. 다음은 이러한 입장을 잘 표현하고 있는 부로텔의 말이다. 랑케의 가슴에 매우 소담스럽게 느껴지는 이야기식 역사는 우리들에게 섬광을 주었으나 지속적 광명을 비쳐주지는 못하였다. 즉 우리에게 사실들을 제공하였으나 인간성을 주지는 못하였다. 이 이야기식 역사는 언제나 사물들을 그것들이 발생한대로 말하라고 요구한다. 그러나 실제적으로 이 이야기식의 역사는 그 자체의 어벙한 방법으로는, 역사에 대한 해석, 즉 독단적인 역사철학으로 이루어져 있는 것이다. 이야기식의 역사가들에게는 인간의 삶이 드라마틱한 사건들에 의해서, 일시적으로 출현하여 때로는 그들 자신들의 운명의 주인이 되며, 때로는 우리들의 운명까지도 좌지우지하는 예외적인 존재들의 행위들에 의해서 주도되고 있다. 그리고 그들이 "보편사에 대해서 말할 때 그들이 실제로 말하는 것은 그러한 예외적인 운명의 지배자들의 상호교차이다. 왜냐하면 명백히 각 영웅은 서로가 어울려 대결해야 되니까." 이것은 우리들이 다 아는 바와 같이 기만적인 망상이다.(A delusive fallacy, as we all know.) F. Brauidel, The Situation of History in 1950, trans. S. Mathews, in On history(Chicago, 1980), II.

14 콜링우드와 칼 베커는 오히려 랑케의 입장으로 돌아갈 수만 있다면 역사학자는 그것을 위한 노력을 해야 한다는 입장이니 여기서 말할 것이 없다.

15 역사를 신화로 보는 견해는 특히 구조주의에서 두드러진다. 이를 위해서 B.C. Hurst의 논문 〈The Myth of Historical Evidence, History and Theory〉 20, 1981, Wesleyan, pp.278~279 참조.

16 동굴의 우상(Idola specus) 극장의 우상(Idola theatri) 시장의 우상(Idola fori) 종족의 우상(Idola tribus); 베이컨에 의하면 참된 인식이란 이상의 4개의 우상, 즉 일체의 편견이나 선입견이 배제된 언제 어디서나 누구에게나 관찰, 실험을 해하면 동일하게 인식될 수 있는 인식을 의미하는 것이다. 이상현《역사철학과 그 역사》박문각, pp.203~204

17 아날 학파는 과학을 이데올로기에 반대대념으로 생각하였다. 여기서 역사학이 과학일 수 있는가 아니면 이데올로기인가? 하는 문제가 생긴다. 아날 학파에게서 결국 역사학은 과학이 아니라 이데올로기라는 결론에 도달한다. Hayden White 《The Question of Narrative in Contemporary Historical Theory, History and Theory》 23, 1984, Wesleyan, p.22

18 과학과 신화, 그리고 이데올로기의 문제는 초근 역사이론가들에 의해서 많이 논의되고 있는 바다. Ben Halpem 《Myth and Ideology in Modern Usag, History and Theory》 I. 1960~61, Wesleyan. pp.129~149

19 "사르트르의 'Critique de la raison dialectique'에 대한 유명한 논쟁에서 레비 스트

라우스는 '역사적(또는 문명적)' 사회와 '선사적(또는 원시적)' 사회의 구별의 정
당성과 아울러 역사의 구조와 과정을 부정하였다. (중략) 레비스트라우스의 생
각에 따르면, 소위 역사적 방법이 제공하는 것으로 여겨지던 종류의 지식, 즉 '역
사적 지식'은 '야만적'인 사회의 신화적인 전승들과 거의 다를 것이 없다. 실제로
역사서술—레비스트라우스가 전통적, 이야기식 역사서술로 이해한—은 서구의
신화 그리고 특히 근대, 부르주와지 산업적 제국주의적 사회들의 신화 이외의
아무것도 아니다. 이러한 신화의 주제는 어떤 내용에 대한 이야기라고 하는 표
현방법의 실수로 이루어졌다." 위의 논문, p.12

20 Jacque Lacan, Luis Althusser《Michel Foucault, Jasques Derrida》, Julia Kristeva, 위
의 논문, p.12 참조.

21 위의 논문, p.12

22 움베르토 에코는 역사를 박물관으로 표현하고 있다. 아무런 생명력도 없어 현재
는 아무런 쓸모도 없는 과거의 유물들로 가득 찬 박물관, 무익한 피조물, 열등한
우주를 다스리는 자들의 우상, 이러한 증거물들로부터 "나는 도망쳐야 했다. 거
기에서 빠져나와야 했다. 미친 짓이었다. 나는 야코포 벨보를 미치게 했던 바로
그 함정, 바로 그 유희에 빠져들고 있었다. 나, 의심 많은 자는—."이라고 에코는
박물관 즉 역사로부터의 도망치기를 갈구하고 있다.《푸코의 추》p.21

23 움베르토 에코에게 있어서, 역사란 "그것이 꾸며서 쓴 것인 줄 알면서도 그 내용
을 해독하기 위해 그토록 많은 재주를 부려 보았던 바로 그 글의 마력에 사로잡
혀 있기 때문…"이라 표현하였고, 또 역사란 "기술공예물의 박물관에 지나지 않
았다. " 그리고 이러한 박물관의 마력은 인간들을 환자 속으로 끌어들이고 있는
것이다.《푸코의 추》p.22

24 헤이든 화이트에 따르면, 포스트모더니스트들 모두(Jacques Lacan, Louis
Althusser, Michel Foucault, Jasques Derrida, Julia Kristeva)에게는 일반적인 역사
뿐만이 아니라, 'Narrativity'란 사회가 인간을 특히 근대적인 'Rechtsstaat'라는 삶
의 조건에 순응하는 '예속민(subject)'으로 생산하기 위해서 이용되는 대표적인
실행이다. Hayden White《The Question of Narrative in Contemporary Historical
Theory, History and Theory, Wesleyan》p.12

25 이상의 니체의 말들은 모두가 Hayden White《The Burden of History, History and
Theory 5》1966. 1~4. II. p.115~116에 인용되고 있는 것들이다.

26 이상현《신이상주의 역사이론》대완도서, 1985. pp.252~258 참조.

27 Hayden White《The Burden of History, History and Theory 5》1966, 1~4.

pp.11~134. 아래의 인용구들은 이 논문 안에 수록된 것들임.

28 위의 책, p.116

29 우리의 현재와 모든 과거의 상황들이 극단적으로 상이하다고 하는 것을 느끼고
있는 사람에게 "과거 그 자체를 목적으로 하는" 과거에 대한 연구는 생각 없는
장애물로, 그리고 모든 과거의 異事나 신비 속에 있는 현재의 세계와 접전하려
는 시도에 대한 의식적인 저항으로 나타날 뿐이다. 우리가 매일 살고 있는 세계
에서, 과거를 "그 자체를 목적으로" 연구하는 사람들은 현재의 문제들로부터 순
수하게 개인적으로 과거 속으로 느껴 들어가려는 어떤 골동품 애호가나 아니면,
일종의 문화적 시체성애자(屍體性愛者, necrophile) 즉 죽은, 그리고 죽어가는 자
에게서 살아있는 자에게서 발견할 수 없는 어떤 가치를 발견하려는 사람으로
나타나고 있음에 틀림이 없다. 현재의 역사가는 과거에 대한 연구의 가치를 확
보하지 않으면 아니 된다. 과거 그 자체를 위해서가 아니라, 우리 자신의 시대에
주어진 특수한 문제들을 해결함에 있어서 공헌하는 현재에 대한 전망을 제공하
는 방법으로서…, 위의 책, p.117

30 위의 책, p.118

31 위의 책, p.119

32 위의 책, p.120

33 위의 책, p.124

34 위의 책, p.126

35 이상현 〈신사학의 보편사론〉 역사학보, 제158, pp.255~260 참조.

36 Hayden White 《The Burden of History, History and Theory 5》 1966, 1~4.
pp.130~131, 여기서 화이트는 이것을 다음과 같은 말로 설명하고 있다. "이것을
우리가 창조적인 왜곡을 진지하게 행하는 것을 용인하는 것이다. 우리 자신들의
것과 꼭 같은 진지성을 지니고 있으나, 상이한 정서와 상이한 지성적 방향을 지
니고 과거를 볼 수 있는 정신에 의해서 제공되는 그런 창조적 왜곡을 인정하는
것이다."

37 이 문제를 화이트는 다음과 같이 말하고 있다. "다음, 우리는 이제 더 이상, 이전
부터 실존해 온 순수한 사실들의 본체에 상응하는 어떤 주어진 시대나 과거 사
건들의 총합에 대한 진술을 순진하게 기대할 수는 없게 되었다. 왜냐하면 우리
는 사실들 자체를 구성하고 있는 것들이 예술가와 마찬가지로 역사가가 자기가
자신의 세계, 과거, 현재, 미래를 순서 지우는 은유의 선택으로 해결하려고 노력
한 문제라는 것은 인정하여야 하기 때문이다. 우리는 다만 역사가가 그의 지배

적인 은유를 사용함에 있어서 어떤 전략을 보여줄 것, 즉 역사가가 자료들을 가지고 그들에 대해서 지나치게 부담을 느끼지도 아니 하여야 한다. 또 그가 결정한 담론의 양식에 함축되어 있는 논리를 존중할 것, 그리고 그의 은유가 그것들 스스로 필요한 종류의 자료들을 수합하기가 불가능하다는 것을 보여주기 시작할 때, 그는 그 은유를 포기하고, 다른 은유 즉 그가 시작할 때 사용한 것보다 더 풍부하고 보다 더 포괄적인 은유를 찾는다. 과학자들이 그들의 가설이 용도가 다하게 되면 그것을 포기하는 것과 마찬가지로…."

38 위의 책, p.133
39 위의 책, p.125
40 마단 시럽 외, 임헌구 편역,《데리다와 푸코, 그리고 포스트모더니즘, 인간 사랑》 1993, pp.181~196 참조.